国家自然科学基金青年项目"基于大国优势的产品内分工价值链攀升的影响机制研究"（项目编号：72103162）

经管文库·经济类
前沿·学术·经典

全球价值链分工深化的金融依赖研究

RESEARCH ON THE FINANCIAL DEPENDENCY OF DEEPENING GLOBAL VALUE CHAIN DIVISION OF LABOR

许 璐 著

经济管理出版社
ECONOMY & MANAGEMENT PUBLISHING HOUSE

图书在版编目（CIP）数据

全球价值链分工深化的金融依赖研究/许璐著.—北京：经济管理出版社，2023.7
ISBN 978-7-5096-9143-4

Ⅰ.①全… Ⅱ.①许… Ⅲ.①金融业—研究—中国 Ⅳ.①F832

中国国家版本馆CIP数据核字（2023）第135262号

组稿编辑：杨国强
责任编辑：杨国强
责任印制：许　艳
责任校对：陈　颖

出版发行：经济管理出版社
　　　　　（北京市海淀区北蜂窝8号中雅大厦A座11层　100038）
网　　址：www.E-mp.com.cn
电　　话：（010）51915602
印　　刷：唐山昊达印刷有限公司
经　　销：新华书店
开　　本：710 mm×1000 mm/16
印　　张：12.25
字　　数：228千字
版　　次：2023年7月第1版　2023年7月第1次印刷
书　　号：ISBN 978-7-5096-9143-4
定　　价：98.00元

·版权所有　翻印必究·
凡购本社图书，如有印装错误，由本社发行部负责调换。
联系地址：北京市海淀区北蜂窝8号中雅大厦11层
电话：（010）68022974　　邮编：100038

前　言

20世纪80年代以来，伴随信息与通信革命的兴起，国际分工形式不断发生变化，产品的生产环节被分解，跨国公司在全球范围内寻找生产成本低、市场容量大的地区以配置其生产与销售活动。各国之间通过产业与产品生产环节的不同分工，催生了全球价值链（Global Value Chain，GVC）在世界范围内的分工深化。自从2000年前后加入全球价值链以来，中国已逐渐成为世界的制造业工厂。2008年全球金融危机后，全球价值链进入了新的发展阶段。世界主要发达国家感受到来自以中国为代表的新兴经济体的冲击，世界格局发生了"东升西降"的巨大变化。在全球价值链重塑阶段下，产业结构呈现高端向发达国家"回流"而低端向低成本国家"转移"的趋势。全球金融危机的爆发，也反映为金融制度缺陷与金融行为非理性对实体经济的巨大影响。各国金融发展水平各异，会影响各国企业在全球价值链上的分布情况。若一个国家的企业占据全球价值链高端环节，其对更高的风险投资额吸引力越强，对直接融资的需求越大；而一国企业越处于价值链附加值较低的环节，高风险的融资发展和直接融资方式相对不足。就中国情况来说，中国企业在全球价值链上越处于高端环节，越需要更多、更高风险的融资。一旦金融体系满足不了，中国企业就会寻求境外金融支持，从而"走出去"，或者要求中国金融对外开放。处于融资约束困境的中国企业要求拓宽融资渠道，吸引国内外资金，这会倒逼中国金融体制改革和效率提升。我国金融市场效率与开放程度将直接影响中国企业攀升全球价值链与所处价值链分工地位。

基于以上思路，本书就价值链分工深化下金融依赖这一中心议题，为"大金融"时代背景下，我国金融体制改革方向提供参考依据。

首先，全书描述了发达国家与发展中国家所呈现的价值链分工情况特征事实，与各国金融市场发展的现状，特别就我国的金融结构特征与现状进行了详细描述。在得到我国及可用于国际比较的价值链分工深化融资依赖的指标的基础上，立足于金融发展理论与全球价值链理论，构建包括金融规模、金融结构与金融效率整体分析框架。

其次，就现有分析范式存在的不足，本书将价值链分工深化与金融依赖纳入同一框架，主要是通过金融结构、金融效率、金融规模三种作用机理对全球价值链分工地位、我国制造业产品内分工触发交易成本、规模经济、技术溢出效应三条机制，形成了交易成本、技术溢出效应与人力资本等升级路径。构建了融资依赖对价值链分工下经济体，包括国家、产业、企业在内的价值链分工位置、嵌入程度、国际竞争比较优势、生产结构复杂度的作用机制。归纳了不同融资依赖情况下，经济体可能呈现的分工深化特征。

再次，尝试采用一般均衡的方法，将金融依赖影响经济体价值链分工深化理论机制数理模型化。分别考察了研发强度影响金融结构与价值链分工地位的中介影响机制；探讨了价值链分工下，金融依赖通过交易成本、技术溢出、规模经济对经济体分工地位的作用方向及影响机制。从理论模型角度，解释GVC分工深化下的金融依赖特征事实。本书考虑不同融资方式研发强度的区别，均衡模型发现金融发展水平越高，直接融资部门的研发强度越高，出口复杂度越大，价值链提升速度越快。

最后，立足于我国处于价值链中低端的事实，基于上述理论分析，从实证角度检验了价值链分工状态下金融依赖对世界范围各国经济体、各国制造业、我国制造业价值链、制造业产品内分工，我国企业攀升价值链的影响机制。加入全球价值链的民营企业比未加入的民营企业更容易获得金融机构信贷；而金融市场化程度越高，越有利于一国及制造业全球价值链分工位置的提升；信贷规模对国内承接外包的促进作用更强，而金融规模则对承接国际外包的促进作用更强。

本书试图建立一个相对完整的研究框架，但仍有待于进一步拓展与丰富，希望在以下方面做出可能有创新价值的研究：

（1）基于"产业升级－金融发展"的研究范式，拓展到"全球价值链分工－金融依赖"分析视角。在价值链发展的大背景下，研究了金融发展对价值链分工下经济体的作用机制。

（2）构建了以研发强度为中介机制，涵盖金融结构、价值链分工的理论模型。超越了单纯就金融角度研究产业升级的思维定式，这在以前的研究中是非常少的。瞄定研发强度在"金融发展－价值链分工"关联中的媒介作用，最终为厘清金融体系中结构变量、研发强度与价值链分工地位传导机制奠定了理论与经验基础。

（3）本书所揭示的固于金融发展水平，被锁定在价值链中低端，意味着我国金融体制改革的进程远未结束。在未来很长一段时间里，完善健全我国金融市场、发展直接融资方式、增强金融体系活力是决定我国能否向价值链高端攀升的关键。

（4）本书以世界各国及我国作为研究对象，进行系列实证检验，为完善与发展产业升级过程中的金融支持提供了重要的经验证据。尝试从资本配置效率的视角和产品内分工、制造业外包以及民营企业嵌入全球价值链融资的视角研究价值链分工深化下的融资依赖问题。以上研究内容现有文献均少有涉及。

通过对我国价值链分工深化下金融依赖的研究，本书得到了主要的结论并提出了针对性的政策建议：

第一，我国金融体制改革远未结束，还有很大的改革空间。提高直接融资比重，建设直接融资与间接融资协调发展的金融市场体系应是改革要义。价值链分工视角下，我国处于全球价值链的"中低端桎梏"融资原因在于，特定金融体制下存在金融抑制现象，而以间接融资为主导的金融结构，使得实体经济融资难，抑制了企业技术创新、生产率提高。

第二，企业研发创新的金融支持不足，是我国制造业长期处于价值链中端乃至低端的一个重要原因。构建以"我"为主的价值链，发展高端制造业，需要进一步拓宽融资渠道，通过不同方式的科技融资，提升企业的创新能力，形成具有国际竞争力的企业自主品牌。

第三，提高金融市场效率，增强价值链的产品内分工，还应与培育人力资本、引进合理的外商投资相结合。为了在新形势下吸引高端国际服务外包的转移，除继续优化投融资环境外，还应培育多层次的产业人才创新队伍，尤其是技术人才。

本书发现，国际服务外包融资依赖下，外商直接投资（Foreign Direct Investment，FDI）的溢出效应对价值链分工下的产业升级促进作用似乎在日趋减弱。这说明，在全球价值链分工深化背景下，不仅需要引进合理结构的外商直接投资，还需要鼓励企业"走出去"进行对外直接投资，收购及兼并一些国外企业。

目 录

第一章 导论 ……………………………………………………… 1

第一节 选题背景 …………………………………………………… 1

第二节 研究意义 …………………………………………………… 2

  一、理论价值 …………………………………………………… 2

  二、现实意义 …………………………………………………… 3

第三节 研究思路 …………………………………………………… 3

第四节 拟解决的关键问题 ………………………………………… 4

  一、理论基础 …………………………………………………… 4

  二、实证检验 …………………………………………………… 4

  三、理论模型 …………………………………………………… 4

第五节 国内外研究现状 …………………………………………… 5

  一、金融依赖问题相关研究现状 ……………………………… 5

  二、全球价值链分工的研究现状 ……………………………… 9

  三、全球价值链分工深化下的金融依赖问题研究 ………… 11

第六节 主要研究内容 …………………………………………… 15

第七节 研究方法与技术路线 …………………………………… 18

  一、研究方法 ………………………………………………… 18

  二、技术路线 ………………………………………………… 19

第八节 重点和难点、主要观点与可能的创新之处 …………… 20

  一、重点和难点 ……………………………………………… 20

  二、主要观点 ………………………………………………… 20

  三、可能的创新之处 ………………………………………… 21

第二章 金融依赖影响全球价值链分工深化的逻辑机理 ……22

第一节 全球价值链分工深化的内涵 ……22
第二节 金融依赖的内涵 ……23
第三节 全球价值链分工深化的金融依赖逻辑框架 ……24
 一、全球价值链分工深化的金融依赖基本逻辑 ……24
 二、全球价值链分工深化的金融依赖作用机理 ……31
 三、全球价值链分工深化的金融依赖分析框架 ……37

第三章 全球价值链分工深化与金融体系内部结构现状及态势评价 ……39

第一节 主要国家价值链分工地位与参与程度的总体现状 ……39
第二节 全球价值链分工指数 ……44
第三节 国际生产阶段数 ……46
第四节 国际竞争比较优势 ……50
第五节 金融体系内部结构特征事实分析 ……52
 一、融资结构 ……52
 二、制造业行业外部融资依赖度 ……55
 三、银行业结构 ……57
 四、资本市场结构 ……59
第六节 本章小结 ……63
 一、世界范围内全球价值链分工深化的整体现状 ……63
 二、价值链视角下我国产业升级的现状 ……64
 三、有待研究的影响价值链分工深化的融资原因 ……64

第四章 金融依赖影响价值链分工位置的机制 ……66

第一节 文献回顾 ……67
第二节 金融依赖影响价值链分工的逻辑 ……69
第三节 变量选取、模型设定与数据说明 ……71
 一、模型设定与变量选取 ……71

二、解释变量与数据来源···72
　第四节　回归结果及解释···75
　　一、金融结构与全球价值链分工地位·································75
　　二、不同金融效率水平下的金融结构与全球价值链分工地位····78
　　三、不同金融市场稳定性水平下的金融结构与价值链分工地位···79
　　四、稳健性检验结果··79
　　五、中国案例···79
　第五节　本章小结··80

第五章　创新研发在金融依赖影响价值链分工深化的中介机制······82
　第一节　金融依赖、研发创新影响价值链分工的机制··············84
　第二节　融资结构、创新研发与价值链分工的理论模型···········85
　　一、消费部门··86
　　二、研发部门··87
　　三、金融部门··87
　　四、生产部门··87
　第三节　模型均衡分析··88
　　一、一般均衡··88
　　二、同时使用两种融资方式的情形····································90
　　三、考虑委托代理问题··91
　第四节　实证检验及分析···92
　第五节　本章小结··97

第六章　基于分工深化视角金融依赖影响制造业价值链的机制······99
　第一节　金融依赖影响世界范围制造业价值链的机制············101
　第二节　我国制造业价值链升级的金融依赖··························102
　第三节　变量选择、模型及数据··103
　　一、被解释变量的选取···103
　　二、解释变量：全球价值链中的嵌入度及银行信贷扩张水平···104
　　三、数据来源··105

四、计量模型 ································· 105
　第四节　实证结果与分析 ··························· 105
　　一、跨国面板数据回归分析 ······················· 105
　　二、金融发展的门槛效应检验 ····················· 107
　　三、我国制造业金融依赖与全球价值链嵌入程度计量分析 ··· 108
　第五节　本章小结 ······························· 118

第七章　基于外包视角的金融依赖影响我国制造业产品内分工机制　120

　第一节　理论与假说 ····························· 122
　第二节　主要变量 ······························· 125
　第三节　计量模型与实证检验 ······················· 128
　第四节　本章小结 ······························· 134

第八章　基于融资视角的我国民营企业跃升价值链的机制　135

　第一节　问题的提出 ····························· 135
　第二节　理论逻辑与研究假说 ······················· 137
　　一、加入全球价值链有利于增强小微企业融资的能力 ····· 137
　　二、政府干预可能会弱化加入全球价值链对小微企业
　　　　融资能力的正向作用 ························· 138
　第三节　构建计量模型及回归结果 ····················· 140
　　一、指标构造与数据说明 ························· 140
　　二、计量回归结果 ······························· 142
　第四节　本章小结 ······························· 146

第九章　全球价值链分工深化背景下金融发展的路径选择　148

　第一节　有效的市场机制 ··························· 148
　　一、要利用金融市场的作用，放松政府对金融系统的
　　　　不当管制和干预 ····························· 148
　　二、利用灵活有效的体制，吸引高端金融人才跨地区流动 ··· 149

三、降低金融机构的进入门槛，鼓励民间资本进入金融业 …………… 149
　第二节　优化金融开放结构，实现产业结构优化 ………………………… 149
　第三节　围绕实体经济发展，创新金融工具 ……………………………… 150
　第四节　适当抑制投机性资本投机行为，引导资金投向实体经济 ……… 151
　　一、发挥国家的宏观调控手段，适度抑制货币供应量，
　　　　保持信贷的适度增长 ………………………………………………… 151
　　二、打通虚拟经济与实体经济的联通机制 …………………………… 151
　　三、审慎推进金融改革 ………………………………………………… 151
　第五节　注重防风险与控泡沫 …………………………………………… 152
　第六节　本章小结 ………………………………………………………… 153

第十章　总结与展望 …………………………………………………… 154
　第一节　主要研究结论 …………………………………………………… 154
　第二节　进一步展望 ……………………………………………………… 158

参考文献 ………………………………………………………………… 160

附　录 …………………………………………………………………… 176

致　谢 …………………………………………………………………… 181

第一章
导　论

第一节　选题背景

20世纪90年代以来，价值链分工格局出现了重大改变，越来越多的新兴经济体加入到全球价值链之中，从而打破了以往大多数存在于发达国家间的分工模型，更多的是发达国家与发展中国家间的国际分工形式。2000年前后，中国加入全球价值链以来逐渐成为了世界工厂，全球价值链进入新的发展阶段。尤其是在2008年全球金融危机发生后，世界主要发达国家主导的全球价值链感受到来自以中国为代表的新兴经济体的冲击，出现了发达国家跨国公司对其主导的全球价值链上各种"任务"据点进行再理性化，中国和其他新兴经济体在全球价值链上地位不断升级并得以巩固，谈判能力逐步增强（Gereffi，2014）。因此，与传统分工方式不同的价值链分工形成了，即内部不同附加值工序与环节的国际分工。价值链分工体系下，发展中国家以加工组装形式切入到跨国公司主导的世界体系中，从而参加跨国公司主导的世界生产体系。价值链分工对发展中国家传统劳动密集型产业发展、制造业转型升级、制造业的空间布局与市场结构都产生了深远影响。传统分工体系中，产品研发、销售、生产与设计均在同一企业内部完成，而价值链分工背景下，整条价值链具有多环节特点，大型跨国企业选择从事较高附加值环节，将自身不擅长的价值链环节，通过跨区域采购、跨国外包及对外直接投资生产等形式，使得具有其他比较优势的企业或国家从事这些活动。

就发展中国家参与全球价值链的方式看，大多通过吸收外商直接投资，以从事国际代工方式加入全球价值链。这种参与价值链分工的方式优势在于可以迅速嵌入价值链，然而不利之处却在于，可能在国际代工到一定程度后，会面临价值链的"低端锁定问题"。而作为在现代经济活动中对企业生产、产业发展具有基础性支持意义的金融因素，还尚未被充分地引入到这个问题的分析中。在过去的主流国际贸易理论研究中，大多采用完全金融假定，从而忽略了金融发展对于国际贸易可能产生的影响。而日益丰富的研究却表明，金融发展的水平会决定一国的国际分工方式、对外开放程度。现存大多数文献对全球价值链分工深化的金融依赖问题更是少有涉及。

在理论方面，对于金融依赖与全球价值链的两方面研究已久，金融依赖对中观乃至宏观的影响往往通过金融发展体现。采用清晰的新框架，研究金融活动影响我国参与全球价值链分工的变化，提出当下能够符合现实状况的政策建议是本书的理论背景所在。

基于此，本书重点阐述以下三个层次：一是对全球价值链分工深化现状的考察、比较和评价；二是从理论层面论述金融活动影响我国参与全球价值链分工的变化，研究 GVC 上企业创新、产业升级、国际分工三大方面相适应的金融依赖程度；三是从资本配置视角，从分工深化的角度出发，为研究金融发展促进价值链上产业升级、企业创新、全球价值链分工地位攀升问题提供一种新思路。

第二节 研究意义

一、理论价值

从理论价值方面看，全球价值链伴随主导企业的创新能力与核心技术、价值链分布地区的要素禀赋和要素成本及各国内、国际间交易成本等因素的变化而动态变化。相比于传统的以各国企业独立生产产品或中间产品进行国际贸易来说，全球价值链中由价值链主导企业治理的任务贸易显得纷繁复杂、千变万化。分析全球价值链分工深化的现状与特点，有利于揭示金融发展与产业升级、企业创新之间的关系，发现价值链上的金融活动对产业升级、企业创新、跨国公司的作用机理。

在理论界，研究全球价值链分工的学者主要从产业间分工、产业内分工、产品内分工深化三个角度探求价值链分工的理论基础。将全球价值链分工深化与金融发展结合研究，不仅是对全球价值链与金融发展理论的补充，也能够促进金融经济学、贸易金融学、产业经济学等学科的发展与融合，是对发展经济学的进一步拓展与丰富。

二、现实意义

中国经济进入新常态的一个很重要的表现是产业结构向中高端转型升级。一方面，国际金融危机过后，全球产业结构进入再平衡阶段，相应的全球价值链中发达国家的主导地位正在受到挑战；另一方面，随着中国成为世界第二大经济体、"一带一路"倡议的实施、亚洲基础设施投资银行（以下简称亚投行）的创建，中国在世界经济中的地位大为提升，在以发达国家跨国公司为主导的价值链中处于低端地位的中国企业需要向全球价值链中高端攀升。而某些领域处于领先地位或与发达国家能够比肩的中国企业可以建立以我国为主导的全球价值链。在中国企业低端加入全球价值链阶段，企业低技能偏向性技术创新、创新投入有限的产业结构变迁、偏重于制造业与产品贸易领域的开放体制和政策，都要求特定的经济体制和政策与之相适应，形成了以资本激励导向的投资、融资和政府支出体制与政策。其中一项重要内容涉及政府主导的投资和融资体制调整。全球价值链中高端竞争所需要的技术创新更加广泛，不确定性更强，外部性更强，需要调整金融结构，完善资本市场对创新的价值发现功能。

本书通过研究金融活动对参与全球价值链分工的影响，探寻金融对价值链上企业成长、产业升级、国际分工的影响机制，对于技术进步、产业结构升级、价值链攀升发展具有十分重要而现实的意义。

第三节 研究思路

本书旨在讨论全球价值链分工深化的金融依赖问题，基本思路是构建一个研究框架，围绕提出问题—分析问题—解决问题的思路。

首先，试图明确研究背景与全球价值链分工深化的含义，从而明确全球价值链分工深化的金融依赖分析框架。

其次，使用相应研究方法明确全球价值链分工深化的特征事实与状态，以及现阶段分工深化背景下金融体系内部结构的状态。

再次，在研究框架下，分别阐述金融结构影响价值链分工位置、研发强度在融资结构影响价值链分工中的媒介作用，以及基于分工深化视角的金融依赖影响制造业价值链、基于效率配置视角的金融依赖影响我国制造业价值链、基于制造业外包视角的金融依赖影响我国产品内分工深化的机制，并且通过一般均衡模型、世界各国与中国的数据来实证检验假说。

最后，提出全球价值链分工深化金融发展的路径选择，旨在结合理论研究，提出切合实际的政策建议，从而指导金融改革的实际作用。

第四节　拟解决的关键问题

一、理论基础

本书构建了全球价值链分工深化的金融依赖程度测度方式。首先，构建了一个基本分析框架，阐述了理论基础，并且利用一般均衡理论建立了阐述机制的理论模型。其次，从三个层次将金融活动对产业升级、国际分工、产品内分工的影响进行综合统计与计量模型分析，研究金融活动对制造业产品内分工、产业升级、跨国贸易、价值链攀升的影响机制，并综合运用 Matlab、Stata 等软件进行假设检验和计量分析。

二、实证检验

本书以世界各国及我国作为研究对象，进行系列实证检验，为完善与发展产业升级过程中的金融支持提供了重要的经验证据。尝试从资本配置的视角和产品内分工、制造业外包的视角研究价值链嵌入程度的融资依赖问题。这也是现有文献中很少有的。

三、理论模型

本书构建了以研发强度为中介机制，涵盖金融结构、价值链分工的理论模型。超越了单纯就金融角度研究产业升级的思维定势，这在以前的研究中是非常少的。瞄定研发强度在"金融发展－价值链分工"关联中的媒介作用，最终为厘清金融体系中结构变量、研发强度与价值链分工地位传导机制奠定了理论与经验基础，为建立完善的金融市场、促进金融资源有效配置提供理论研究支撑。依托上述理论与实证的研究成果，本书将对中国有效参与全球价值链分工、提升自己的国际分工地位，促进企业融资研发，鼓励企业技术创新，优化产业结构，提出有针对性的理论依据与对策建议。

第五节 国内外研究现状

一、金融依赖问题相关研究现状

1969年，戈德史密斯出版了其代表性重大成果《金融结构与金融发展》一书，是金融发展领域的经典著作。Rajan和Zingales（1998）的经典文章从异质性角度探讨了不同产业的金融异质性，提出了金融依赖度（Financial Dependence）概念。他们的跨国实证研究发现，对外部融资依赖程度较高的企业和产业在具备完善而高效的金融体系的国家和地区，增长速度明显更快。由于不同的产业对外部融资即金融体系的依赖程度不同，金融发展程度的高低会决定一个地区何种产业增长得更快，何种产业会因此形成比较优势。另外，越完善的金融体系下，充裕的外部资金使得企业对物质资本、劳动和技术等要素的交换与流通越为方便，并承担更低的外部风险或交易成本。自此，大量学者对该问题进行了研究，梳理文献发现，对金融依赖问题的研究主要包括以下几个方面：

（一）金融制度的差异性

金融市场的发达程度与一国的法律制度有关。La Porta、Lopez-de-Silanes等（1997）通过一个由49个国家构成的样本发现，投资者保护较弱的国家具有较小规模的资本市场。不论是债务市场还是股票市场，均是如此。而且，相对于海洋法系国家而言，大陆法系国家法国对投资者保护最弱，资本市场也最落后。原因是不同法律渊源的国家对投资者保护的程度不同：大陆法系国家德国和北欧的大陆法系国家对投资者保护程度居中。而且，对投资者保护的不力将会提高大型上市公司股权的集中度，因为在投资者保护较弱的国家，分散的中小股东的利益得不到有效的保护（La Porta, López-de-Silanes et al., 1998）。除此以外，La Porta、Lopez-de-Silanes等（1997，1998，2000）的一系列文章分析了法律制度环境在比较不同金融系统绩效中的重要性。La Porta、Lopez-de-Silanes等（2000）强调了法律系统在创造一个有助于促进增长的金融部门中的作用。他们认为，金融本质上是一系列的合约，而这些合约的界定取决于法律权利及其执行机制。一个健全的法律系统有助于市场和金融中介的运行，从而提高金融服务的水平和质量，保护投资者特别是中小投资者的利益，改善公司治理，促进经济增长。因此，不管是银行主导还是市场主导的金融系统，能否促进经济增长，取决于一国法律系统的完备性及其能否得到有效的执行。

但是，他们之前的研究（La Porta，Lopez-de-Silanes et al.，1997，1998）表明，海洋法系国家相对于大陆法系国家对投资者保护程度更大，而对投资者保护程度更大的国家，资本市场又更发达。这意味着，资本市场的发达程度往往与经济增长呈正相关关系。

Levine（1999）认为，在那些法律监管系统能够充分给予资金借方优先回报权、保证合约的有效执行和促使企业全面精确报告财务状况的国家，金融中介得到很好的发展，这些金融中介发展指标与经济增长正相关。Levine、Loayza 等（2000）进一步利用跨国截面数据表明，各国法律和会计系统差异可以解释其金融发展水平的差异，因而增强保护借款人权利、合约执行、会计实践的法律及会计改革，可以促进经济增长。

Rajan 和 Zingales（2001）对已有文献的回顾认为，银行主导的关系型金融系统更适应于具有大量有形资产的企业发展，而市场主导的金融系统可以为无形资产类企业提供融资支持，因而在法律不健全和固定资产密集型的经济发展初级阶段，关系型金融系统可以运行良好，促进经济增长。但随着法律制度的不断健全，创新和产业结构越来越集中于技能和思想密集型的产业时，市场主导的金融系统更有助于促进经济增长；而且，市场主导的金融体系由于更容易分散风险而更能抵御危机的消极影响。

（二）金融约束的现状

Allen、Bartiloro 和 Kowalewski（2007）使用 93 个国家的产业截面数据发现：

第一，中国的金融系统由一个规模庞大但不发达的银行系统主导，该系统主要由四大国有银行控制，这些银行存在客观的坏账贷款。

第二，建立于 1990 年的上海证券交易所和深圳证券交易所的规模及重要性无法与银行部门相提并论，部分股票市场具有很强的投机性，充斥着内幕交易，没有有效地配置经济资源，但未来它们将会发挥越来越重要的作用。

第三，支持总体经济增长的最成功的金融系统组成部分是各种替代性的融资渠道，如非正式的金融中介、内部融资、贸易贷款以及企业、投资者和政府之间的联盟等，这些非正式融资渠道以产品和要素市场竞争、信用、声誉和各种关系为治理机制。

第四，中国金融系统的重大挑战是如何避免破坏性的金融危机，如由银行坏账累积和利润下降导致的银行部门危机、由过度投机导致的房地产市场危机和股票市场危机、外汇市场危机等。

Carluccio 和 Fally（2008）研究了出口企业在垂直分工中的金融约束与合约的不完全性。他们简化了 Antras 和 Helpman（2008）模型中的全球供货行为，研究结果表明：①金融发展在复杂产品上产生了比较优势。②来自较低金融发展水平国家的复杂投入品在公司内进口贸易中所占份额更高。使用不同复杂度和专用性指标都显示这个发现是稳健的,并且不是由产业固定成本差异或是外部金融依赖的传统测度差异所造成的。在程度上,金融发展与合约执行力同等重要。③虽然以牺牲产量和生产率为代价,但在垂直一体化下却减轻了金融约束。④跨国公司生产链中的生产厂商,如果处在金融发展欠发达国家,那么其不愿意采用新技术生产复合型产品。因此,高技术产品在有较完善金融制度的国家拥有更高的增长率。

第一个将融资约束问题纳入异质性企业模型的是 Manova（2008）,她指出,由于金融摩擦导致的金融市场不完备,导致融资约束影响企业的生产,以及出口的拓展边际与集约边际。Manova（2013）认为,融资约束对异质性企业的出口影响主要通过三种机制：企业进入国内生产的选择、国内制造商的出口选择、企业的出口水平。这篇文章影响很大,她利用 107 个国家的金融发展的数据、27 个行业金融脆弱性指标,通过实证分析,发现信贷约束对异质性企业出口的影响,即金融摩擦会导致企业出口市场数量的下降、出口种类的减少与出口贸易额的下降。Manova（2015）详细解释了出口企业需要大量的外部融资以及出口企业比进口企业更易面临信贷约束的原因：①出口需要额外的成本（固定贸易成本与可变贸易成本）；②跨境航运和交付通常所需时长要比国内订单长 60 天左右,这增加了出口商的营运资金需求,需要垫付大量的资金；③跨国经营由于汇率波动风险与合同纠纷,面临着不同跨管辖区的法律与实践困难。

（三）金融发展对贸易边界的影响

具有金融发展比较优势的国家在国际贸易中占据着一定的比较优势,出口贸易的比较优势不仅表现为国家间的比较优势,也表现为行业间的比较优势,同样延伸到企业层面。

Greenaway、Guariglia 和 Kneller（2007）分析了金融发展在企业出口决策中的作用。研究发现,出口企业比不出口的企业有更良好的融资状况。

Chaney（2005）在企业生产率与融资异质性的研究基础上,主要就金融发展对企业的贸易决策与出口数量影响进行计量检验。杨连星、张杰和金群（2015）发现,融资约束对加工贸易企业的出口有一定的抑制效应,对企业出口的集约边际及扩展边际有制约效应,融资约束与扩展边际（国外企业与外商投资企业进入出口市场）呈"U"型关系。

阳佳余和徐敏（2015）检验了企业融资能力在出口模式（包括持续出口、新出口、间断出口、非出口企业）中的作用。

（四）金融发展对技术进步与创新的促进作用

总体而言,金融发展在促进创新和经济增长方面一直起着重要的作用（谈儒勇，1999；姚耀军，2010）。Allen 和 Gale（1999）研究表明，金融市场相对于银行在为多样化的想法提供融资上更具优势。金融市场存在大量持不同观点的投资者，而对某一想法持有相同判断的人走到一起，为该项目融资。当然，诸如银行之类的金融中介可以委托项目经理决定是否为这些想法进行投资，但是，通过银行为想法融资存在委托代理问题，而且取决于项目经理是否认同该想法的投资价值。显然，正如 Sah 和 Stiglitz（1986）所分析，某个想法被集中的层级组织接受的概率要远远小于被分散的金融市场上投资者接受的概率。Carlin 和 Mayer（2003）使用 20 个 OECD 国家 1970~1995 年 27 个产业的数据发现，那些通过股票进行融资的产业在会计标准更完善的国家增长更快、研发力度更强；而且，这些国家的高技能产业增长更快、研发力度更强。相对于那些银行主导型的国家，如日本，资本密集型的产业可以通过有形资产抵押为其实现快速增长和从事研发活动进行融资。

但是，由于新经济条件下创新性企业往往具有高无形资产的特征，创新企业更能在金融市场发达的国家获得资金支持，实现快速增长。对于小型高科技企业而言，收益波动过大、信息不对称以及缺乏担保都会使其无法获得债务融资。Carpenter 和 Petersen（2002）运用美国 2400 多家上市高科技企业在 20 世纪八九十年代的数据发现，大部分高科技企业获得极少的债务融资，而通过发行新股的方式进行股权融资则非常重要，可以促使企业规模迅速增长。企业一旦上市，就较少依赖外部股权融资，而是依赖内部融资。因此，IPO 这种形式的股权融资可以缓解高科技企业的融资约束问题，而这需要一个运转良好的金融市场。市场主导的金融系统因为在支持小型高科技企业发展上具有明显的优势而更有助于支持创新和促进高科技企业成长。但是，如果进一步考虑到创新活动的保密性质，则银行主导的金融系统存在着优势。相对于诸如股票或者债券之类的资本市场，银行信贷对于企业而言属于双边融资。企业从银行获取信贷不像从金融市场获取融资那样需要公开披露企业信息。因而，如果企业的创新活动涉及秘密，那么企业将选择可以保守其秘密的双边融资（Yosha，1995）。Boot 和 Thakor（1997）认为，金融市场和金融中介的差别是金融市场的价格可以反映和披露信息，而且，商业银行和投资银行分开的金融系统比单一银行金融系统发生金融创新的可能性更大。张杰（2012）利用微观数据，考察了融资约束对企业 R&D 投入的作用效应，识别了现阶段中国企业 R&D 投入的融资渠道与来源。

综合来看，首先，要素禀赋资源决定一国的产业结构，产业结构特征决定其金融结构特征，而不同导向的金融体系决定其贸易决策及产业的比较优势。其次，金融发展水平越高，企业越容易获得融资，企业进入国际市场的门槛越低，对一国的对外贸易更加有利可图。最后，健全金融体制，打破银行和企业R&D项目间的"鸿沟"，有助于科技企业获得启动资金，分散创新风险。综上所述，不难看出，鲜有文献从全球价值链分工深化的视角研究金融依赖问题。

二、全球价值链分工的研究现状

全球价值链分工形态的出现，改变了传统国际分工以产品为核心的模型，彰显了企业在国际分工的重要地位，国家与产业的边界变得更加模糊。价值链分工理论自形成以来，受到了学界对其内在机制、影响因素等问题的热议，形成了一批富有价值的研究成果。

价值链理论最初由波特（1985）在《竞争优势》一书中提出，其认为企业通过生产、销售等环节，向市场提供原料、人力资源与技术，从而创造了价值，构成公司的价值链。此种定义是基于企业自身所提出的，侧重于微观个体。Kogut（1985）认为，企业的价值链仅为价值链环节中的某一环，是垂直专业化的体现，企业自身所具有的比较优势，即决定了企业从事价值链专业化的某一环节。Krugman（1995）研究了企业的比较优势，以及分工情况在全球范围的空间布局。在其基础上，Gereffi（1999）将商品的价值链与全球组织协调相联系，认为企业通过全球范围的空间布局与组织协调，可以形成产品生产的空间一体化网络，从而降低企业的生产成本，提升在一体化生产网络中企业及相关产业的竞争力。Hummels（2001）将价值链和跨国垂直专业化分工结合在一起进行研究，认为跨国垂直专业化分工是以价值链为边界的。这再次说明，全球价值链分工一词是对当今主要国际分工形式很好的概括和总结。

Deeroff（1998）对全球价值链要素价格与分工条件进行了研究。主要观点在于，之所以发生全球价值链下的分工，是由于垂直专业化分工会降低生产成本，也会增加一些额外资源成本。这种分工形成的背后是要素价格的变化，若一国参与GVC分工后，要素价格不变，则会提高该国的福利水平。

对全球价值链分工研究热点，也包括对价值链分工下的外包研究、治理模式研究，主要代表性观点总结如下：一些新贸易理论经济学家开始专注研究外包问题，Grossman和Helpman（2003）、Melitz（2003）、Antras（2004）等对外包的区位选择问题进行了研究。Freentra（1998）发现，发展中国家会通过承接发达国家生产中的非核心环节（如服务外包形式）参与国际分工，而且承接发达国家的此类发包，贸易附加值较低，利润较低。Abraham和Taylor（1996）主要通过美国20世纪80年代的横截面数据，对影响企业外包的因素进行研究。实证结果揭示，节约用工成本、产品的需求大小及劳动力的专业技能是企业通过外包形式加入全球价值链的决定因素。基于H-O模型框架，Arndt

（1998）研究发现，发达国家向发展中国家发包，会提高自身的福利，若发包国经济规模越大，则福利水平提升速度越快。Cereffi等（2005）提出了全球价值链治理模式的五种形式，主要有层级型、领导型、关系型、模块型与市场导向型。一国或者企业选择何种价值链治理模式，主要由国际分工间的交易成本、正规化水平所决定，从而会对参与价值链分工的发展中国家的就业岗位、产业升级等方面产生深远影响。如果说Cereffi等（2005）是基于价值链治理模式大类的研究，那么Grestanello和Tattara（2006）则是对价值链上下游企业治理模式的研究。作者发现，意大利的服装行业向东欧国家转移，从而研究了服装等制造业国际转移的过程中如何进行生产国际化管理，以及工业化国家如何增强其国际竞争力。

对全球价值链分工研究热点还包括中国参与全球价值链分工的研究。全球价值链分工在世界范围内引起国内外学者的关注，也有学者结合中国实际，研究我国参与国际分工的实际情况。

一是中国参与全球价值链分工具体状态的考察。张二震（2004）研究了价值链分工的各国利益分配问题。主要研究观点在于：发达国家凭借其战略性要素，在国际分工中属于主导地位，因此在利益分配中处于优势，而发展中国家则处于相对劣势地位。与其类似的观点还有曹明福（2007）。通过对我国在俘获型价值链治理模式下，全球价值链与国内价值链间博弈比较分析，徐宁等（2014）发现，我国代工企业是否选择加入全球价值链，取决于其自身所在行业国内与国际的行业结构。佘群芝等（2015）测度了我国其他国家在GVC上的上下游关系及依赖程度，结果表明，我国对于欧盟国家与美国依赖程度比较高，但伴随我国在国际分工中的切入程度提高，这种依赖度逐渐减弱。

最新的代表性研究成果还有，任志成等（2017）认为，价值链分工到一定程度后，贸易增速会下降，对于中国的对外贸易来讲，会面临从量占优到以质得胜的转型机遇。倪红福（2017）测度了世界各国的出口技术含量，发现我国的出口技术含量较低，无法与美国、日本等发达国家抗衡。

二是通过构建指标衡量中国在全球价值链分工中的地位。Fally（2011）、Antras和Chor（2012）、Antras等（2012）构造了反映价值链上游度指数，主要是使用一国的投入产出表。王直等（2016）通过国际生产网络中构造平均生产步长（Average Production Length）、参与程度（Intensity of Participation）、相对上游位置（Relative Upstreamness）测度价值链上的一国多部门情况。主要使用了跨国数据，对40个国家、35个部门长达17年的生产情况进行了测算。此种测算方法，便于研究者更好地理解不同国家的产业部门与各个国家参与产业部门的形式。程大中（2015）在Miller和Temurshoev（2013）、Hagemejer和

Ghodsi（2014）的基础上，通过跨国投入产出分析，从中间品关联、增加值关联、投入产出关联三个角度综合评估了中国参与全球价值链分工的程度及演变趋势。研究发现，中国以"外国增加值比重"衡量与世界的关联程度趋于上升，且高于以进口中间品比重衡量的程度。中国大多数行业基于产出和投入的价值链关联指数均超过 1.5，关联指数上升的行业远多于下降的行业，说明我国主要通过供给与需求投入两大渠道深度嵌入价值链。

本书选取了全球价值链分工的代表文献，通过梳理相关文献的代表性观点，不难看出，大多数文献就价值链分工情况的研究大都停留于理论表面，而相关的实证文献主要集中于指标计算，缺乏将全球价值链理论与贸易金融理论相结合的实证研究，因此在探究发展中国家嵌入价值链分工情况与其配套金融体系问题方面，相关文献可谓凤毛麟角。

三、全球价值链分工深化下的金融依赖问题研究

（一）全球价值链上的企业融资约束问题

现有的文献对于融资约束的研究成果非常丰富，覆盖面较广，但将全球价值链、融资约束放在一个框架下分析的研究，在国内非常少。申明浩和杨永聪（2012）首次将全球价值链与金融支持、产业升级联系起来，利用 CES 函数模型及微笑曲线推导并分析外部融资与全球价值链嵌入环节的关系。研究发现，资本市场对第二产业的升级有显著促进作用，信贷市场与第二产业的升级存在微弱的负相关关系。

Manova 的相关文章将贸易金融与全球价值链研究领域相联系起来。Manova 和 Yu（2012）研究了融资因素影响全球价值链上企业的位置及企业的选址又如何影响企业的盈利能力、贸易方式。他们采用中国海关数据与工业企业数据，将出口分为三类贸易，普通贸易（OT）、进料加工贸易（PI）、来料加工装配贸易（PA）。他们认为，中国企业选择 PI 与 PA 而非 OT，是因为缺乏融资渠道，面临融资约束。随着约束水平的提高，企业会从 PI 转向 PA，而融资约束水平低的企业则倾向于融资能力要求相对较大的 OT。Manova（2008）构建了一个不完全契约的理论模型，发现企业在选择贸易体制（Trade Regime）时存在融资约束。她认为融资约束影响了企业在价值链中的参与模式，融资约束较大的企业被锁定在价值链低端，只能从事进料加工组装，进口国外的中间品参与价值链分工体系，而通过改善样本中融资约束最小企业的财务状况，会增加 55 亿元（原有水平提高 1.3%）的利润以及 152 亿元（原有水平提高 0.7%）的附加值。Manova（2012）将国内附加值的拓展、贸易流动生产线上的位置、国家层面投入产出表三方面的研究进行了拓展，是学术界第一个基

于三条主线微观层面的研究。同时，该文章解释了融资约束对国际贸易合约的影响，从而拓展了（Antràs and Foley，2011）对跨国贸易中贸易信贷的研究。

融资约束对在全球价值链上的企业和不在全球价值链上企业出口行为分别有何影响？吕越、罗伟和刘斌（2015）利用1999~2007年中国海关贸易与2000~2006年的中国工业企业合并数据，测算了企业在全球价值链的嵌入程度，研究发现，在动态分析中，融资约束通过影响固定成本的方式，影响企业在全球价值链的参与度。对连续出口型企业来说，即已经在GVC中的企业，融资约束对企业嵌入全球价值链的程度没有显著影响，而对第一次出口的企业来说，融资约束不利于其垂直专业水平，会阻碍企业在全球价值链的参与程度。国内文献的研究检验大都使用海关贸易数据、工业企业数据、上市公司等微观数据，采用不同的融资约束测度方法、代理变量、不同的计量模型，就不同的研究对象进行实证检验。这与本书文献梳理中的研究方法基本相同，包括海关贸易数据与工业企业数据的合并方式（Upward，2013）、全球价值嵌入度（KWW方法），大多参考国外的最新研究进展。

在跨国贸易、融资约束与全球价值链方面，Manova（2015）认为，全球价值链上跨国公司的融资依赖问题有很大的研究价值，她特别强调，要在理解全球供应链与各国经济制度、市场摩擦差异的基础上进行研究。而减轻市场摩擦的最有效方式是企业（或发展中国家）攀升到全球价值链的高附加值环节。跨国贸易越来越分散，信贷约束可能影响到公司与国家在全球价值链上的位置，从而对企业的利润、技术溢出效应、经济的长期增长产生影响。全球生产网络与金融摩擦的互动，可能反过来造成真实的金融冲击国际传导机制。

Antràs、Desai和Foley（2009）研究了东道国的汇率贬值对当地企业与外商独资企业的影响机制，研究表明，跨国公司子公司会在汇率贬值后扩大规模与投资，而国内企业会收缩规模或退出出口市场。金融市场的不完备性也影响了跨国公司的垂直一体化决策。同时，他们还研究了总部设在发达国家的企业，是如何离岸外包生产给需要外部融资的外国供应商。他们（2012）还提出了"产出上游度"（Output Upstreamness，OU）指标，以度量一个行业在全球价值链中的位置。

一些研究认为，跨国公司在供应商融资约束较小的国家倾向于通过外包获取中间产品，而不是垂直一体化方式（Carluccio and Fally，2012）。这是由于东道国金融发展滞后，导致供应商融资约束。

Manova等（2012）利用中国企业数据发现，中外合资企业与外商独资企业的出口绩效要比国内私营企业好，这是因为外资企业能够从母公司获取内部融资，面临较小融资约束。之后，Manova等（2014）进一步阐述了该观点，研究发现，跨国公司在中国的子公司，相对当地企业，更依赖于一国金融制度。外国子公司相对于国内企业出口更多，需要外部融资以支持企业的长期投资，公司部门需要更多的流动性短期资金（如较高的库存－销售比率），而有形资产较少的部门，可以用作外部融资的抵押品；基于此，供应商—购买者间的贸易信贷，可以替代正式借贷。从这个角度看，各国金融发展程度差异，在一定程度上受到各国企业在全球价值链上分布的状况影响，一国的企业越分布于全球价值链附加值较高的环节，对更高风险投资额吸引力越强，对间接融资的需求越大；而一国企业越处于价值链附加值较低的环节，相对于价值链高端的国家来说，高风险的融资发展相对不足。

总结现有的实证研究结果，不难发现：①国内外在贸易金融与全球价值链的研究尚不成熟，可以说是一个比较新的领域，大多研究主要围绕融资约束、R&D投资、异质性企业出口行为进行，而将全球价值链的分工与演化纳入贸易金融的研究则凤毛麟角；②根据现有国内外的测算结果，可以得到一个统计结论，即中国企业融资约束的扩大会阻碍其在全球价值链中的参与程度，这对于本书研究金融异质性、企业国际化决策、全球价值链嵌入提供了一个基本认识。但在未来的研究中，低端企业在全球价值链上升级，跟上游的发达国家竞争，两国不同的融资体制对于企业向价值链两端升级有何影响？两国融资成本之差，对于降低融资成本与进行产业升级有何影响。从事国际代工、加入GVC的出口企业与从事国内代工、本土国内价值链上的企业，这两类企业向银行释放的信号有何不同？面临的融资约束程度有何不同？这些问题现有研究都没有给出解答。

随着经济全球化的进一步深入，对于发展中国家，尤其是对我国而言，面临着从原来低端嵌入价值链分工，向"中端争夺""高端占据"的价值分工地位攀升的过程。发展中国家部分企业的成功升级，提高了发展中国家在全球经济中的话语权，对由发达国家跨国公司主导的全球价值链体系形成新的挑战。可见，全球价值链上企业融资约束问题的研究，毫无疑问是一个贸易金融的前沿领域。

许璐和郑江淮（2016）关于价值链与金融发展两大理论的研究从广度以及深度上都有了新的扩展。众多经济学家对异质性出口企业的融资问题从理论建构与实证分析方面取得了一定的研究成果，丰富了贸易金融领域的理论与经验研究。值得强调的是，尽管中国的金融市场近年来进行了一系列的改革，但金融抑制问题仍然存在，限制了金融市场对企业出口的支持作用。可以说，中国金融改革效率或开放程度将直接影响中国企业在GVC上的升级和地位。因此，完善金融市场、促进企业出口、调整融资结构是未来的政策导向。如本书所述，出口企业融资渠道的选择、出口企业融资约束的测度、异质性企业出口的决定因素、全球价值链上出口企业的融资约束等方面的研究，仍存在诸多值得商榷与进一步研究之处。企业进入出口市场的选择机制、融资约束下的最优贸易政策、融资约束对异质性企业出口动态影响机理等都是未来的研究方向。

第一，当前的研究范式大多为静态的，该领域未来应使用动态的视角揭示融资约束对出口企业的影响机理。企业进入与退出出口市场时，这种市场选择机制本身就存在着动态性、多阶段性、多选择性的特点，融资约束对没有进入出口市场的企业，以及其后续进入出口市场、加入全球价值链是怎样的影响机理；已经进入国际市场的出口企业被迫退出出口市场，在国内价值链上从事国内代工，这背后的逻辑因果关系又是什么，现存文献很少对这些问题予以关注。

第二，融资约束对全球价值链上出口企业的影响还体现在，对融资的需求要高于企业低端加入价值链时的需求，并且远远高于国内企业在国内市场竞争所需的融资需求。从这个意义上再次证明，中国金融发展对中国企业向全球价值链攀升具有重大的现实意义。那么，围绕全球价值链上贸易流与金融流互动关系，以说明价值链上的资金流动对发展中国家金融的抑制或金融深化的影响，对发达国家的影响，以及两国货币间的这种关系，是未来值得研究的方向。

第三，在优化融资约束测度方法、完善数理模型的同时，还要将中国金融体制的异质性纳入理论模型中，结合中国自身的金融特质、贸易情况构建模型。同时关注中国与发达经济体之间融资结构、企业融资现实的差异。美国作为发达经济体的代表，是金融市场导向的金融体制，中国的金融体制尚未完全开放，一旦金融体系满足不了中国在全球价值链上攀升所需大量高风险融资，中国企业就会"走出去"，或要求国内的金融体制更加开放。

（二）全球价值链上的跨国公司融资问题研究

Manova（2013，2015）认为，跨国公司融资问题有很大的发展前景，她特别强调，要在理解全球供应链与各国经济制度、市场摩擦差异的基础上进行研究。而减轻市场摩擦的最有效方式，是企业（或发展中国家）攀升到全球价值链的高附加值环节。跨国贸易越来越分散，信贷约束可能影响到公司与国家在全球价值链上的位置，从而对企业的利润、技术溢出效应、经济的长期增长产生影响。全球生产网络与金融摩擦的互动，可能反过来造成真实的金融冲击国际传导机制。一些研究认为，跨国公司在供应商融资约束较小的国家倾向于通过外包获取中间产品，而不是垂直一体化（Carluccio and Fally，2012）。这是由于东道国金融发展滞后，导致供应商融资约束。

Antràs、Desai和Foley（2009）研究了东道国的汇率贬值对于当地企业与外商独资企业的影响机制，数据表明，跨国公司子公司会在汇率贬值后扩大规模与投资，而国内企业会收缩规模或者退出出口市场。金融市场的不完备性，也影响了跨国公司的垂直一体化决策。Antràs、Desai 和 Foley（2009）研究了总部设在发达国家的企业如何离岸外包生产给需要外部融资的外国供应商。他们在 2012 年还提出了"产出上游度"（Output Upstreamness，OU）指标度量一个行业在全球价值链中的位置。Carluccio 和 Fally（2012）认为，跨国公司在供应商融资约束较小的国家倾向于通过外包获取中间产品，而不是垂直一体化。Manova 等（2011）利用中国企业数据发现，中外合资企业与外商独资企业比国内私人企业的出口绩效好，这是因为外资企业能够从母公司获取内部融资，面临较小融资约束。Manova 等（2014）发现，跨国公司在中国的子公司，相对本土企业，更依赖于一国金融制度。外国子公司相对于国内企业出口量更大，需要外部融资以支持企业的长期投资，公司部门需要更多的流动性短期资金（例如较高的库存 - 销售比率），而有形资产较少的部门，可以用作外部融资的抵押品；基于此，供应商 - 购买者间的贸易信贷，可以替代正式借贷。

许璐和郑江淮（2016）认为，随着经济全球化的进一步深入，对于发展中国家，尤其对我国而言，面临着从原来低端分工环节中，以"价值链学习"为导向的创新驱动发展的价值链 1.0 时代，向"中端争夺"的价值链 2.0 时代、"高端占据"的价值链 3.0 时代跨越升级的过程。发展中国家部分企业的成功升级，提高了发展中国家在全球经济中的话语权，对原先由发达国家跨国公司主导的全球价值链体系形成新的挑战。全球价值链上企业融资约束问题的研究，毫无疑问是贸易金融的一个前沿领域。

第六节　主要研究内容

企业"走出去"战略实施以来，中国的对外直接投资规模日益增长，在全球价值链上分工地位发生了变化。本书主要研究金融活动对全球价值链分工深化的影响，以企业创新、产业升级、国际分工的融资问题为核心的框架，具体论述金融依赖对价值链分工深化的逻辑，同时阐述了金融活动对产业升级、国际分工的作用机制，从而提出企业与国家全球价值链地位攀升的关系、金融改革的制度保障和政策启示，对于经济全球化背景下中国经济的发展具有一定的启示意义。

根据技术路线与研究思路，本书主要分为十章：

第一章　导论。主要介绍本书研究问题及研究意义，同时对价值链分工下的金融依赖国内外相关研究进行梳理，找到本书研究视角切入点，针对本书研究内容提出可能存在的创新点。

第二章　金融依赖影响全球价值链分工深化的逻辑机理。立足于金融发展理论与全球价值链理论的基本研究范式，构建包括金融规模、金融结构与金融效率整体分析框架。研究了金融结构、金融效率、金融规模三种作用机理对全球价值链分工地位、我国制造业产品内分工触发交易成本、规模经济、技术溢出效应三条机制，形成了交易成本、技术溢出效应与人力资本升级路径。最终实现三圈层作用机制的匹配、交互、协同动态作用。

第三章　全球价值链分工深化与金融体系内部结构现状及态势评价。本章就全球价值链参与程度、分工地位、生产分割度三大维度对全球价值链分工深化的情况进行事实分析。首先，通过统计分析OECD国家的全球价值链参与程度，根据OECD贸易附加值方法，衡量并参考了世界主要国家全球价值链参与指数排序、前向价值链参与度、后向价值链参与度情况。其次，采用出口技术复杂度作为衡量价值链分工地位的测算指标，对全球34个国家1996~2010年价值链分工地位的事实进行分析。讨论各国所处价值链分工地位情况，观察数十年来价值链分工地位变化特征。最后，衡量价值链的长度，通过对国际与中国生产阶段数的事实分析，研究发现，在全球投入产出表框架下，全球生产阶段数可以分解为国内生产阶段数与国际生产阶段数，用以表示产业部门内生产分割的长度。生产分割长度（生产阶段数）变长，经济生产结构复杂度提升，价值链长度变长，说明全球生产分工体系的深化。目前国内通过生产结构复杂度，即生产分割长度表征价值链分工的研究相对较少。

第四章　金融依赖影响价值链分工位置的机制。本章收集并计算了跨国的59个国家和地区金融发展与价值链分工指数、参与指数相关数据，研究金融结构与价值链分工的关系。本章首先运用OECD价值链参与数据，分析了1995~2009年世界各国参与全球价值链的趋势与主要特点，同时就1995~2009年金砖四国参与价值链的情况进行总结归纳。继而，本书根据UN Comtrade Database提供的出口数据，用出口复杂度表示全球价值链分工地位。同时，通过采用1996~2010年34个国家面板数据，就一国（地区）金融结构市场化导向水平、金融效率、金融市场稳定性，从三个层面考察各国金融发展的现状，并区别不同的金融发展指标对价值链分工深化的差异性影响。另外，构建相关计量模型，对价值链分工地位与金融结构之间的现状进行了研究，同时就中国的最优金融结构与世界的最优金融结构差距进行分析。

第五章　创新研发在金融依赖影响价值链分工深化的中介机制。本书通过构建一般均衡模型，分析了价值链分工下，金融发展水平（即直接融资与间接融资比例）通过影响研发强度从而对价值链分工地位的影响。首先构建了该理论模型所处的经济背景，构建价值链分工下金融发展→研发强度→价值链分工的理论传导机制，并考虑委托代理问题，利用模型进行分析，发现价值链分工下金融发展会导致研发强度提升，从而提高产品质量，提升价值链分工地位。并且基于该理论模型，采用了24个国家的数据，对该理论逻辑进行证明。本部分模型要研究的问题是，价值链分工深化背景下金融发展对研发强度的影响，并运用上述理论框架，通过 Matlab、Stata 等计量软件对本书的理论机制进行实证分析。

第六章 基于分工深化视角金融依赖影响制造业价值链的机制。本书拟从全球价值链的研究视角，采用贸易增加值计算方式讨论全球价值链分工地位与国际竞争力之间存在的关系，以及银行信贷水平对两者关系的影响。通过使用 OECD 和 WTO 联合发布的增加值贸易数据库（Trade in Value Added，TiVA），检验金融发展水平在全球价值链促进制造业国际竞争力过程中的作用，发现价值链地位对金融发展水平较高的国家的制造业国际竞争力提升作用更加明显，从而给发展中国家金融体制改革提供了理论与经验依据。金融约束下的金融倾斜制约着中国金融资源配置效率的提升，由此需要思考的是，信贷规模、制造业行业资本配置效率、全球价值链嵌入三者之间有何关联，由于缺乏行业金融数据，各行业的融资依赖度均参考 Rajan 和 Zinggales（1998）的公式：行业的外部融资依赖度（EFD）可由（资本支出－运营资本现金收入）/资本支出求得。通过实证分析，本书认为，制造业行业资本配置效率提升与行业融资依赖度成正比，行业融资依赖度越高，制造业行业资本配置效率越高。同时，制造业行业资本配置效率提高与全球价值链嵌入程度亦有关联。这为当下我国经济发展过程中，制造业行业去产能与去杠杆、行业资本配置效率提升、金融体制改革深化提供了又一有力佐证。

第七章 基于外包视角的金融依赖影响我国制造业产品内分工机制。主要表现为金融发展水平、产业人力资本水平、产业研发水平及 FDI 水平会对价值链下的产业升级造成影响，能够提升产业在全球价值链的位置。通过利用 2002~2011 年我国 18 个制造业面板数据对理论假说进行检验。实证结果发现，第一，金融规模与信贷规模均对我国承接国际外包与国内外包具有促进作用；第二，就金融规模与信贷规模的促进作用看，信贷规模对国内承接外包的促进作用更强，而金融规模则对承接国际外包的促进作用更强；第三，从融资依赖影响国际外包、国内外包从而促进产业升级看，融资依赖能够通过 FDI 溢出、人力资本及研发三个途径促进产业升级。而从金融规模来讲，主要通过研发促进产业升级，就信贷规模而言，则通过研发与人力资本促进产业升级。

第八章 基于融资视角的我国民营企业跃升价值链的机制。从微观企业角度，探析企业融资情况与价值链嵌入程度间的关系，从而研究企业融资情况对我国企业嵌入全球价值链的影响机制。本章提出了本书的两大研究假说。第一，加入全球价值链有利于民营企业向银行释放有利的商业信誉"信号"，从而更方便获取信贷融资。第二，地方政府对地方民营企业的干预强，会影响当地民营企业，尤其是价值链上的民营企业减少获取信贷融资的可能性。于是，本书通过对调查问卷中的2000多个数据指标的筛选梳理，得到有效数据1400余个。根据计量经济学基本理论，由于被解释变量为虚拟变量，因此采用Probit模型进行估计，对基准模型的计量检验结果展开分析，从而佐证了本书的两大理论假说。

第九章　全球价值链分工深化背景下金融发展的路径选择。本章针对以上分析，提出金融改革的路径。主要涉及相关的政策建议：从微观层面证据、模型改进拓展、尝试建立内外部金融结构关联机制，提出具有可操作性的路径选择，将问题的分析最终落到实处。因此，基于以上分析，本章提出价值链视角下金融发展的政策建议，即进一步开放金融市场，发展直接融资方式，发挥金融市场资源配置能力。

第十章　总结与展望。本章指出了本书的主要研究结论，并对未来研究做进一步展望。

第七节　研究方法与技术路线

一、研究方法

（一）规范性分析和实证分析相结合的方法

主要是数理推导与计量经济相结合，从提出理论假说，到运用计量模型方法进行检验。实证分析主要是通过收集的数据，运用门槛回归模型、GMM模型、Probit模型等合适的计量经济学方法验证本书提出的理论假说。另外，使用统计学方法，用以陈述事实特征与变化趋势。所以，在本书的分析中，对这两种方法进行综合运用。

（二）结构分析法与比较分析方法

本书在分析价值链分工深化的金融依赖时，从贸易结构、产业结构、金融结构、价值链等多方面进行综合考察。比较分析方法是对不同时间条件下经济现象进行比较，以探求经济活动的规律性与特殊性。本书采用不同国别间、地区间的横向比较分析，旨在分析价值链不同分工地位下金融依赖度的差异，并在实践差异中提炼企业突破价值链低端锁定面临的困境和经验。

（三）静态分析与动态分析相结合

通过理论建模，掌握全球价值链分工深化与金融依赖的内在机制，静态分析包括书中使用的横向比较分析以及一般均衡分析。动态分析包括实证中的动态 GMM 回归。通过静态与动态相结合的分析范式，准确掌握金融活动对价值链变化的影响机理。

二、技术路线

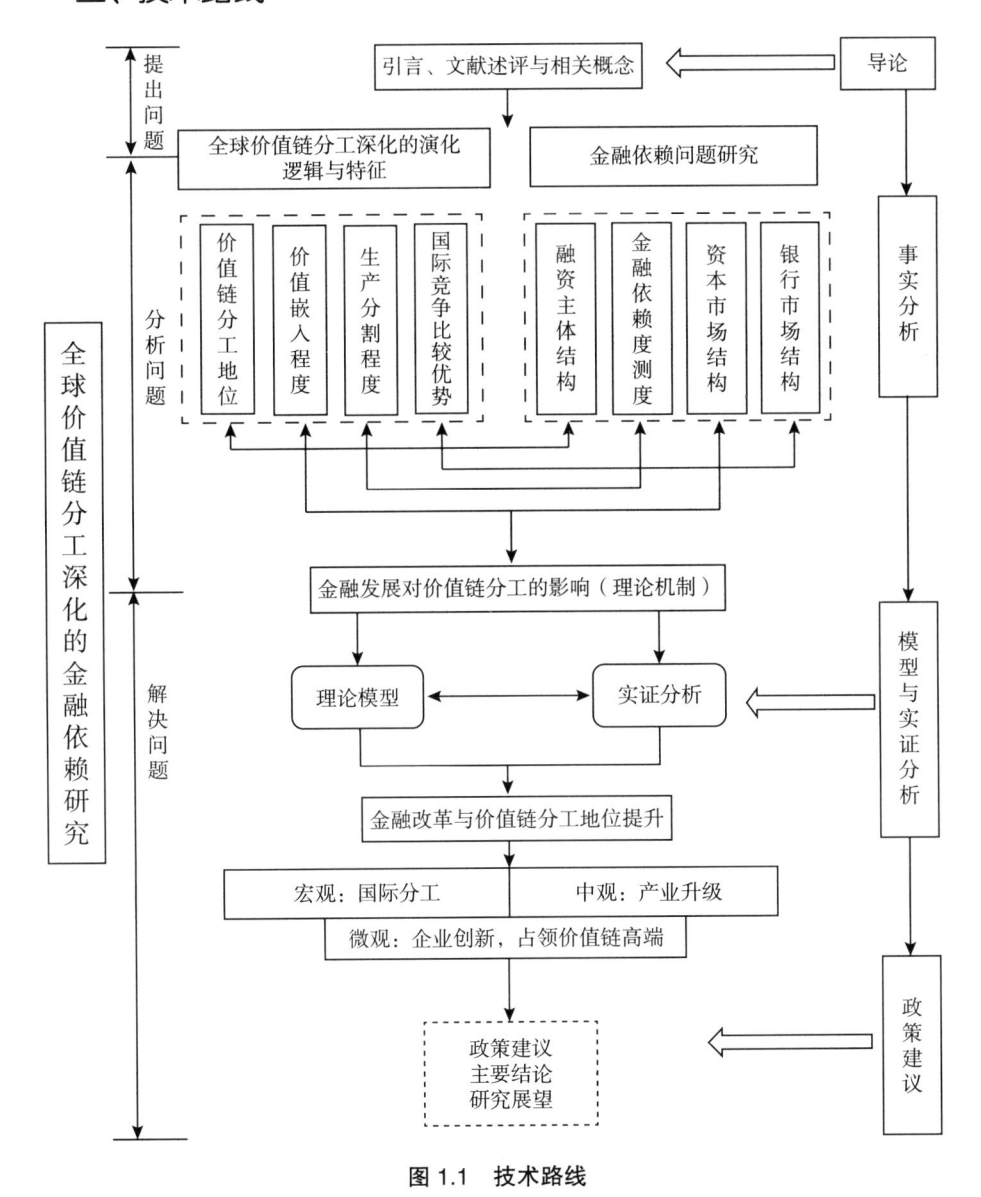

图 1.1　技术路线

第八节　重点和难点、主要观点与可能的创新之处

一、重点和难点

（1）全球价值链下分工深化效应研究。本书研究价值链的分工深化，全球价值链下产业升级、国际服务外包均有较多研究成果，而价值链下国际分工地位、价值链长度、嵌入程度的研究相对较少。因此，剖析价值链分工深化含义，研究价值链参与程度、分工地位、嵌入程度相关联的行业、国家、地区是研究的重点与难点。

（2）价值链分工与金融依赖的关系研究。作为金融依赖的表现方式，金融发展所蕴含的丰富含义与价值链下产业升级效应、一国分工地位的提升间存在什么样的关系？明确这种关系，是我国及世界其他国家促进产业升级、攀升价值链地位的关键。同时，在全球价值链视角下研究金融发展也是本书的一个难点。

（3）全球价值链分工下金融改革的方向。本书的最后落脚点是我国要坚持金融体制改革。实际意义为进一步开放金融市场，增强金融体制活力，发展直接融资方式，在良好的风险控制前提下，更好地服务实体经济。因此，研究如何进一步提高金融资源配置效率，培育高效、开放、稳定的金融市场是本书的研究重点。

二、主要观点

（1）经济全球化背景下，一国金融结构市场化导向越大，价值链分工地位提升速度越快，价值链嵌入程度越深。

（2）金融市场越稳定，金融市场效率越高，价值链分工地位提升速度越快。

（3）金融发展水平、信贷规模会影响一国产业竞争优势与价值链分工地位。而我国通过金融市场化改革，提高金融发展水平，有利于制造业行业资本效率提升，是实现我国产业升级、攀升价值链高端的重要路径。

（4）全球价值链分工深化下的金融依赖，对我国金融体制改革提出新的诉求，发展直接融资，金融体制深化改革是我国打破价值链低端桎梏、掌握价

值链主导地位的方向。

三、可能的创新之处

（1）本书尝试将传统针对"产业升级—金融发展"的研究范式，拓展到"全球价值链分工—金融依赖"分析视角。对于全球价值链分工深化的研究多且杂，本书收敛到金融发展的框架里，从行业角度、产业升级、国际分工三方面论述，在框架方面收敛、集中且清晰是创新之一。据此构建理论与计量模型，对世界范围以及中国价值链及融资依赖问题进行全面的估测与客观研判。

（2）首次构建了一般均衡模型，超越了单纯就金融角度研究产业升级的思维定势，这在以前的研究中是非常少的。瞄定研发强度在"金融发展—价值链分工"关联中的媒介作用，最终为厘清金融体系中结构变量、研发强度与价值链分工地位传导机制奠定了理论与经验基础，从而为价值链攀升、分工地位的提高提供金融支撑。本书在统一框架下实证检验了金融内部结构、研发强度与价值链分工地位的关联机制，确立了三者交互作用的传导机制。并且，通过计量方法对该理论模型进行经验补充。将宏观模型与经验数据相结合，基于银行、直接融资部门、厂商等一般均衡，探究分工深化背景下最优融资结构的特性。本书不仅对全球价值链分工地位进行了考察，而且深入考察了中国参与全球价值链分工的发展现状、金融发展对全球价值链分工深化的影响机理、金融市场的不完备性（信贷不平衡、融资异质性与贸易附加值），这极大地拓展了全球价值链分工的研究内容，为价值链攀升提供了借鉴。

（3）本书以世界各国及我国作为研究对象，并进行系列实证检验，为完善与发展产业升级过程中的金融支持提供了重要的经验证据。尝试从制造业行业资本配置的视角，研究价值链嵌入程度的融资依赖问题。通过多种计量方法，检测资本市场融资结构决定的内生性与稳健性，并运用我国和OECD国家的经验数据构建计量模型，以分工理论为核心的新分析框架，对近年来工业化国家和中国的融资结构进行比较分析，为完善与发展产业升级过程中的金融支持提供了重要的经验证据。同时，尝试从资本配置、产品内分工、制造业外包的视角研究价值链嵌入程度的融资依赖问题。这也是现有文献中很少有的做法，弥补了价值链理论与金融结构安排实证的不足，从而发现了分工深化的金融依赖问题的动态演化特征。

第二章

金融依赖影响全球价值链分工深化的逻辑机理

第一节 全球价值链分工深化的内涵

20世纪70年代末以来,伴随国际生产分割技术的迅猛发展与经济全球化,贸易自由化大行其道,出现了有别于以往任何时期的国际分工新形态,即全球价值链分工体系。主流经济学大都围绕既定全球价值链分工视角下分析企业创新、产业升级及任务贸易问题,并展开讨论。目前,学界还较少有人就全球价值链分工深化的内涵给出标准的定义。基于大量文献的回顾与分析,本书认为,全球价值链的分工深化有四层含义:

第一,垂直型分工,一种产品的各个生产阶段在不同的国家完成所形成的分工。国际分工形式的碎片化与分散化,全球生产网络下,生产结构变得越来越复杂,说明生产的中间环节越多,产业链条越长,价值链分工程度越深。具体表现为分工进一步细化,各个国家与地区融入全球市场,跨国公司生产链条贯穿国内外,各国(地区)从事特定产品不同的生产阶段与环节。典型的案例有iPhone、波音飞机等国际化产品。本书将全球生产阶段数分解为世界生产阶段数与国内生产阶段数,用以考量各国(地区)生产结构复杂程度的变化趋势。

第二,伴随价值链分工深化,各国(地区)在价值链上的分工位置、嵌入程度、国际比较优势均发生了不同程度的动态变化。通常意义上,一般认为价值链的分工地位越高,嵌入程度越深,国际比较优势越大,说明在价值链分工体系当中越处于有利位置,参与价值链分工的程度越深。而价值链分工本身动态的变化,如单个国家(地区)参与价值链分工的位置、嵌入程度及其变化,可用来解释单个国家价值链分工深化的增速及变化的异质性。由此可见，通过一部分合理量化的方式，可考量国家与地区全球价值链分工的程度。例如，Johnson 等（2012）用附加值出口占总出口比重表征全球价值链分工深化的程度，其意义在于该比值越低，说明分工越细化，中间产品流转的速度提高。因此，本书就国内外文献中提出用以衡量 GVC 分工程度的指标，加以筛选及发展，在第三章通过大量统计的方法，表征价值链分工演进态势。

第三，从产品内分工角度，国际服务外包是根植于全球价值链的一种分工方式，服务外包具有产业升级效应，从而影响分工深化程度。本书通过衡量我国制造业承接国际服务外包的水平，反映制造业参与全球价值链分工的程度。

第四，跨国公司在全球的分工布局，同一产品不同零部件、工序在不同国家生产的进行分工。价值链分工深化的过程中，以往由发达国家跨国公司主导的价值链分工体系，由于中国涌现出一批优秀的企业，如华为、吉利等"走出去"参与海外并购，在境外建立研发中心，开展高水平技术与高端制造业投资，加入了全球创新网络，向价值链高端进军，从而在价值链分工领域的细分行业如高科技、金融领域取得一些话语权。而发达国家本身产业政策也出现了变化，如美国在次贷危机后提出"再制造业化"战略，要重振制造业，美国在中国的跨国公司开始回流美国，或将其加工制造环节转向印度尼西亚、越南、墨西哥等用工成本更低的国家。

由此可见，全球价值链分工深化呈现复杂化、动态化的特点，笔者就上文理解的四层基本含义作为文章的研究背景，考察金融依赖对全球价值链分工深化自发演进与调整的一般性逻辑与作用机制，从而构建全球价值链分工深化的金融依赖逻辑框架。

第二节　金融依赖的内涵

Rajan 和 Zingales（1998）从异质性角度探讨了不同产业的金融异质性，提出了金融依赖度的概念（Financial Dependence）。他们的跨国实证研究发现，对外部融资依赖程度较高的企业和产业在具备完善而高效的金融体系的国家及地区，增长速度明显更快。由于不同的产业对于外部融资即金融体系的依赖程度不同，金融发展程度的高低，会决定一个地区何种产业增长得更快，何种产业会因此形成比较优势。另外，完善的金融体系下，充裕的外部资金使得企业对物质资本、劳动和技术等要素的交换与流通更为方便，并承担更低的外部风险或交易成本。

本书将金融依赖表述为：通过金融发展理论中包括金融结构、金融效率、金融规模在内协同交互的内涵，从而研究金融依赖对价值链上分工下经济体的影响机制。

第三节　全球价值链分工深化的金融依赖逻辑框架

随着全球价值链成为国际分工的主导形式，学术界对这种新的国际分工现象进行了大量经验与理论研究，本书归纳了一下，主要集中于六个方面：①全球价值链分工条件下的产业升级研究；②全球价值链分工模式下贸易增速研究；③全球价值链对企业创新的影响的研究；④全球价值链与国内价值链的关系，包括国际外包与国内外包的关系；⑤全球价值链出口技术含量变迁问题；⑥全球价值链分工下贸易附加值研究。以上六大方面，与本书研究对象有一定程度的关联，但针对全球价值链分工深化的金融依赖问题的研究，现有文献除了Manova（2012）首次将贸易金融与全球价值链理论相结合外，还很少有研究涉及该问题。

本书基于价值链分工深化的内涵与现有文献评析，主要研究三个问题：第一，全球价值链分工深化呈现怎样的特征与态势，现阶段分工深化背景下世界金融发展情况，以及我国金融体系内部结构是何现状？第二，金融依赖对全球价值链分工深化，全球产业链转移战略的作用机制有哪些？第三，我国应采取哪些战略举措应对全球价值链分工新趋势所带来的机遇与挑战，从而深化金融体系改革，逐步挣脱金融抑制的桎梏，更好地服务于中国实体经济？通过上述三个问题的探讨，本章基于全球价值链分工深化内涵的分析逻辑，构建了一个全球价值链分工深化的金融依赖逻辑框架。

一、全球价值链分工深化的金融依赖基本逻辑

（一）全球价值链分工地位攀升：低端—中端—高端

全球分工与生产体系的构建，主要是制造业价值链在全球拓展与分布的过程，从微观层面看，所呈现的是发达国家产生越来越多的苹果（Apple）、耐克（Nike）式企业，主要负责研发设计、进口以及产品分配等服务环节。发展中经济体则从事更多价值链中组装、加工与制造环节。发达经济体从事的服务环节附加值较高，处于价值链的中高端，发展中国家从事的加工制造则往往处于

价值链的中低端。中国凭借较完善的制造业体系与基础设施，在新型分工体系下，建成了世界贸易第一大国与"世界工厂"。可以说，全球价值链分工深化伴随着制造环节与阶段的国际梯度转移。而制造环节的转移，既是产品内分工国际外包的过程，也体现了一国（地区）总体、产业以及企业从低端向价值链中端与高端攀升的动态变化。GVC分工深化的金融依赖体现在：不同的融资结构对价值链分工深化有何影响；金融发展水平对于制造业价值链嵌入程度、国际竞争比较优势有何影响；金融配置效率、外部融资依赖对于我国制造业价值链分工程度有何影响；金融依赖对我国产品内分工的制造业国际外包有何影响。

如果说以往的价值链分工主要是围绕制造环节的国际转移，而目前通信与信息技术的迅猛发展，使得包括研发在内的技术创新跨国流动日益频繁，全球价值链的产业转移正在向创新链转移。金融依赖通过影响一国研发活动的外部融资环境，继而影响出口产品技术创新的复杂度，从而最终传导至价值链分工。另外，全球价值链在重塑阶段下，无论是德国的"制造业4.0战略"，还是美国的"先进制造业战略"，其实质都是通过产业革命与科技革命来改变全球产业链分工格局。但无论如何，以跨国公司主导的全球价值链分工深化演进为主要内容的经济全球化仍是大势所趋，良好的金融市场能够为跨国公司贸易活动提供必要的金融支持。一旦全球价值链研发上游的企业科技创新能力提高，就会需要金融市场上风险大、收益高的直接融资方式支持。对于中国企业来说，尤其是高科技企业，一旦国内金融体系满足不了其融资需求，就会设法"走出去"从而寻求境外金融支持，或者对内要求中国金融体制开放。

以上均显示了从低端到中高端价值链攀升过程中，建设制造业强国，产业结构优化升级，企业通过研发打破价值链桎梏，均面临着较高的调整成本。若微观经济主体均沿着既定方向发展演进，则产业升级困难，企业在国际分工中被锁定在价值链低端位置。由于调整成本较高，价值链的分工深化过程中需要金融活动作为深化改革与科技创新的动力，从而破解传统分工方式的"低端锁定"桎梏。

（二）发展的短板：融资问题内生于市场机制

金融系统具有联结资金供求、降低借贷双方交易成本、分散投资风险、优化公司治理等作用。各国金融系统的主要构成可以分为两类：一类是银行中介机构，另一类是金融市场。银行金融中介主要业务是吸收存款、发放贷款，包括各种商业银行和信用合作社，而金融市场主要由股票市场、债券市场、各种非银行金融中介等构成。这两类金融系统构成在当今世界各国中的相对重要性存在差异。例如，在德国、法国、日本等国家，银行中介在金融系统中占据着主导地位,而金融市场的规模相对较小;但在美国和英国,金融市场为金融系统的主要构成,银行在配置资金中的作用较小。改革开放后,中国的经济增长取得瞩目成就,这一增长过程伴随着产业结构的高级化以及国民经济的民营化。经济增长和结构调整对金融服务的需求一直在增长。随着产业结构的升级、企业改制、民营经济以及网络经济的蓬勃发展,中小企业和服务业发展迅速,对外部资金的需求越来越大。但是,中国政府的金融抑制政策使银行和金融市场都无法有效地满足企业的外源融资需求,从而使中国企业过度地依赖内源融资。金融抑制给非正式金融提供了巨大的发展空间。非正式金融成为中国金融系统的重要组成部分,为那些无法从正规金融系统获取信贷支持的企业提供融资渠道。这些非正式金融包括民间高利贷、各种形式的"非法"集资以及最近兴盛的互联网金融。

从国家层面看,金融体系越健全,金融发展水平越高,越会影响到一国的贸易增速、出口产品技术含量与国际竞争优势。然而在金融异质性的情况下,全球价值链分工深化在世界范围内表现为各国在 GVC 上所处的位置出现了分化。有些国家总体上表现为向上游升级,有些国家则停留在低端,或者进入低端,这背后都与各国金融发展水平、金融市场稳定性有关。由此可见,我国金融改革不到位,从初期看,反映出与发达国家金融市场还有很大差距。而这种由于市场机制不健全所产生的融资问题,不仅会进一步推高向价值链高端攀升的调整成本,也会使微观主体在创新、加入价值链时面临很大的融资困境。

(三)基于金融依赖的全球价值链升级困境

通过上述分析可知,伴随我国广泛参与全球价值链分工并成为制造业大国,但与发达国家相比,在价值链分工地位、价值链嵌入环节的附加值方面还存在较大差距。而基于现行金融体制下的我国加入全球价值链分工体系,也面临着价值链上分工升级的困境。

1. 研发创新投入不足,企业自主创新能力较弱

技术进步需要大量研发投入,企业很难完全依靠自有资金从事技术研发,需要借助外部融资完成。由于企业研发投入大,沉没成本高,担保价值高,还包括调整成本,因此,研发投入融资比资本投资更加困难。此外,虽然研发投入所获得的知识创造具有正的外部性,但投资回报具有不确定性,企业融资成本比较高,因此,研发投入并非是企业的首选,而是次优选择(D. Czarnitzki and H. Hottenrott,2008),由此可见,技术进步会受到融资约束影响。

另外,研发创新投入需要完善富于活力的金融体系与合理的金融结构,金融部门面临着增加产品种类和改进服务方式上的创新,从而提高自身甄别产业部门技术创新风险的能力。Egger 和 Keuschnigg(2011)构建了异质性企业的研发决策模型,认为金融有效性越高的国家,研发密集型部门的比例越大,在产品创新时越有比较优势。我国以银行为主导的间接融资结构,使得国有大型企业更容易获得银行信贷,银行对于企业创新的甄别不足。众多从事技术创新的中小企业,难以获得银行融资,一些创新型企业的研发投入严重不足,从而影响了我国企业的自主创新能力。研发创新投入不足,是影响我国自主创新能力薄弱的重要原因。

我国的商业银行主要服务国有企业及资产抵押的个人,而诸如小微金融、民营银行、微众银行、苏宁银行主要是对前端客户发放小微贷款,利用"大数据"互联网金融对前段客户加以甄别,甚至可以使用最新的人脸识别技术核实客户。这是传统银行业务所难以企及的。

2. 金融资源配置错配,行业资本配置效率不平衡

中国社科院李扬教授研究团队数据显示,中国目前非金融企业的杠杆率为156%,而国有企业的负债总量占非金融企业总负债的70%。我国金融资源存在错配,各行业的资本配置效率大为不同:一方面,M2存量是GDP的两倍有余,而银行还在向一些存在产能过剩、僵尸企业的行业输血。鉴于我国间接融资体制为特征的金融结构,银行的信贷部门风控管理禁止资源过度配置给实体经济部门,70%的债务贷给了国有企业与地方政府债务平台。另一方面,鉴于实体经济近年来负债累累,杠杆率很高,因此银行出于风险控制目标,将信贷投向从实体经济转向了房地产、金融行业为代表的虚拟部门,从而引发资产价格的新一轮攀高。由此带来的后果是,实体经济"脱实向虚",非金融企业杠杆率非常高。这或许就是国家供给侧改革要求"去杠杆"的原因,要将金融资源从生产率低下,附加值较低的加工环节、僵尸企业、落后产能行业转移到生产率更高、市场需求更大的行业与企业。金融资源错配导致金融市场的低效率,外部融资环境不佳,不利于企业通过技术创新、建立品牌向价值链两端攀升,也不利于产业升级获得必要的金融支持。

3. 缺乏高级生产要素,价值链低端锁定,附加值低

在全球价值链分工模式下,产品的不同阶段与环节被配置到不同要素禀赋的国家与地区,使得任意贸易品的流转过程由多个国家承担与完成。而延长加工贸易的增值环节,促使其附加值提高,有助于我国加工贸易向价值链中下游延伸。

波特认为,生产要素可以分为高级要素与基本要素,发展中国家金融体制市场化程度较低,金融市场的不完善,使得高级要素的投资相对发达国家较为缺乏。而高级要素是我国嵌入全球价值链、向高端位置攀升所必备的生产要素。因此,金融市场对高级要素的投资不足,会限制我国产业向高端附加值 GVC 地位攀升。吕越等（2016）研究证实，融资约束较大时，会导致产业向价值链低端转移，而出口目标市场的金融发展水平越高，会阻碍我国产业在 GVC 上攀升，这是由于贸易对象国金融发展水平较高时，会将生产高级要素的价值链高端产品放在本国，而进口附加值较低的加工贸易品。这从实证角度证明，缺乏高级生产要素与金融体制欠发达相互作用影响，从而不利于我国的产业与企业提升价值链地位，向高附加值处攀升。

如图 2.1 所示，伴随全球产业链格局的改变，从而推动全球价值链进入新一轮调整期与重塑期。在微观层面，从价值链低端向高端攀升，个体面对很大的调整成本，若缺乏稳定融资支持，则会沿着既有传统路径演进，最终面临被锁定在价值链低端的困境。在宏观层面，融资问题内生于市场机制，以银行为主导的融资结构与以金融市场为主导的融资结构，决定了不同国家金融结构的异质性。我国金融市场机制不完善，长期存在"金融抑制"问题，从而使得市场机制影响微观个体的调整成本，直接导致全球价值链上可能的融资约束问题。唯有开展全面的金融改革，建立发达完善的金融市场，让市场发挥作用，提高金融市场配置效率。一方面，有利于产业在全球价值链上的跃升，实现价值链分工下的产融结合；另一方面，为面临融资困境价值链低端企业攀升价值链提供可能的融资支持。

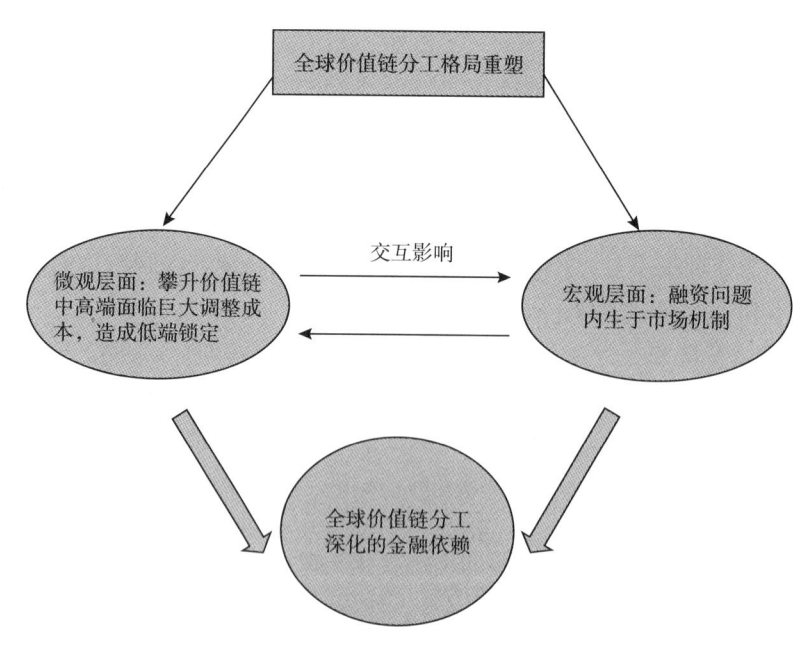

图 2.1　全球价值链分工深化的金融依赖逻辑示意图

第二章 金融依赖影响全球价值链分工深化的逻辑机理

具体来说，应立足于金融发展理论与全球价值链理论的基本研究范式，构建包括金融规模、金融结构与金融效率整体分析框架。如图 2.2 所示，主要是通过金融结构、金融效率、金融规模三种作用机理，对全球价值链分工地位、我国制造业产品内分工触发交易成本、规模经济、技术溢出效应三条机制，形成了交易成本、技术溢出效应与人力资本升级路径。最终实现三圈层作用机制的匹配、交互、协同动态作用。

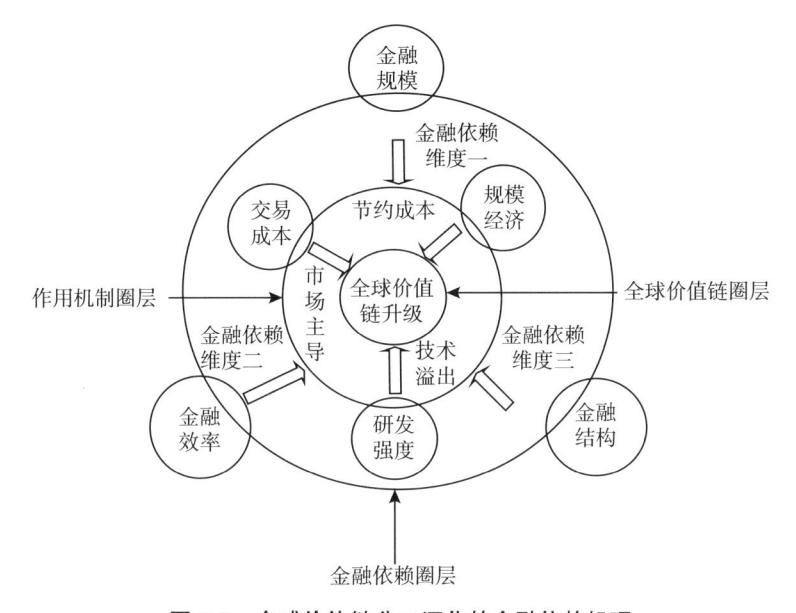

图 2.2 全球价值链分工深化的金融依赖机理

在金融规模、金融结构与金融效率三大方面作用下，价值链分工深化的金融依赖通过降低交易成本，实现规模经济、研发创新，影响价值链分工深化，促进价值链的产业升级。金融结构通过直接融资与间接融资方式对研发强度有所影响，通过技术溢出机制实现价值链升级；金融效率取决于资本的流动速率与资本的配置效率，金融资源的有效供给有利于全球价值链上的各环节融资支持，通过交易成本机制实现全球价值链升级；金融规模可体现在行业外部融资依赖程度，金融规模的扩大能有效影响资本供给规模，降低融资交易成本，通过规模经济机制影响价值链上的产业升级。

按照 Grossman 和 Rossi-Hansberg（2006）以及 Demir（2011）关于任务贸易的研究，由于企业生产的产品按照价值链的任务贸易模式，可看作一系列连续生产的过程，如图 2.3 所示。这一系列的生产任务，可以按照在价值链上的具体内容，从承接方角度看可分为三个区段。第一个区段，价值链低端，主要从事组装等加工贸易，企业主要承接制造外包，对应我国即改革开放初期；第二个区段，随着向价值链两端攀升，我国在21世纪初期逐渐承接价值链上的服务与制造外包；第三个区段，价值链高端的产业、企业完全承接服务外包，对应于我国体现在金融危机过后，以高铁、核电等为代表的高端制造业蓬勃发展。伴随着全球价值链分工深化，不同区段，价值链所处不同位置的产业及企业，产品内分工，服务外包所面临的金融依赖有何变化，也是本书试图探析的问题之一。

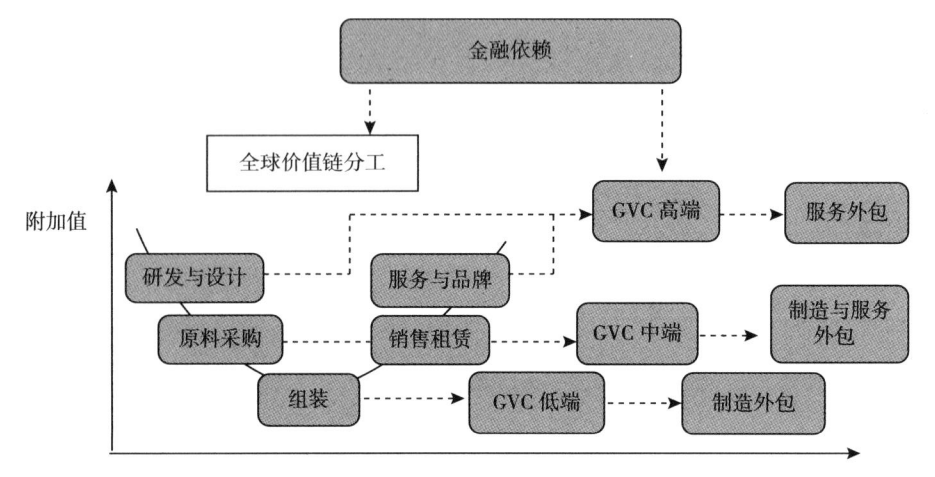

图 2.3　融资依赖与价值链分工任务分解

通过以上理论机制不难看出，金融依赖对于价值链分工深化、价值链升级作用机制可概括为三条路径，即交易成本路径、规模经济路径与技术外溢路径，这三条路径相互联系，循环互动。

举两个现实中的案例，第一，交易成本路径与规模经济路径。闻名全球的苹果公司是产融结合的典型案例。乔布斯在苹果濒临破产时，通过引进对手公司微软，为智能手机的横空出世奠定了资金基础。此后苹果通过大量发行企业债券、风险投资，形成规模经济，成为全球手机市场的领军行业，占领了智能终端大量市场份额。第二，技术外溢路径与规模经济路径，典型代表案例为我国的高铁自有品牌——中国中车。中国中车利用资本市场的金融支持，借助与阿尔斯通、西门子、庞巴迪等跨国公司建立合资，建立民族品牌，产融结合，成为我国高端制造业的代表。并且构建了以"我"为主的价值链，走出国门，承接了如波士顿地铁、新加坡无人驾驶地铁等订单。诸如此类，我国新三板上的科技创新型企业均通过科技融资，提升了企业的创新能力，从而形成了先进前沿技术，通过金融→研发→攀升价值链高端的技术外溢路径。

二、全球价值链分工深化的金融依赖作用机理

(一)降低融资成本影响价值链升级的机制

金融规模影响价值链升级,主要是降低企业的融资成本。而价值链的升级,即一国整体产业向高端迈进的过程,其微观机制是,产业结构的升级通过微观企业外部融资行为发挥作用,金融支持通过影响企业的融资成本,从而实现价值链上的升级。金融规模能够形成规模经济效应,增加企业的外部融资渠道,提高企业在价值链各环节中的资金分配能力,使得企业边际成本下降,而融资成本的下降,有利于其提高企业的利润水平,实现价值链上位置的升级。

分析外部融资规模对于企业生产方式的影响时,按照传统经济学的逻辑,可找出企业的外部融资中最优的融资规模对企业产生的影响。在常替代函数 CES 函数约束条件下,如何使生产成本最小化,这是试图探析的问题。将资本分为内源资本 K_i 与外源融资 K_o,劳动力要素为 L。企业总的资本即为 $K=K_i+K_o$,而 w 为工资,代表劳动力 L 的要素价格;r 为外源资本 K_o 的要素价格;δ 为内源资本 K_i 的要素价格,为了使生产成本最小化,须满足:

$$\text{Min} \sum_{i=1}^{3} p_i X_i \quad (2-1)$$

$$\text{s.t. } Q = A \left(\sum_{i=1}^{3} a_i X_i^{-\rho} \right)^{-1/\rho} \quad (A>0; 0<a_i<1; -1<\rho \neq 0) \quad (2-2)$$

式中,p_i 代表生产要素价格,X_i 代表生产要素的投入,a_i 代表投入要素的比例,A 代表技术水平的效率参数,ρ 代表替代弹性。求其最优化,需要构造拉格朗日函数:

$$L = \text{Min} \sum_{i=1}^{3} p_i X + \lambda \left[Q - A \left(\sum_{i=1}^{3} a_i X_i^{-\rho} \right)^{-1/\rho} \right] \quad (2-3)$$

通过对 λ 与 X_i 求一阶偏导等于 0,推出:

$$p_i - \lambda A \left(\sum_{i=1}^{3} a_i X_i^{-\rho} \right)^{(-1-\rho)/\rho} X_i^{-\rho-1} = 0 \quad (2-4)$$

$$Q - A \left(\sum_{i=1}^{3} a_i X_i^{-\rho} \right)^{-1/\rho} = 0 \quad (2-5)$$

对式(2-4)与式(2-5)求解,可知:

$$X_i = \left(\frac{p_i}{\lambda} \right)^{-1/(\rho+1)} Q \quad (2-6)$$

$$\lambda = \frac{1}{A}\left(\sum_{i=1}^{3} a_i p_i^{\rho/(\rho+1)}\right)^{(\rho+1)/\rho} \quad (2-7)$$

$$令 \sigma = \frac{1}{\rho+1} \quad (2-8)$$

因此，式（2-6）与式（2-7）可写成：

$$X_i = \left(\frac{p_i}{\lambda}\right)^{-\sigma} Q \quad (2-9)$$

$$\lambda = \frac{1}{A}\left(\sum_{i=1}^{3} a_i p_i^{1-\sigma}\right)^{1/(1-\sigma)} \quad (2-10)$$

将上述 K_i、K_O 与 L 代入式（2-9），可求得最优解：

$$K_i = \left(\frac{r}{\lambda}\right)^{-\sigma} Q$$
$$K_O = \left(\frac{\delta}{\lambda}\right)^{-\sigma} Q \quad (2-11)$$
$$L = \left(\frac{W}{\lambda}\right)^{-\sigma} Q$$

则 K_O 与 K_i 的比值即代表外源融资与内源融资之比，表示为：

$$\frac{K_O}{K_i} = \left(\frac{r}{\delta}\right)^{-\sigma} Q$$
$$\frac{K_O}{L} = \left(\frac{r}{W}\right)^{-\sigma} Q \quad (2-12)$$

由式（2-12）可知，企业的外源融资与内源融资的比例，等于其内部自有资本与外部资本要素价格之比，外部融资规模的增加，有利于降低企业的融资成本，确切来说，能够降低外部资本的要素价格，从而提升资金的配置效率。有助于企业在价值链各环节，获得规模经济收益，增加利润空间，在全球价值链上占领更多的市场份额，向微笑曲线两端即研发与品牌营销升级。

如图2.4所示，金融规模的扩大，会影响全球价值链GVC移动至GVC′，包括生产、销售、研发等环节附加值均有所上升，究其原因，在于从②攀升到①与③环节，是企业横向一体化的过程，金融规模的增加，有利于提高资本的供给水平，从而降低企业交易成本，增加销售环节份额，实现企业的产品附加值提高，价值链上企业的工艺提升。

后文通过建立计量模型方法，阐述了在外部融资规模发生变动时，我国制造业细分的18个行业，承接国际服务外包与国内服务外包的能力有何变动，它们与外部信贷规模、金融规模之间有何关系，对这一问题做一论证。

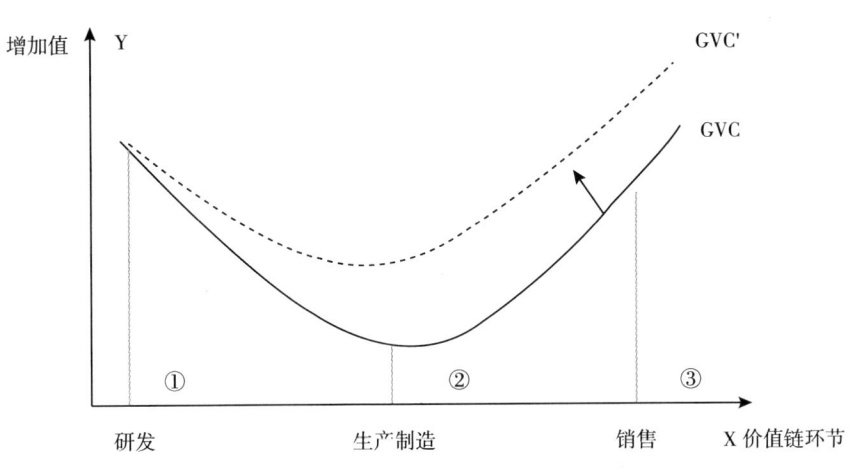

图 2.4　金融规模影响价值链升级的交易成本机制

（二）通过人力资本、技术外溢路径影响价值链升级的机制

本书通过梳理金融结构、创新与贸易方面的代表性经典文献，试图构建人力资本、技术外溢路径影响全球价值链的理论机制，如表 2.1 所示。

表 2.1　金融发展、创新与贸易方面代表性文献

领域	代表文献
金融发展与创新	Acemoglu and Zilibotti（1997）；Chakraborty and Ray（2006，2007）；Levine（2002，2005）；Holmstrom and Tirole（1997）；Aghion Benerjee and Piketty（1999）；Klett and Kortum（2004）；Wright（2011）；Sannikov（2015，2016）
金融发展与贸易	Costinot（2009）；Costinot and Vogel（2010）；Grossman and Rossi-hansberg（2008）；Ju and Wei（2011）；Manova（2013，2015，2016）；Feenstra（2014）；IER（2016）
创新与贸易	Grossman and Helpman（1990,1991,1993）；Aghion and Howitt（1998，2009）；Eaton and Kortum（2001）；Atkeson（2010）；Baldwin（2008）

资料来源：笔者整理所得。

本书基于在 Romer（1990）、赖明勇（2005）模型基础上进行拓展，添加了另外两个部门：金融与消费部门。基本的思路在于，金融发展水平高，一方面可以降低融资成本，另一方面可以提高企业的融资效率。金融发展水平能够通过人力资本与外商直接投资技术外溢路径，提升企业的技术研发效率，丰富产品的种类，从而促进价值链升级。假定一国主要由最终产品部门、研发部门、金融部门、消费部门、生产中间产品部门五个部门构成。则就五大部门功

能来看，金融部门主要提供资金给研发部门；研发部门利用一国的外商直接投资产生的技术外溢，人力资本投资从事研发活动。中间产品部门连接了研发部门与最终产品部门。

1. 最终产品生产部门

采用 D-S 生产函数形式：

$$Y = AL_y^\alpha \left[\int_0^N X_i^{1-\partial} d_i + \int_0^{\bar{N}} (\delta X_{\bar{i}})^{1-\alpha} d_{\bar{i}} \right] \tag{2-13}$$

式中，A 代表技术水平参数，且大于 1，L_y 代表最终产品使用的劳动力数量，N 代表中间投入品数量，此处用来代表出口复杂程度，所处价值链的层次，国内生产的最终产品进口国外中间品的数量为 $\bar{N}$，X_i 与 $X_{\bar{i}}$ 分别表示国内自有中间投入品与进口的中间投入品，i 与 $\bar{i}$ 代表中间投入品的种类，δ 代表实际投入的有效中间品。最终品的规模报酬不会改变，其利润函数如（2-14）所示：

$$\Pi Y = P_Y \times AL_y^\alpha \left[\int_0^N X_i^{1-\partial} d_i + \int_0^{\bar{N}} (\delta X_{\bar{i}})^{1-\alpha} d_{\bar{i}} \right] - w_Y L_Y - \int_0^N Px_i X_i d_i - \int_0^{\bar{N}} Px_{\bar{i}} X_{\bar{i}} d_{\bar{i}}$$

$$\tag{2-14}$$

式中，P_Y 表示最终产品的价格，w_Y 表示最终产品劳动力工资，PX_i 与 $PX_{\bar{i}}$ 分别表示国内自有中间投入品价格与进口中间投入品的价格。

通过求解利润最大化，推出：

$$Y = AL_y^\alpha \left[\int_0^N X_i^{1-\alpha} d_i + \int_0^{\bar{N}} (\delta X_{\bar{i}})^{1-\alpha} d_{\bar{i}} \right] = L_y A^{1/\alpha} (1-\alpha)^{1/\alpha} P_{Xi}^{-1/\alpha} +$$

$$L_y A^{1/\alpha} \delta (1-\alpha)^{1/\alpha} P_{X\bar{i}}^{-1/\alpha}$$

$$\alpha P_Y Y - W_Y A L_Y = 0$$

可求得 $W_Y = \dfrac{\alpha P_Y Y}{AL_Y}$

$$\tag{2-15}$$

2. 中间投入品部门

生产最终品需要一单位中间产品，可知中间品利润函数为：

$$\Pi xi = px_i X_i - P_Y X_i$$

中间产品的利润最大化则满足：

$$X_i = L_Y P_Y^{\frac{1}{\alpha}} A^{\frac{1}{\alpha}} (1-\alpha)^{\frac{2}{\alpha}}$$

$$X_i = L_Y P_Y^{\frac{1}{\alpha}} A^{\frac{1}{\alpha}} (1-\alpha)^{\frac{2}{\alpha}} \delta^{\frac{1-\alpha}{\alpha}}$$

$$\tag{2-16}$$

联系前文，将式（2-16）代入式（2-13）化简，可知最终产品的生产函数为：

$$Y = A^{\frac{1}{\alpha}} L_Y (1-\alpha)^{\frac{2(1-\alpha)}{\alpha}} P_Y^{\frac{1-\alpha}{\alpha}} \left[N + \overline{N}\delta^{\frac{(1-\alpha)^2}{\alpha}} \right] \quad (2-17)$$

3. 研发部门

研发部门的技术水平 N^* 取决于两大方面，本国技术水平（N）、外商直接投资所带来的技术外溢（$\zeta\overline{N}$），研发部门的劳动力表示人力资本，记为 L_N，金融部门的融资支持为 K，τ 代表研发创新的效率。于是可得：

$$N^* = \tau L_N K^{1-\rho} [N + \zeta\overline{N}] \quad (2-18)$$

若用 P_N 代表研发部门价格，W_N 为劳动力工资价格，R 为资金使用成本，则该部门利润为：

$$\Pi_N = P_N N^* - W_N L_N - RK \quad (2-19)$$

利润最大化的条件满足：

$$R = \tau(1-\rho) P_N K^{-\rho} L_N^{\rho} [N + \zeta\overline{N}] \quad (2-20)$$

$$W_N = \tau\rho P_N K^{1-\rho} L_N^{\rho-1} [N + \zeta\overline{N}] \quad (2-21)$$

中间品生产部门可自由进出，则可得均衡状态为：

$$P_N = \int_0^\infty \Pi X_t e^{-\left[\frac{1}{s-t}\int_t^s \beta(w)dw\right](s-t)} ds = \frac{1}{r}\left(1 - \frac{1}{1-\alpha} - PY\tau^{\frac{1-\alpha}{\alpha}}\right) L_Y P_Y^{\frac{1}{\alpha}} A^{\frac{1}{\alpha}} (1-\alpha)^{\frac{2}{\alpha}} \quad (2-22)$$

式中，$P_N = \int_0^\infty \Pi X_t e^{-\left[\frac{1}{s-t}\int_t^s \beta(w)dw\right](s-t)} ds$ 代表该部门在均衡状态下部门的价格与垄断生产者利润贴现。$r(s,t) = \left[\frac{1}{s-t}\int_t^s \beta(w)dw\right]$ 表示 S 与 t 时刻间的平均利率。

4. 金融部门

金融部门负责为研发部门提供资金支持 $\tilde{k}$，则外部融资依赖较强的行业 $\eta\tilde{k}$（$0 < \eta < 1$），外部融资依赖较少的行业为 $\varrho\tilde{k}$（$0 < \varrho < 1$），并且 $\varrho < \eta$。原有的资本存量为 K，该部门的人力资本为 L_K。金融部门的效率用 ϕ 表示。

同理，

$$\tilde{k} = \phi K^w L_K^{1-w} \quad (2-23)$$

利润为：

$$\Pi_k = R\tilde{K} - \tilde{r}K - W_K L_K \quad (2-24)$$

利润最大化条件为：

$$W_K = (1-w) R\phi K^w L_K^{-w} \quad (2-25)$$

5. 消费部门

四部门的劳动报酬假设相同，即 $W = W_N = W_K = W_Y$，消费部门的效用函数使用两阶段消费跨期最优决策，效用函数为：

$$U(c_1, c_2) = \ln c_1 + \ln c_2 \quad (2-26)$$

Max： $L = L_Y + L_N + L_K$

式中，L 表示研发、金融、最终产品部门劳动力的综合。
满足消费部门效用的最大化条件：

$$\text{s. t}: WL = W(L_Y + L_N + L_K) = C_1 + \frac{1}{1+r}C_2 \qquad (2-27)$$

$$C_1^* = \frac{W(L_r + L_N + L_K)}{2} \qquad C_2^* = (1+r)\frac{W(L_r + L_N + L_K)}{2}$$

在消费者第一期后，除去第一期消费剩余存入金融部门，则第二期金融部门存款为：

$$K = \frac{W(L_r + L_N + L_K)}{2} \qquad (2-28)$$

6. 求解均衡

要求劳动力、消费市场及资本市场出清，则满足三个均衡条件：
首先，
$$W = W_r = W_N = W_K \qquad (2-29)$$

可变形为：
$$\frac{WL}{2} = \frac{W(L_r + L_N + L_K)}{2} = Y \times P_y \qquad (2-30)$$

因此，由式（2-21）、式（2-22）、式（2-23）可知：

$$W_N = \phi\rho \frac{1}{r}\left(\frac{1}{1-\alpha} - P_y\beta^{\frac{1-\alpha}{\alpha}}\right)L_y p_y^{\frac{1}{\alpha}} A^{\frac{1}{\alpha}}(1-\alpha)^{\frac{2}{\alpha}}(\phi K^w L_K^{1-w})^{1-\rho} L_N^{\rho-1}(N + \zeta\overline{N})$$
$$(2-31)$$

由式（2-20）、式（2-22）、式（2-23）、式（2-25）可知：

$$W_k = \varphi(1-\omega)(1-\rho)\frac{1}{r}\left(\frac{1}{1-\alpha} - P_Y\beta^{\frac{1-\alpha}{\alpha}}\right)L_Y P_Y^{\frac{1}{\alpha}} A^{\frac{1}{\alpha}}(1-\alpha)^{\frac{2}{\alpha}} \qquad (2-32)$$
$$(\phi K^w L_k^{1-w})^{-\rho} L_N^{\rho}(N + \gamma\overline{N})\phi K^w L_K^{-w}$$

由式（2-15）、式（2-29）、式（2-30）可知：

$$\frac{WL}{2} = Y \times P_Y = \frac{AWL_Y}{\alpha} \qquad (2-33)$$

式（2-29）、式（2-31）、式（2-32）可知：

$$\frac{W_N}{W_K} = \frac{\rho L_K}{L_N(1-\omega)(1-\rho)} = 1 \qquad (2-34)$$

$L = L_Y + L_N + L_K$ 与式（2-21）、式（2-22）合并

$$L_K = \frac{L(2A-\alpha)(1-\omega)(1-\rho)}{2A(1-\omega-\rho)} \qquad (2-35)$$

如用 μ 代表国内国际技术的差距，则开放条件下，出口技术进步的增长率为：

$$gN = \frac{\overline{N}}{N} = \frac{\varphi \rho^{\rho} \phi^{1-\rho}(1-w)^{1-\rho}(1-\rho)^{1-\rho}(2A-\alpha)[1+\zeta(u-1)]}{2A(1-w+\rho w)} K^{w(1-\rho)} L$$

（2-36）

对式（2-36）求关于 K、ϕ、ζ、φ 的偏导，可得：

$$\frac{\partial gN}{\partial k} > 0;\ \frac{\partial gN}{\partial L} > 0;\ \frac{\partial gN}{\partial \zeta} > 0;\ \frac{\partial gN}{\partial \varphi} > 0 \quad (2-37)$$

由此可知，金融发展水平体现在不同的行业融资依赖程度时，外部融资依赖度越大，融资规模越高，越会通过人力资本与外商直接投资的技术溢出路径影响该行业的出口技术复杂度，从而影响价值链的层次。本书将在后续章节以此为理论基础，收集数据做计量证明。

三、全球价值链分工深化的金融依赖分析框架

全球价值链分工深化的金融依赖不仅是一个理论问题，还与实际情况联系非常紧密，涵盖了虚拟经济服务实体经济这一大论题。具体来说，包括制造业价值链分工深化、全球贸易分工提升价值链位置、制造业价值链的融资依赖等各个方面。刘志彪（2015）认为，随着全球价值链分工演化，全球价值链转向全球创新链，经济全球化1.0向2.0转化的过程中，我国出现了实体经济与虚拟经济的失衡，如制造业出口奇迹，基于金融长期抑制体制下的融资模式而产生。由此可见，对于全球价值链分工深化的金融依赖问题研究较少并且相对零散，缺乏一个框架结构并系统研究该问题。因此，本书首先构建全球价值链分工深化的金融依赖分析框架。本书按照以下几个层次建立金融依赖分析框架：

一是从总体角度考虑，金融依赖对全球价值链分工位置的影响，此处以金融机构、金融市场的稳定性表征，探讨世界范围内，市场化导向的融资结构对价值链分工位置的影响，以及金融市场的稳定性，对于价值链分工位置有何影响。还研究了金融机构与金融市场稳定性间相互的影响与作用。

二是基于总体研究的基本结论，提出创新研发在金融依赖影响全球价值链分工过程中的中介作用。同时，建立一般均衡模型，考察金融部门内不同融资方式，即以资本市场为代表的直接融资，与以银行部门为代表的间接融资对一国产品技术含量的影响。考虑到不同融资方式创新研发强度的区别，直接融资部门研发强度越高，出口复杂度越大，价值链地位提升速度越快。

三是从世界制造业行业总体层面进行研究，研究金融依赖对世界各国制造业价值链嵌入程度的影响，以检验全球价值链分工地位及各国金融发展水平对制造业国际竞争力的影响，运用门槛回归模型考察金融发展水平在全球价值链分工地位与国际竞争力两者间的相互作用机制。主要以中国的制造业为研究对

象，本书从金融资源配置效率角度，考察我国制造业价值链分工深化的融资依赖，行业的资本配置效率对外部融资依赖（金融规模、信贷规模），全球价值链嵌入程度的传导机理。

四是以中国的制造业产品内分工国际外包为研究对象，通过金融依赖对制造业外包的影响机制，考察价值链分工转移过程中，金融依赖对承接国际服务外包产业攀升价值链的影响。对于分工深化问题，涉及诸多较复杂且目前尚未清晰流年框架的问题，本书基于对全球价值链分工深化内涵的考量，通过宏观与微观层面梳理全球价值链分工深化的金融依赖问题一般性逻辑，构建了总—分—总的研究框架。首先，从总体层面、研发创新层面、世界制造业价值链层面进行研究；其次，以中国问题为导向，研究了我国制造业价值链金融配置效率，我国制造业产品内分工国际外包的影响；最后，基于国际与国内两大层面研究，给出了价值链分工深化下金融改革的路径。

总之，研究全球价值链分工深化的金融依赖，首先，应立足于全球价值链分工深化的态势与现状，做出金融依赖对价值链分工的影响；其次，更关键的是以一般性的国际层面发达国家为参照组，在中国问题的大背景下抽丝剥茧，试图发现产业升级、国际分工深化的机制。

第三章

全球价值链分工深化与金融体系内部结构现状及态势评价

根据第二章的梳理,本章将从全球价值链参与程度、分工地位、生产阶段数细分维度对全球价值链分工深化的情况进行事实分析。

第一节,统计并分析OECD国家全球价值链参与程度,根据OECD贸易附加值方法,衡量并参考世界主要国家全球价值链参与指数排序,前向价值链参与度、后向价值链参与度情况。同时介绍了以金砖四国为代表的价值链参与程度动态变化情况。

第二节,对全球34个国家1995~2010年价值链分工地位的事实进行分析,主要采用出口技术复杂度作为衡量价值链分工地位的测算指标,讨论各国所处价值链分工地位情况及观察十多年价值链分工地位变化特征。

第三节,对国际与中国生产阶段数的事实进行分析。在全球投入产出表框架下,全球生产阶段数可以分解为国内生产阶段数与国际生产阶段数,用以表示产业部门内生产分割的长度。生产分割长度(生产阶段数)变长,经济生产结构复杂度提升,体现出全球生产分工体系的深化。目前,有关生产结构复杂度与生产分割长度的研究相对较少。

第四节,在分工深化背景下,对金融体系内部结构事实状态进行统计描述与分析。具体可细分为五个维度:融资结构,即各国直接融资与间接融资的比例;银行业内部结构:银行业集中度;制造业行业融资依赖度;资本市场结构。

第一节 主要国家价值链分工地位与参与程度的总体现状

OECD在国际投入产出表基础上建立了贸易附加值方法,提供了世界主要国家国际分工与贸易情况的数据，为了全面反映全球价值链变化趋势，本书将利用价值链参与度与笔者测算的价值链分工地位指数排序来说明各国情况。

59个国家及地区GVC逐年的参与度如表3.1与图3.1所示，多数国家及地区全球价值链参与度有所提高，不难看出以下几大特点：

（1）一国在价值链中参与度与该国经济发达程度没有必然联系。如爱沙尼亚、菲律宾、捷克、斯洛伐克、马耳他、卢森堡等国，虽然属于经济小国，但在1995~2009年全球价值链参与度位居世界前列。而经济发达体如欧盟参与度则排名靠后。

（2）排名前十位经济体大多采取了对外开放的经济发展战略，如新加坡、中国台湾、中国香港、韩国、菲律宾均为开放型与外向型经济体。通过经济体内部系列经济改革与开放政策，构建了适应于全球价值链分工体系的发展战略。

（3）世界GVC参与指数排名较靠前国家还包括一些资源大国（如俄罗斯）和科技大国（如日本、美国）。

表3.1 世界主要国家（地区）全球价值链参与指数排序

年份 序号	1995	2000	2005	2008	2009
1	新加坡	卢森堡	新加坡	中国台湾	卢森堡
2	卢森堡	斯洛伐克	菲律宾	卢森堡	中国台湾
3	比利时	新加坡	卢森堡	新加坡	新加坡
4	马耳他	爱沙尼亚	斯洛伐克	菲律宾	菲律宾
5	斯洛伐克	爱尔兰	中国台湾	韩国	马来西亚
6	马来西亚	马耳他	匈牙利	马来西亚	韩国
7	荷兰	匈牙利	马来西亚	斯洛伐克	捷克
8	爱沙尼亚	菲律宾	爱沙尼亚	爱尔兰	斯洛伐克
9	中国香港	马来西亚	爱尔兰	捷克	爱尔兰
10	保加利亚	比利时	比利时	比利时	比利时
11	捷克	捷克	捷克	匈牙利	荷兰
12	爱尔兰	荷兰	韩国	芬兰	匈牙利

续表

年份 序号	1995	2000	2005	2008	2009
13	芬兰	保加利亚	马耳他	荷兰	芬兰
14	瑞典	斯洛文尼亚	斯洛文尼亚	奥地利	奥地利
15	中国台湾	芬兰	芬兰	挪威	中国香港
16	挪威	奥地利	挪威	爱沙尼亚	瑞典
17	奥地利	瑞典	立陶宛	瑞典	冰岛
18	菲律宾	冰岛	荷兰	俄罗斯	马耳他
19	拉脱维亚	拉脱维亚	奥地利	中国香港	爱沙尼亚
20	斯洛文尼亚	以色列	俄罗斯	立陶宛	挪威
21	立陶宛	挪威	以色列	拉脱维亚	泰国
22	丹麦	韩国	拉脱维亚	斯洛文尼亚	斯洛文尼亚
23	葡萄牙	俄罗斯	瑞典	智利	瑞士
24	俄罗斯	中国香港	中国香港	冰岛	智利
25	柬埔寨	立陶宛	泰国	泰国	俄罗斯
26	冰岛	瑞士	波兰	越南	葡萄牙
27	南非	泰国	冰岛	葡萄牙	越南
28	以色列	德国	保加利亚	保加利亚	丹麦
29	瑞士	中国台湾	丹麦	瑞士	以色列
30	英国	罗马尼亚	瑞士	丹麦	立陶宛
31	泰国	南非	越南	以色列	拉脱维亚
32	匈牙利	越南	罗马尼亚	马耳他	德国
33	德国	波兰	智利	波兰	波兰
34	世界其他地区	西班牙	德国	德国	保加利亚
35	西班牙	葡萄牙	西班牙	文莱	日本
36	法国	法国	意大利	沙特阿拉伯	沙特阿拉伯

续表

年份 序号	1995	2000	2005	2008	2009
37	罗马尼亚	英国	印度尼西亚	日本	罗马尼亚
38	意大利	意大利	中国	罗马尼亚	中国
39	韩国	丹麦	法国	世界其他地区	法国
40	智利	希腊	英国	印度尼西亚	世界其他地区
41	文莱	柬埔寨	沙特阿拉伯	澳大利亚	澳大利亚
42	越南	智利	世界其他地区	法国	印度尼西亚
43	墨西哥	印度尼西亚	文莱	中国	文莱
44	沙特阿拉伯	墨西哥	葡萄牙	希腊	希腊
45	澳大利亚	加拿大	澳大利亚	印度	英国
46	印度尼西亚	世界其他地区	美国	西班牙	印度
47	加拿大	文莱	日本	意大利	西班牙
48	波兰	美国	印度	英国	墨西哥
49	美国	澳大利亚	柬埔寨	墨西哥	意大利
50	巴西	沙特阿拉伯	希腊	塞浦路斯	柬埔寨
51	希腊	塞浦路斯	墨西哥	美国	美国
52	新西兰	日本	巴西	土耳其	土耳其
53	日本	新西兰	塞浦路斯	新西兰	塞浦路斯
54	塞浦路斯	巴西	阿根廷	柬埔寨	巴西
55	阿根廷	土耳其	加拿大	巴西	加拿大
56	中国	中国	土耳其	加拿大	阿根廷
57	土耳其	印度	新西兰	阿根廷	新西兰
58	欧盟	阿根廷	欧盟	南非	南非
59	印度	欧盟	南非	欧盟	欧盟

资料来源：笔者根据OECD全球价值链指标整理。

图 3.1 全球价值链参与度概况

资料来源：笔者根据 OECD 全球价值链指标整理。

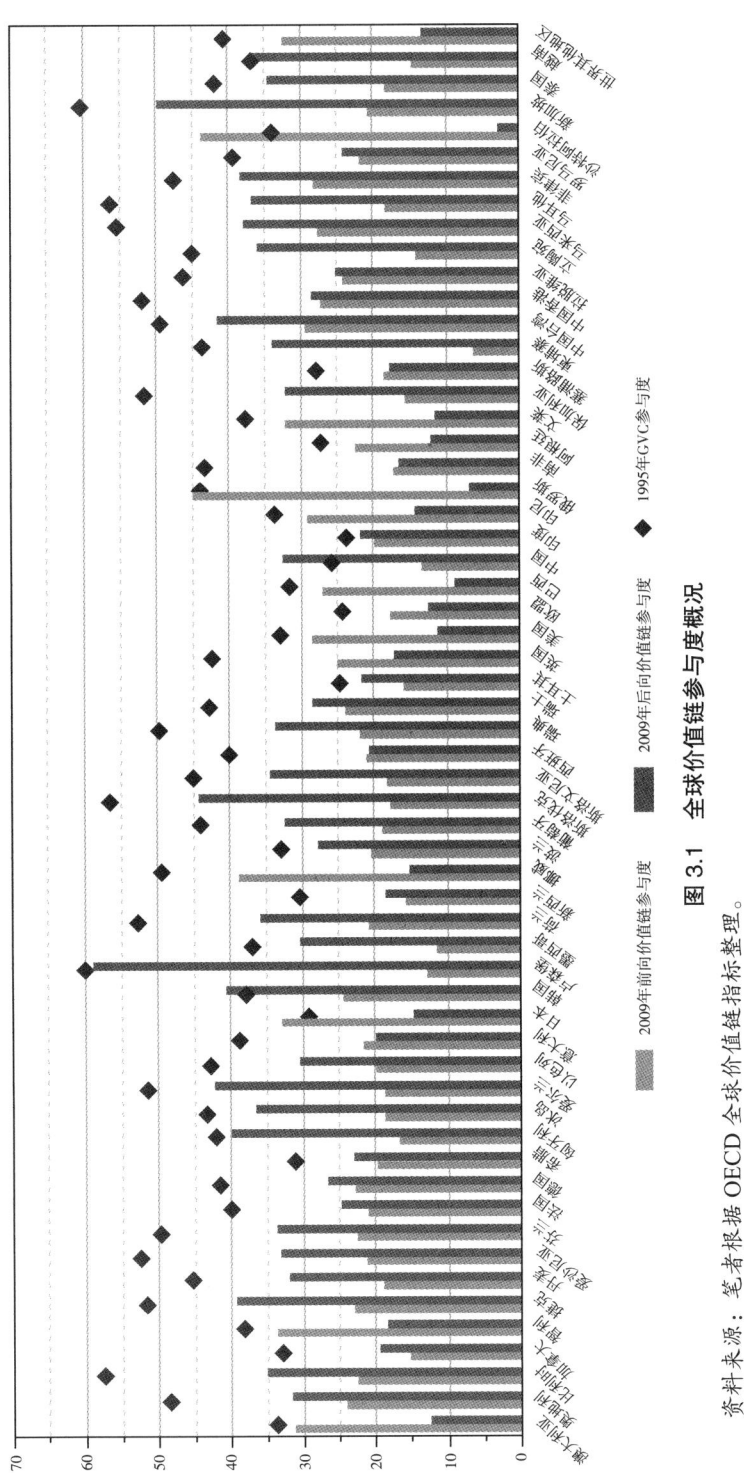

同时，根据图3.2可知，金砖国家也在全球化发展中受益，1995~2009年，金砖四国中，中国、印度参与价值链情况波动较大，巴西与俄罗斯参与度相似。总体来看，中国全球化参与度逐渐升高，2008年发生金融危机后有所回落。金融危机显著降低了金砖四国的价值链参与度。其中，俄罗斯与巴西受金融危机影响较大，价值链参与指数在2008~2009年出现较大幅度降低。其中，俄罗斯价值链参与指数排名从第18位跌至第25位。

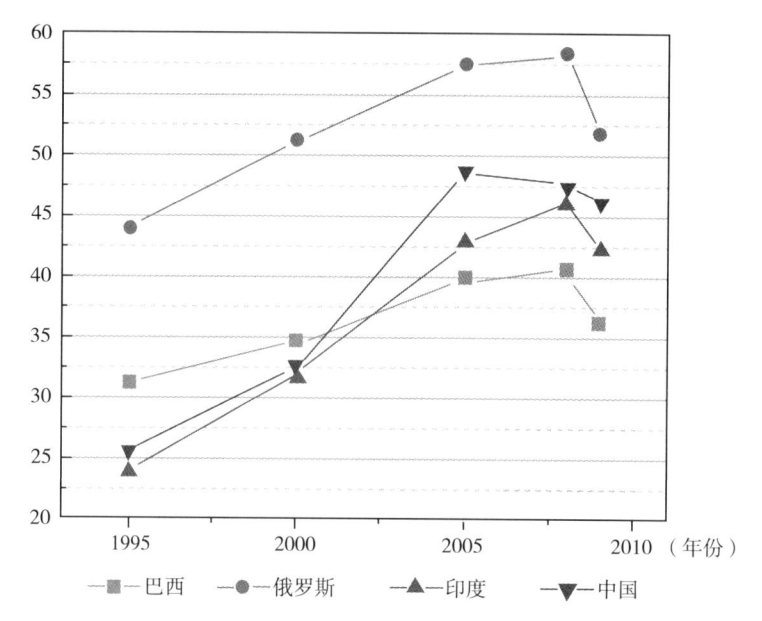

图3.2 1995~2009年金砖四国全球价值链分工参与指数变化
资料来源：笔者根据OECD全球价值链指标整理。

第二节 全球价值链分工指数

因为价值链位置参与度与价值链分工指数没有必然联系，因此本书就世界范围内国家及地区分工地位指数，即价值链位置指数进行测度。

学术界尝试用不同的方法对一国在全球价值链中的分工地位进行度量，迄今为止，未形成统一认识，大致分为以下几方面：

第一，基于出口技术产品水平的研究，应用较广。Haussman等（2007）提出了测度出口技术含量的方法，一个国家的价值链所处地位与生产的复杂程度紧密联系。

第二，关于贸易中增加值核算的研究，以 Koopman（2010）的研究为契机，利用增加值数据构造"GVC 地位指数"，胡昭玲和张玉（2015）对 Koopman 等（2010）模型进行了拓展，测度了 46 个国家的价值链分工地位。

第三，基于出口产品价格的研究，通过世界价格对比研究行业的价值链分工地位（施炳展，2010）。本书借鉴 Haussman 等（2007）的测度方法，计算每国的价值链分工地位，采取为行业的出口复杂度在价值链中的位置，计算公式为：

$$PRODY_k = \sum_i \frac{x_k^i/x^i}{\sum_i (x_k^i/x^i)} Y_i$$

等式左边为出口品复杂度，式中，i 表示国家，Y_i 前数学式表示权重，表示显性比较优势。为了便于观察，此处取对数。

从表 3.2 不难看出，以澳大利亚、加拿大、德国为代表的发达国家，出口技术复杂度较高，排名较为靠前。同时，大多数国家在 2009 年出口技术复杂度有所下滑，究其原因可能在于金融危机对出口贸易造成的冲击。中国从 2000 年加入全球价值链以来，出口技术复杂度呈稳步攀升。另外，不难看出，出口技术含量较高的国家，大多奉行外向型经济发展战略，代表国家为泰国、巴西。但是，中国出口技术复杂度与发达国家相比尚存在一定差距。中国产业国际竞争力在过去嵌入全球价值链，通常以弱势者的竞争方式，"低端嵌入"全球产业链分工体系，由此所推动的出口贸易增长具有出口附加值不高、技术复杂度偏低以及国内价值链偏短等问题。根据国际分工发展大势，国与国之间分工地位会出现分化与调整。中国在加入全球产业链过程中，提升了出口价值链地位，有助于中国在全球产业与技术分工格局中的提升，以及更高水平上利用经济全球化、科技全球化机遇的能力。

表 3.2 2000~2010 年出口技术复杂度前十位

年份 国家	2000	2001	2002	2003	2004	2005	2006	2007	2008	2009	2010
澳大利亚	21.894	21.521	21.828	21.942	22.273	22.214	22.279	22.386	22.561	21.763	22.058
奥地利	21.837	21.468	21.775	21.893	22.227	22.171	22.232	22.337	22.524	21.728	22.024
泰国	21.735	21.367	21.674	21.788	22.129	22.068	22.128	22.228	22.408	21.611	21.904
巴西	21.683	21.301	21.614	21.734	22.078	22.010	22.074	22.172	22.343	21.523	21.843
加拿大	21.569	21.201	21.506	21.623	21.970	21.904	21.971	22.077	22.251	21.437	21.766
中国	21.481	21.109	21.409	21.528	21.874	21.809	21.875	21.985	22.163	21.345	21.674

续表

年份 国家	2000	2001	2002	2003	2004	2005	2006	2007	2008	2009	2010
捷克	21.361	20.993	21.292	21.416	21.757	21.687	21.748	21.862	22.031	21.220	21.549
德国	21.147	20.788	21.114	21.222	21.573	21.505	21.578	21.699	21.867	21.057	21.394
丹麦	21.011	20.651	20.979	21.094	21.449	21.370	21.443	21.570	21.733	20.918	21.258
西班牙	20.894	20.539	20.870	20.985	21.344	21.264	21.334	21.459	21.610	20.793	21.152

第三节 国际生产阶段数

伴随经济活动主体的细化与专业化，产品生产阶段数增加，产品生产链的长度增长，生产结构复杂度提升，全球生产分工体系不断深化，可以反映出价值链分工深化的状态。

一般来讲，生产结构复杂度越高，产业结构高度化，在全球价值链视角下意味着生产链条的增加，产业结构的调整。因此，测算生产阶段数，有助于从宏观及产业部门把握价值链长度的测算。具有代表性的测算方法为，Romero（2009）使用平均传染步长测算生产复杂度与分割度。较经典的测算方法还有Fally（2012）用上游度与生产阶段数来测算生产分割长度的测度指标。本文采用这种方法，其表达式为：

$$N_i = 1 + \sum_j \mu_{ij} N_j$$

式中，N_i 与 N_j 为 i 产品与 j 产品的 GVC 生产阶段数量指数，μ_{ij} 为生产1单位 j 产品（中间产品）的价值。N_i 越大，表示产品价值链越长。进而在全球价值链视角下，构建一种反映全球生产分工体系深化的指标，反映一国价值链的长度。通常来说，生产阶段数越大，产业链条越长，生产结构复杂程度越高。鉴于数据的可得性，采用国际生产阶段数表示一国的生产分割长度。本书利用 1995~2010 年世界投入产出表数据计算了 24 个国家[①]全球价值链生产环节数量指数。然而，由于 Fally（2012）测算方法限于单国（地区）的投入产出模型，无法考察国际间联系所造成的生产分割，以及区分国际生产分割与国

---

① 澳大利亚、奥地利、巴西、中国、捷克、德国、丹麦、西班牙、芬兰、法国、英国、希腊、印度尼西亚、印度、爱尔兰、意大利、日本、韩国、墨西哥、荷兰、葡萄牙、斯洛文尼亚、瑞典、美国。

第三章 全球价值链分工深化与金融体系内部结构现状及态势评价

内生产分割,因此,本书在倪红福和龚六堂(2016)改进的基础上,计算了中国与世界平均生产阶段数,用于区别国际与国内不同的经济结构含义。

由图3.3与图3.4可知,世界平均国际生产阶段数呈现稳中上升趋势,与世界平均国际生产阶段数相比,中国国际生产阶段数一直存在差距。2009年后,世界平均水平在2011年达到0.4366,同年相比,中国国际生产阶段数平均水平为0.36531。韩国自2008年金融危机后,国际生产分割长度变长,并且已超过世界平均水平,2011年达到0.5528,国内生产阶段数则出现一定幅度

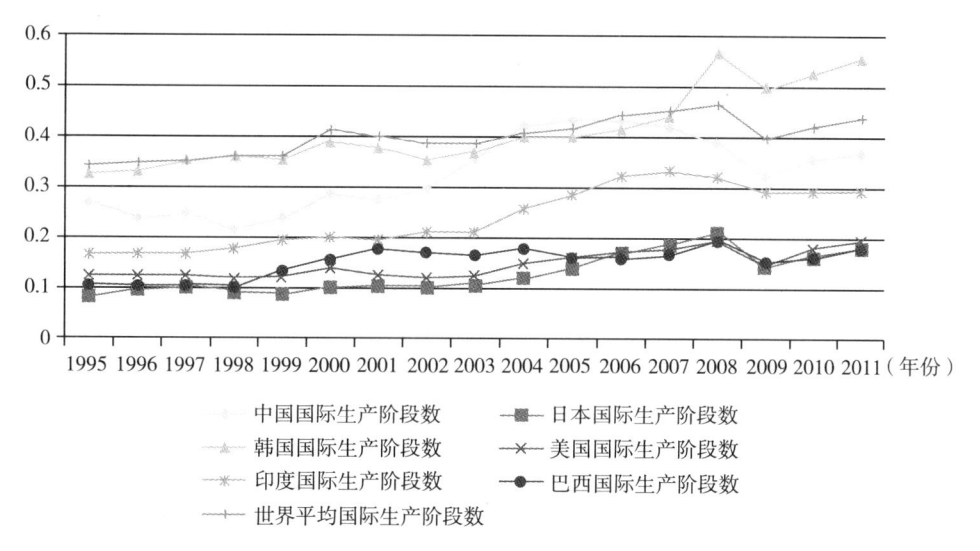

图 3.3　1995~2011年世界主要国家国际生产阶段数

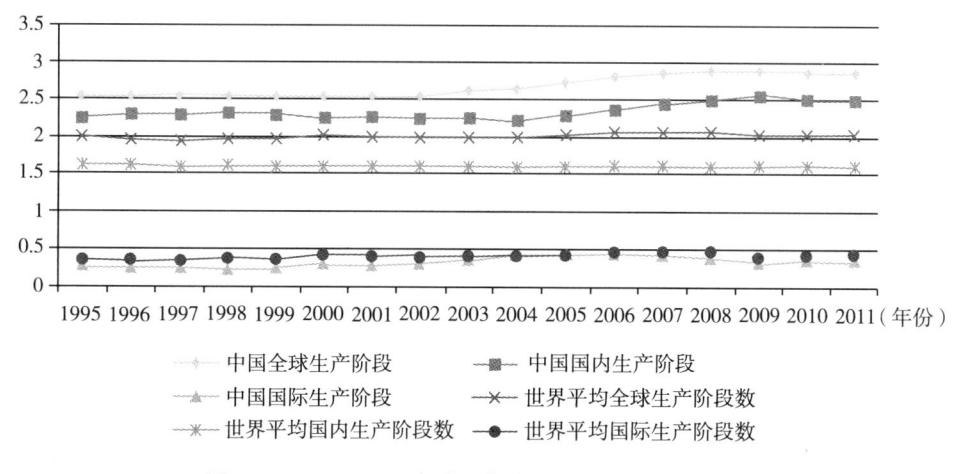

图 3.4　1995~2011年中国与世界平均整体生产阶段数

下滑，说明该国国内与国际生产分工出现替代效应，估计与国内外包呈替代效应，生产链逐步向国外转移。相比之下，金砖国家中印度与巴西的国际生产阶段数一直低于韩国与中国，从2007年开始，印度国际生产分割度一直呈下滑趋势，从2007年的2.01729降至2011年的1.95399，跌幅达3%有余，国内生产分割度微小幅度增长，说明生产链可能有向国内转移趋势。巴西自2005年开始，国内生产分割度呈较小幅度下降。而国际生产分割程度自2006年开始，基本呈增长趋势，增幅达10.83%左右，生产结构复杂度提高，生产链呈向国外转移态势。

从生产阶段数值看，美日总体来说变化较小，国家生产阶段数趋于增长，而国内则减少。该趋势说明，同韩国一样，国内生产结构复杂度降低，可能导致国际与国内分工替代性增强，会通过转移生产工厂到发展中国家，国际生产分割代替了国内生产分割，生产链向国外转移，国内产业可能存在空心化。这在一定程度上佐证了美国等发达国家制造业回归战略实施的必要性。

而就图3.4而言，中国与世界平均整体生产阶段数相较，中国的全球生产阶段数与国内生产阶段数均高于世界平均水平，而中国国际生产阶段数基本低于世界平均国际生产阶段数，说明中国的国际产业链转移仍然具有很大发展空间。可通过国内企业"走出去"以及"引进来"外资企业，积极融入全球价值链，增强国际间联系与合作。另外，就中国全球生产阶段数、国内生产阶段数与国际生产阶段数而言，在深化改革、寻求开放的大环境下，中国产业具有与国际生产结构复杂度提高变长，分工深化，产业链变长，国际与国内外包互补效应的特点。由此可见，中国与美国、日本等国，分工演化的路径有所差异。

就中国分产业部门的生产分割长度而言，鉴于制造业生产分割长度最长，且变化幅度较大，因此本书重点选取制造业细分行业1995~2011年生产分割长度进行具体分析。大致分为三个阶段：第一阶段是1995~2002年，中国加入WTO初期，建立市场经济体系；第二阶段是2003~2007年，加入全球价值链后，经济发展处于高速期；第三阶段是2008~2011年，金融危机爆发，经济调整恢复期。基于数据的可得性，主要计算了以下制造业行业的生产分割程度，即食品、饮料制造业和烟草制品业，纺织业和纺织服装、服饰业，木材及其制品业，造纸和印刷业，石油加工、炼焦和核燃料加工业，化学原料和化学制品制造业，其他非金属冶炼业，基本金属及其制品业，机械制造业，电子与光学仪器制品业，运输设备制造业，其他制造业及废弃资源综合利用业。

如表3.3所示：

（1）从整体趋势来看，除了石油加工、炼焦和核燃料加工业，制造业各细分行业，食品、饮料制造业和烟草制品业，纺织业和纺织服装、服饰业，木材及其制品业等行业，国内生产分割程度均呈上升趋势，而石油加工、炼焦和核燃料加工业等国内生产结构复杂度则有所下滑。

表3.3 中国制造业各行业生产分割情况

时期 行业	1995~2002年 国内	1995~2002年 国际	2002~2007年 国内	2002~2007年 国际	2007~2011年 国内	2007~2011年 国际
食品、饮料制造业和烟草制品业	2.3871	0.1645	2.4273	0.2293	2.5636	0.1611
纺织业和纺织服装、服饰业	2.4533	0.4004	2.7073	0.4460	3.0673	0.3749
皮革、毛皮、羽毛及其制品和制鞋业	2.6430	0.4081	2.7638	0.4437	3.0101	0.3845
木材及其制品业	2.4723	0.2854	2.6320	0.3676	2.8557	0.2620
造纸和印刷业	2.3924	0.3072	2.5186	0.4128	2.7984	0.2967
石油加工、炼焦和核燃料加工业	2.3245	0.4071	2.1573	0.6420	2.1171	0.3861
化学原料和化学制品制造业	2.4643	0.3633	2.5130	0.5286	2.7333	0.3486
其他非金属冶炼业	2.4621	0.2463	2.4894	0.3584	2.6771	0.2424
基本金属及其制品业	2.7256	0.3484	2.6318	0.5183	2.7621	0.3412
机械制造业	2.5457	0.3484	2.5907	0.5652	2.8547	0.3464
电子与光学仪器制品业	2.5403	0.5637	2.4144	0.9030	2.8045	0.4920
运输设备制造业	2.7232	0.3696	2.7557	0.5688	3.0543	0.3815
其他制造业及废弃资源综合利用业	2.3480	0.2996	2.3483	0.3598	2.5211	0.2836

（2）1995~2002年、2002~2007年机械制造业的国内与国际生产阶段数均呈上升趋势，这说明，此行业的价值链长度增加，国际与国内生产阶段数变长，分工更加深化。国内与国际生产分工已出现互补效应，国际与国内外包同样出现互补效应。基本金属及其制品业国内阶段数呈下降趋势，国际生产阶段数呈上升趋势，说明国内生产阶段数变短，而国际生产阶段数增加。国际国内生产分工出现替代效应，国际与国内外包呈替代效应，生产链出现向国外转移

的趋势。

（3）就各年细分数据看，1995~2002年，食品、饮料制造业和烟草制品业，造纸和印刷业国内生产阶段数逐年下降，国际生产阶段数呈逐年下降趋势，说明这些行业的国际与国内生产结构复杂度均降低，国内与国际生产分工、国际与国内外包出现互补效应，产业分工程度降低。究其原因，可能和全面建立市场经济阶段，该行业企业兼并重组、抓大放小改革方式有关。

另外，2007~2011年，大多数行业的国际生产结构分割度受到金融危机冲击，生产结构复杂度均出现不同程度的下滑，其中，电子与光学仪器制品业下滑幅度最大，降幅达45.5%。而2007~2011年还存在一种情况，即有些制造业的国内生产分割长度上升，且上升幅度大于国际生产阶段下降幅度，如纺织业和纺织服装、服饰业，电子与光学仪器制品业。国内生产阶段数呈较大幅度上升趋势，而国际生产阶段数则降低，国内与国际的生产具有替代效应。同时，生产链条向国内转移，国际与国内外包关系为替代效应。

第四节　国际竞争比较优势

20世纪80年代以来，伴随世界制造业生产技术水平的提高，各环节可分割性得到加强，制造业在转移过程中，首先将整个产品价值针织过程、技术及工艺流程拆分成各个更细环节，然后按照比较优势将这些生产过程在全球范围内进行分工。国际制造业转移伴随国际分工不断演化，由刚开始产业转移到产品在一个产业部门内的转移，再到产品内不同环节转移，就构成了基于全球价值链的产业转移。然而一些发达国家在转移过程中，即发展中国家与发达国家贸易过程中，出现所谓"价值链低端锁定"效应，继而落入"比较优势陷阱"。因此带着上述问题，本书需要厘清国际分工深化过程中，国际竞争比较优势主要特征。

本书使用全球价值链收入的显示性比较优势指标，衡量一个国家参与价值链分工过程中的增加值收入。本书采取蒂默（2013）所构建的基于GVC收入的RCA指数，其计算公式为：$RCA_{is} = \dfrac{GVC_i^s/GVC_w^s}{GVC_i/GVC_w}$，若该数值大于1，则说明该国的s产品具有比较优势，在全球价值链中专业化程度较高。本书选取美国等9个国家制造业与中国该指标进行比较分析。这9个国家代表三种类型，即发达国家、新型工业化国家、发展中国家。本书在此列出基于GVC收入的RCA均值及排名，如表3.4所示。

第三章 全球价值链分工深化与金融体系内部结构现状及态势评价

表 3.4 各国历年基于 GVC 收入的 RCA 指数均值及排名

国家	食品、饮料制造业及烟草制品业 RCA均值	排名	纺织业和纺织服装、服饰业 RCA均值	排名	造纸和印刷业 RCA均值	排名	石油精炼及核燃料加工业 RCA均值	排名	化学原料和化学制品制造业 RCA均值	排名	橡胶与塑料制品业 RCA均值	排名	非金属矿物制品业 RCA均值	排名	运输设备制造业 RCA均值	排名
中国	1.04	5	3.15	2	0.59	7	0.82	7	0.55	8	0.52	8	0.92	6	0.26	8
美国	0.59	8	0.36	8	1.11	3	1.01	4	0.96	3	0.73	5	0.57	8	1.02	1
德国	0.58	9	0.28	9	4.69	1	1.07	3	0.82	5	0.85	4	0.99	5	0.45	4
日本	2.59	1	0.13	10	2.47	2	0.19	10	3.56	1	0.28	10	0.36	10	1.01	2
英国	0.18	10	1.14	6	0.44	9	2.14	1	1.39	2	1.28	1	0.52	9	0.43	5
法国	1.5	2	1.92	4	0.88	4	0.44	8	0.44	9	0.73	5	1.62	4	0.35	6
韩国	1.06	4	1.83	5	0.83	5	0.44	8	0.83	4	1.18	3	2	2	0.67	3
巴西	1.07	3	2.47	3	0.56	8	1.89	2	0.64	7	0.55	7	1.87	3	0.22	9
土耳其	1.02	6	6.7	1	0.64	6	0.87	6	0.65	6	1.23	2	3	1	0.32	7
印度	0.98	7	0.98	7	0.31	10	0.95	5	0.44	9	0.43	9	0.79	7	0.18	10

资料来源：笔者计算。

51

从表3.4来看，所选取中国制造业在GVC中国际竞争力较低。总体来讲，中国在食品与饮料制造，烟草业和纺织业GVC分工中具有较强竞争力，在这两个行业参与分工时增幅较大。在食品与饮料制造行业，中国的竞争力次于日本、法国、巴西与韩国。日本较发达的是食品制造业与流通业，而巴西资源型产品较丰富。在纺织业GVC分工中，中国竞争力仅次于土耳其，竞争力较强的国家还有巴西、法国与韩国。而中国在造纸、印刷等行业GVC分工竞争力较弱，究其原因在于，中国参与这些行业分工所创造的国内增加值占全部增加值比重较小。而造纸、印刷和出版业的GVC分工中，德国、日本与美国竞争力较强，德国竞争力位居第一，排名靠前充分反映了其在该产业的优势地位。相比之下，中国在该行业竞争优势约为德国的1/8，处于相对劣势地位。在石油精炼、核燃料的GVC分工中，英国、巴西、德国、美国竞争力较强，英国竞争力位居第一，而中国该行业的RCA仅为英国的1/3。就化学原料及化学制品制造业的GVC分工而言，日本与英国两个发达国家竞争力较强，日本竞争力居第一位，说明两国可能具有较强的研发能力。

橡胶与塑料制品业的GVC分工中，英国、土耳其、韩国具有较强的竞争力，英国竞争力居第一位。非金属矿物制品业的GVC分工中，土耳其、韩国、巴西与法国竞争力较强，土耳其竞争力居第一位。美国与日本在交通运输设备制造业的GVC分工中，两个发达国家竞争力较强，优势在于较强的技术创新能力，而中国在该行业的国际竞争力同样比较弱，RCA指数约占美国的1/4。

第五节 金融体系内部结构特征事实分析

一、融资结构

社会融资规模是金融对实体经济融资支持的反映，一定时期内，实体经济从金融体系获得资金总量。从图3.5可知，2008年前，社会融资规模一直呈扩张趋势，2009年宽松的货币政策使得该指标呈现爆发式增长，较2008年增长99%，M2较上年同期增长了近28%，而同时期GDP实际增长率为8.7%。2009年，我国社会融资规模与GDP之比超过40%。种种迹象表明金融危机过后，投资性融资需求虚增了社会融资规模。2014年，受产业结构调整与市场需求低迷影响，社会融资规模增幅放缓，但2015年后，再次呈现上升趋势。与此同时，我国社会融资结构也在相应调整，伴随供给侧改革、去产能与去库存，表外融资大幅萎缩，直接融资占比明显上升。

第三章 全球价值链分工深化与金融体系内部结构现状及态势评价

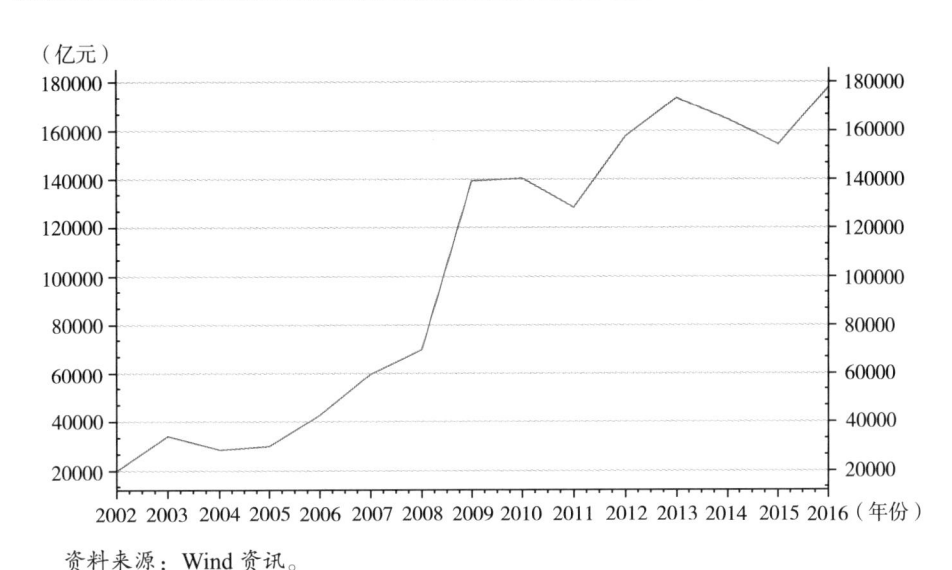

资料来源：Wind 资讯。

图 3.5 2002~2016 年社会融资规模

然而众所周知，长期以来，中国的融资结构以间接融资为主，直接融资比例过低，高度依赖以银行信贷为代表的间接融资方式。本书在此比较分析世界各国融资结构的差异，选取了 Beck、Demirguc-Kunt 和 Levine（2001）中关于金融机构的三项指标，以度量一国的金融发展程度。选择该指标的依据在于，金融机构的资产、负债比金融机构对私人部门的信贷规模越大，一国金融发展的水平越高。原始数据来源于世界银行数据库与"金融发展与结构数据库"（Financial Development and Structure Dataset）。

表 3.5 1996~2010 年世界主要国家融资结构比较

国家 年份	中国	德国	美国	日本	巴西	韩国	印度	英国	澳大利亚	新加坡
1996	0.1471	0.7567	3.8312	0.6069	0.7805	1.3292	1.4545	1.2850	1.4242	1.9193
1997	0.2280	0.8008	4.3184	0.5503	0.9052	0.8430	1.3176	1.3867	1.3682	1.4054
1998	0.2683	0.9059	4.8281	0.5392	0.9968	1.0580	1.1742	1.4846	1.3431	1.0497
1999	0.3066	1.4263	5.3310	0.6816	1.3304	1.8187	1.3231	1.7027	1.6281	1.6851
2000	0.4236	1.0597	5.2628	0.6803	1.4749	1.5244	1.3092	1.6561	1.6134	2.0879
2001	0.4627	0.9708	4.7413	0.6864	1.4109	1.2001	0.9378	1.3594	1.4962	1.5301
2002	0.3809	0.7957	4.2875	0.9077	1.2792	1.2726	0.7803	1.0962	1.5572	1.2924
2003	0.3739	0.7382	4.2118	1.0488	1.4831	1.2236	1.1096	1.0120	1.7155	1.9226

53

续表

国家 年份	中国	德国	美国	日本	巴西	韩国	印度	英国	澳大利亚	新加坡
2004	0.3788	0.7515	4.4243	1.2073	2.0329	1.2954	1.4840	1.0029	1.8069	2.6649
2005	0.3885	0.7026	4.3563	1.3390	2.2241	1.4854	1.6293	0.9470	1.6458	2.8997
2006	0.6937	0.7542	4.3355	1.4461	2.3240	1.5506	1.8908	0.9738	1.6831	2.7593
2007	1.3975	0.8949	4.3243	1.4616	2.6364	1.6044	2.7358	0.9084	1.8602	2.5666
2008	1.2520	0.7699	3.7337	1.2468	1.8958	1.3375	2.1860	0.5997	1.3843	1.9329
2009	0.8762	0.6373	3.4807	1.0166	1.6003	1.3513	1.5505	0.5390	1.2644	1.4449
2010	0.8753	0.6698	3.7808	1.0489	1.9460	1.6813	2.0255	0.7158	1.5106	1.7067

资料来源：笔者计算。

如图3.6所示，美国的融资结构偏市场导向型，融资结构市场化程度最高，直接融资方式全球领先，从1996年的3.8312上升到1999年的5.3310，增幅达39.14%。作为南美洲新兴经济体巴西，融资结构变化趋势大致与美国相同，外向型的金融机构在受到金融危机冲击后，融资结构比例从2007年的2.6364下降到2010年的1.8958（见图3.6）。而与美国以金融市场为导向的融资结构不同，德国与日本融资结构市场化导向不高，以银行信贷主导型的间接融资方式，决定了其融资结构比例增幅非常缓慢。日本在2001年后，金融市场规模扩张，增幅快于银行信贷规模，金融机构市场化程度日趋提高，高于德国融资结构水平。而中国融资结构市场化程度一直较低，2007年前，直接融资发展情况均低于其他国家，说明我国高度依赖以银行信贷为主体的间接融资

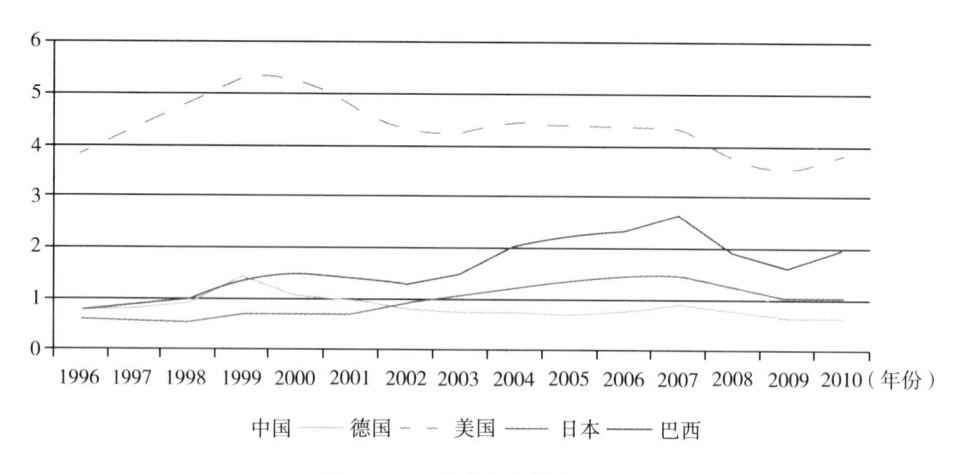

图3.6 五国融资结构变化趋势

方式。2006~2007年增幅最大，增加了80.48%。受2008年金融危机影响，世界范围内金融市场规模受到重创。各国在危机后，融资结构市场化程度均出现不同程度的降幅，并且，金融市场主导型国家融资比例降幅高于银行主导型国家。

二、制造业行业外部融资依赖度

鉴于缺乏行业层面金融发展数据，Rajan和Zingales（1999）将美国34个行业外部融资比重进行测度，他们认为，伴随全球一体化、产业结构调整，美国各行业外部融资比重增加。采用陈创练等（2016）的研究方法，可得我国12个制造业行业的外源融资比重。参考Cetorelli和Gambera（2001）相一致，本书使用金融规模与信贷规模两大指标，金融规模用行业融资比重与全国M2/GDP乘积表示，信贷规模用行业融资比重与全国银行信贷/GDP乘积表示，计算结果如表3.6所示。

表3.6　2007~2015年制造业行业金融规模依赖

年份 行业	2007	2008	2009	2010	2011	2012	2013	2014	2015
食品制造业	20.86	20.86	24.5	24.64	24.36	25.2	26.04	26.74	28.7
饮料制造业	49.17	13.41	10.5	42.24	78.3	172.8	57.846	147.07	213.2
纺织业	59.6	59.6	70	70.4	69.6	72	74.4	76.4	82
造纸及纸制品业	26.82	26.82	31.5	31.68	31.32	32.4	33.48	34.38	36.9
医药制造业	5.96	5.96	7	7.04	6.96	7.2	7.44	7.64	8.2
石油加工、炼焦和核燃料加工业	32.78	32.78	38.5	38.72	38.28	39.6	40.92	42.02	45.1
化学原料及化学制品制造业	222.01	222.01	260.75	262.24	259.26	268.2	277.14	284.59	305.45
化学纤维制造业	102.81	102.81	120.75	121.44	120.06	124.2	128.34	131.79	141.45
非金属矿物制品业	49.17	49.17	57.75	58.08	57.42	59.4	61.38	63.03	67.65
有色金属冶炼及压延加工业	13.41	13.41	15.75	15.84	15.66	16.2	16.74	17.19	18.45
黑色金属冶炼及压延加工业	8.94	8.94	10.5	10.56	10.44	10.8	11.16	11.46	12.3
金属制品业	35.76	35.76	42	42.24	41.76	43.2	44.64	45.84	49.2
通用设备制造业	67.05	67.05	78.75	79.2	78.3	81	83.7	85.95	92.25

续表

年份 行业	2007	2008	2009	2010	2011	2012	2013	2014	2015
专用设备制造业	143.04	143.04	168	168.96	167.04	172.8	178.56	183.36	196.8
交通运输设备制造业	46.339	46.339	54.425	54.736	54.114	55.98	57.846	59.401	63.755
电气机械及器材制造业	114.73	114.73	134.75	135.52	133.98	138.6	143.22	147.07	157.85
通信设备、计算机及其他电子设备制造业	154.96	154.96	182	183.04	180.96	187.2	193.44	198.64	213.2
仪器仪表及文化办公用机械制造业	157.94	157.94	185.5	186.56	184.44	190.8	197.16	202.46	217.3

由表3.7可知，金融危机过后，大多数制造业行业外部金融规模与银行信贷规模呈稳步上升趋势，其中行业间外部融资依赖又具有异质性。按照行业融资依赖度高低可将制造业行业细分为三类：第一类融资依赖度较高，包括通信设备、计算机及其他电子设备制造业、仪器仪表及文化办公用机械制造业、电气机械及器材制造业、化学原料及化学制品制造业、专用设备制造业、化学纤维制造业；第二类行业融资依赖度相对较低，如通用设备制造业、纺织业、饮料制造业、交通运输设备制造业；第三类融资依赖度最低，造纸及纸制品业，有色金属冶炼及压延加工业，黑色金属冶炼及压延加工业，食品制造业。各行业融资依赖度差异产生的原因，可能在于行业自身属性。不难看出，融资依赖度较高的制造业行业大多属于技术密集型与资本密集型行业，行业生产过程中需要投入大量研发成本与垫付大量资金，因此，对银行提供的信贷规模需求较大，外部融资依赖度比较高。而融资依赖度较低的行业，大多为加工行业，如食品制造业与饮料制造业，有色金属冶炼及压延加工业与黑色金属冶炼及压延加工业。

表3.7 2007~2015年制造业行业信贷规模依赖

年份 行业	2007	2008	2009	2010	2011	2012	2013	2014	2015
食品制造业	17.597	16.623	19.835	19.908	19.684	20.872	21.803	23.413	27.217
饮料制造业	10.055	9.499	11.334	11.376	11.248	11.927	12.459	13.379	15.553
纺织业	50.277	47.494	56.672	56.880	56.241	59.633	62.294	66.895	77.764

续表

年份 行业	2007	2008	2009	2010	2011	2012	2013	2014	2015
造纸及纸制品业	22.624	21.372	25.502	25.596	25.309	26.835	28.032	30.103	34.994
医药制造业	5.028	4.749	5.667	5.688	5.624	5.963	6.229	6.689	7.776
石油加工、炼焦和核燃料加工业	27.652	26.122	31.170	31.284	30.933	32.798	34.262	36.792	42.770
化学原料及化学制品制造业	187.28	176.91	211.10	211.87	209.49	222.13	232.04	249.13	289.67
化学纤维制造业	86.727	81.928	97.760	98.117	97.016	102.87	107.46	115.39	134.14
非金属矿物制品业	41.478	39.183	46.755	46.926	46.399	49.197	51.393	55.188	64.155
有色金属冶炼及压延加工业	11.312	10.686	12.751	12.798	12.654	13.417	14.016	15.051	17.497
黑色金属冶炼及压延加工业	7.541	7.124	8.501	8.532	8.436	8.945	9.344	10.034	11.665
金属制品业	30.166	28.497	34.003	34.128	33.745	35.780	37.377	40.137	46.658
通用设备制造业	56.561	53.431	63.756	63.989	63.271	67.087	70.081	75.257	87.485
专用设备制造业	120.66	113.99	136.01	136.51	134.98	143.12	149.51	160.55	186.63
交通运输设备制造业	39.090	36.927	44.063	44.224	43.728	46.365	48.434	52.011	60.462
电气机械及器材制造业	96.783	91.426	109.09	109.49	108.26	114.79	119.92	128.77	149.70
通信设备、计算机及其他电子设备制造业	130.72	123.49	147.35	147.89	146.23	155.05	161.97	173.93	202.19
仪器仪表及文化办公用机械制造业	133.23	125.860	150.181	150.731	149.039	158.028	165.080	177.271	206.075

三、银行业结构

根据图3.7可知，截至2015年末，全国各地区银行金融机构网点共计22.1万个，从业人员379.0万人，相对2014年分别增长1.4%、1.8%。资产规模稳步上升，资产总额174.2万亿元，较上年增幅12.6%。分区域来看，东部地区从业人员与资产规模有所下降，同比下降1.0个与0.7个百分点，中西部与东北地区银行业机构发展较快,从业人员与资产规模均有所提高。分省来看,北京、上海、江苏、浙江、广东银行业总资产规模占全国的40.9%;还有五省份银行业资产总额增速超过20%,分别为福建、贵州、海南、西藏和北京。

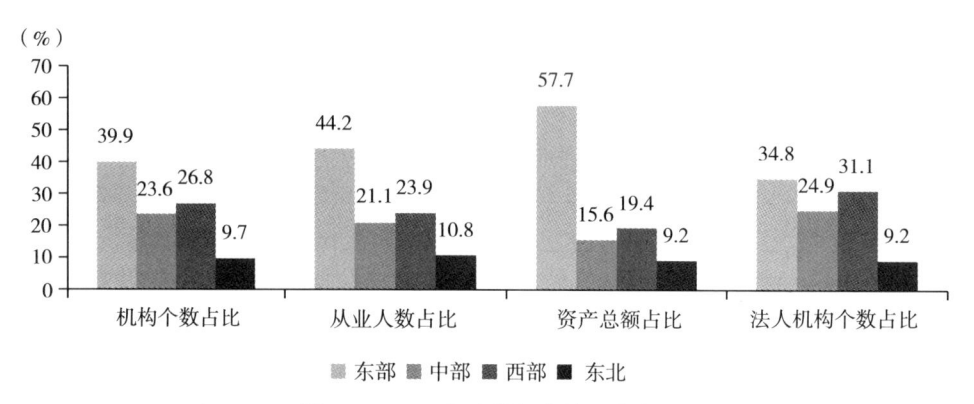

图3.7 2015年末银行业地区分布

	东部	中部	西部	东北
机构个数占比	39.9	23.6	26.8	9.7
从业人数占比	44.2	21.1	23.9	10.8
资产总额占比	57.7	15.6	19.4	9.2
法人机构个数占比	34.8	24.9	31.1	9.2

资料来源:中国人民银行网站。

从银行信贷结构看,东部地区的外部存款占比最高,约为58.7%。由于东部地区经济较开放,经济发展水平较高,故外币存款余额领先于中西部与东北地区,占全国的比重高达81.3%,而中西部地区占比较低(见图3.8)。

由此可见,长期以来,中国金融发展的区域差异非常显著,东部地区金融发展起步早,银行信贷系统比较成熟完善;但伴随中西部地区法人机构市场主体丰富,西部地区银行业法人机构数目占比(31.1%),仅次于东部(34.8%),

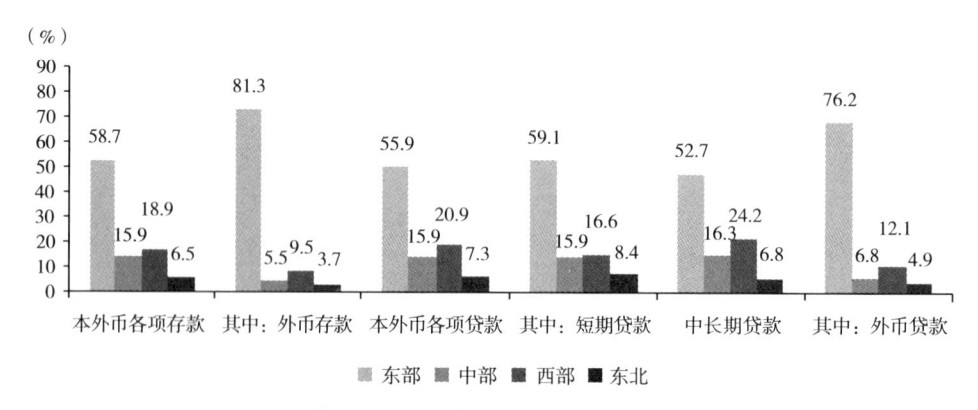

图3.8 银行业2015年末外币贷款余额地区分布

	东部	中部	西部	东北
本外币各项存款	58.7	15.9	18.9	6.5
其中:外币存款	81.3	5.5	9.5	3.7
本外币各项贷款	55.9	15.9	20.9	7.3
其中:短期贷款	59.1	15.9	16.6	8.4
中长期贷款	52.7	16.3	24.2	6.8
其中:外币贷款	76.2	6.8	12.1	4.9

资料来源:根据中国人民银行网站,《2015年中国区域金融运行报告》整理。

金融发展不断深化的趋势，未来东部银行业市场结构竞争空间可能存在不足。

四、资本市场结构

中国长期以间接融资方式为主，直接融资比较滞后，这与现阶段缺乏成熟的资本市场密切相关。《中国证券期货年鉴（2014）》统计数据显示，截至2013年底，境内上市公司已达2489家，总股本3.38万亿，流通总股本达2.99万亿，总市值19.95万亿元，全球市值排名第二。尽管如此，由前文计算可知，我国直接融资比重相对发达国家依然很低，这背后既有来自债券市场发展滞后的原因，也由资本市场内部层次结构所决定，我国资本市场尚未形成成熟的多层次体系（周小川，2013）。

成熟的多层次资本市场，好比一个金字塔，各公司依据其发展阶段的不同，在不同资本市场升降转板。例如，美国的资本市场有力诠释了金字塔形。美国场外柜台交易系统（OTCBB）位于金字塔底层，鉴于底层企业数量较多，因此面向未在全国上市的中小企业融资；第二层是创业板为特征的纳斯达克，这是基于研发与资本的融合，微软等全球著名企业由此培育；第三层是主板市场，上市标准比较高，对公司规模要求较高，像纽交所定位主要是蓝筹股。多层次、金字塔形的资本市场，能够为不同企业提供差别化的融资渠道，从而在市场中充分发挥资本的配置功能。而我国的社会融资结构不够成熟，市场化机制不够健全，在IPO核准制改革前，严苛的审批制为企业融资上市再添体制性门槛。

同时，相比美国成熟稳健的金字塔形多层次资本市场，我国的资本市场具有"倒金字塔"特征。Wind数据显示，截至2015年末，"新三板"挂牌数新增3000余家，可以说新三板市场发展非常迅速。但相对于原本应在金字塔顶尖主板市场，与二板中小企业板+创业板挂牌数量而言，仍然面临容量相对较小、挂牌公司数目差别很大的现状。这种头重脚轻的资本市场结构，缺乏创新性企业基数稳健支撑，是一种不稳定的市场结构。由图3.9可知，中小企业板挂牌上市始于2004年，2009年推出创业板，自此打破了中国证券市场交易所单一的市场结构，开启多层次资本市场道路。2008年，我国中小企业挂牌数尚且不到20%，2011年中小板与创业板公司数目合计927家，在此之后，中小企业与创业板发展非常迅速，截至2013年末，中小板与创业板合计1056家，已达主板公司数目的2/3。

由图3.10可知，统计数据显示，2013年，沪深交易所的主板流通市值为165817.01亿元，而中小板与创业板分别为25543.7亿元、8218.83亿元，仅占总流通市值的12.8%与4.11%。尽管在这之前，中小板与创业板相对总流通市值占比有所提升，但总体规模相对主板仍存在"头重脚轻"的现象。因为主板与中小板、创业板上市条件的差异，中小板与创业板的上市流通股本远低于主板市场，再加上主板上市公司的数目历年来远超中小板与创业板，从而造成资本市场三个分层的市场流通市值巨大差异。

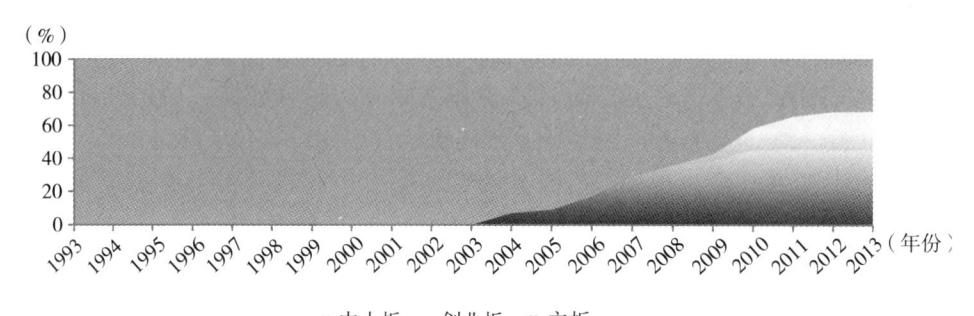

图 3.9 境内上市公司数目在交易所市场分布情况

资料来源：笔者根据《2014年中国证券期货年鉴》绘制。

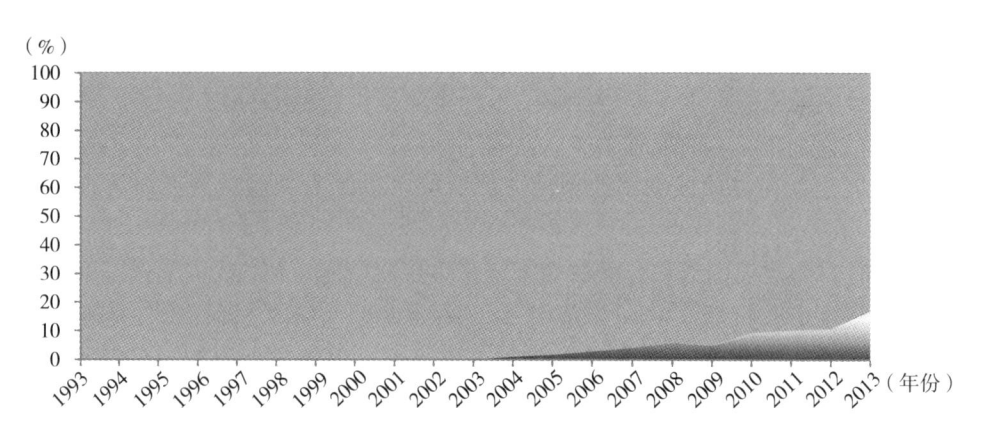

图 3.10 境内上市公司流通市值在交易所市场分布情况

资料来源：笔者根据《2014年中国证券期货年鉴》绘制。

从证券业规模及空间布局来看，截至2015年末，我国上市公司总数（A、B股）为2827家，东部地区上市公司约占66.1%，上市公司数目最多。同时，"新三板"挂牌企业5129家，挂牌公司数量在100家以上的省份有北京、江苏、上海、浙江等12省（市），合计占比65.6%。从图3.11可知，2015年，证券业金融机构发展迅速，且主要集聚在东部地区，其中，证券公司、基金公司、期货公司东部地区的数量分别占全国的69.6%、98.0%和73.3%。

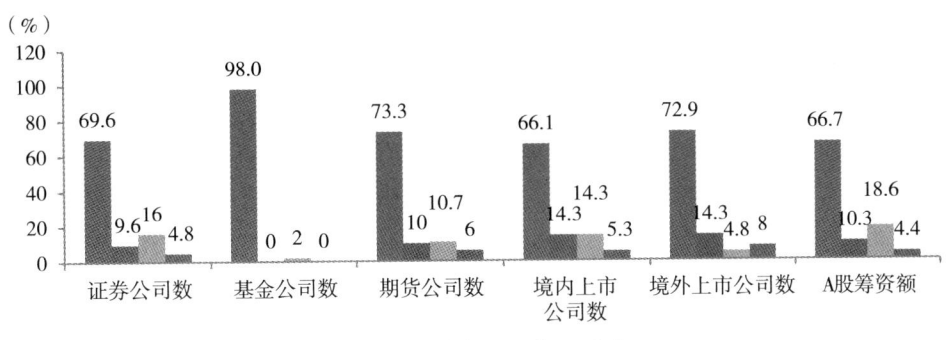

图 3.11 证券业 2015 年末地区分布情况

资料来源：笔者根据《2015 年中国区域金融运行报告》整理。

除了主板、中小企业板、创业板存在结构问题，场外交易市场"新三板"因起步晚，规模小，同样存在内部结构性问题。截至 2017 年 2 月，"新三板"挂牌公司数目合计 10627 家，可见市场容量较以往扩张很快，但区域分布上显示出明显的不平衡性。从图 3.12 可知，整体来看，依然是东部地区高于中西部地区，具体到省级层面，挂牌企业主要集中在广东、北京、浙江、湖北、安徽。西部地区与东北近年来新三板也呈蓬勃发展势头，四川、陕西、新疆分

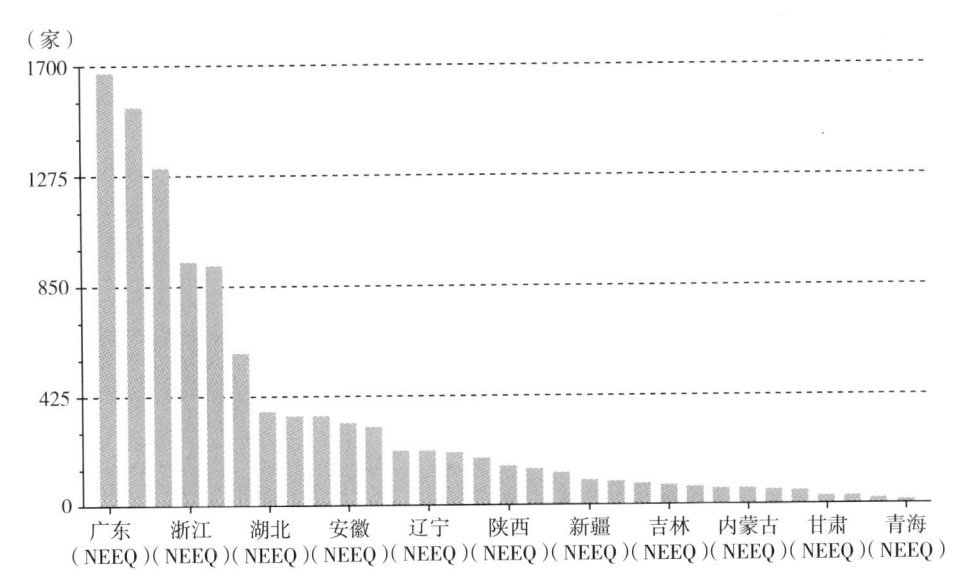

图 3.12 "新三板"挂牌企业数目在各省分布

资料来源：Wind 数据库，截至 2017 年 2 月 19 日。

别居于全国新三板挂牌数第12位、第17位与第20位,而辽宁与吉林分别居于第14位与第23位。其中,广东挂牌企业数目达到1671家、北京1544家、江苏1307家、浙江945家、上海932家,全国范围内占比分别达15.69%、14.49%、12.27%、8.87%、8.75%。"新三板"挂牌企业数量在全国地区间的失衡与差异,一方面与成立初期主要在北京、上海、武汉等科技园区企业为试点有关;另一方面也折射了在推广后期,可能由于地域经济发展水平、地方企业融资成本差异造成东部地区与中西部地区的失衡。

从挂牌企业数目行业分布,同样也表现出显著的差异。如表3.8所示,截至2017年2月,"新三板"挂牌家数行业间主要集中在以下几大行业:排名第一位的是制造业行业,挂牌公司数3053家,占总挂牌数的29%;排名第二位的是信息技术行业,挂牌公司数为2854家,占总挂牌数的27%;排名第三的是非日常生活消费品行业,挂牌公司数为1548家,占总挂牌数的15%;排名第四位的是原材料行业,挂牌公司数为1233家,占总挂牌数的12%。除以上科技密集型与资本密集型行业挂牌数排名靠前外,以生活保健相关的医疗卫生行业、日常消费品行业分别占挂牌总数的6%与5%,而房地产、金融、能源、公用事业等挂牌数目较少。如表3.8所示。

表3.8 "新三板"各行业挂牌家数

行业	挂牌数
GICS 制造业(NEEQ)	3053
GICS 信息技术(NEEQ)	2854
GICS 非日常生活消费品(NEEQ)	1548
GICS 原材料(NEEQ)	1233
GICS 医疗保健(NEEQ)	662
GICS 日常消费品(NEEQ)	562
GICS 电信业务(NEEQ)	230
GICS 能源(NEEQ)	203
GICS 金融(NEEQ)	151
GICS 房地产(NEEQ)	82
GICS 公用事业(NEEQ)	74

资料来源:Wind数据库,截至2017年2月19日。

第三章　全球价值链分工深化与金融体系内部结构现状及态势评价

基于以上分析，全国统一的中小企业股份转让市场，"新三板"公司数目在区域上显著不平衡，行业中挂牌数差异较大，说明在方便中小企业融资与金融行业支持实体经济作用中，"新三板"市场内部结构需要进一步调整，从而充分发挥其服务中小企业融资的积极作用。这对于建立多层次资本市场，丰富企业融资渠道，打造正金字塔形成熟资本市场结构的基础环节具有非常重要的现实意义。

第六节　本章小结

本章通过现实中大量经验数据，从全球价值链分工地位指数、全球价值链嵌入、生产阶段数、RCA 国际竞争力比较优势四大角度，阐述了全球价值链分工深化状态的事实特征与现状。本章首先介绍了价值链分工地位、RCA 指数、生产阶段数的测度方法，用出口技术复杂度表示价值链分工地位，并且开创性地将价值链分工地位、价值链长度与金融发展相联系。其次在考察各国制造业 RCA 指数的基础上，对生产阶段数、全球价值链嵌入程度测算方法进行了研究分析。最后采用历年世界投入产出表、中国投入产出表、UN Comtrade Database、OECD Database 提供的各国家分类产品出口数据，以及我国各年《中国统计年鉴》《中国制造业经济统计年鉴》所提供的数据，对我国以及世界范围 58 个国家的价值链分工地位，价值链嵌入程度，上下游价值链参与度，国际、全球、国内生产分割程度，世界范围制造业 RCA 与国家 RCA 指数进行测度。通过以上分析可知：

一、世界范围内全球价值链分工深化的整体现状

全球价值链分工的内在驱动力是以科技发展与创新为核心的生产力发展，在一定科技水平基础上形成的生产方式决定着国家、国与国之间的分工格局与模式。而伴随着技术扩散，全球生产格局和模式必将随之调整，国与国之间的分工地位会出现分化与调整，一国的金融发展水平在影响国际分工深化格局中发挥着非常重要的作用。

虽然整体上看，我国正在积极加入全球价值链，以及形成以我国为主导的价值链，但与发达国家相比，各方面还有很大差距。从生产阶段数来看，国际生产阶段数一直低于世界平均水平，而面对技术水平较高的综合技术服务业与研发行业，由于研发投入较少，故在国际竞争中处于劣势，附加值较低，长期被发达国家占据价值链高端，垄断关键核心技术环节。制造业与发达国家相

比，GVC 国际竞争比较优势普遍不足，所选取的制造业行业排名较靠后。另外，不难看出，我国的价值链分工地位在逐年攀升，价值链嵌入程度在不断加深，加入 WTO 之后，中国生产分割程度迅速增加，尤其是国际生产分割程度提高。但与大多数国家相同，金融危机后，中国生产分割程度短暂下滑。这说明中国从出口价值链、产出供给与投入需求等渠道已经深深融入全球价值链。得到的启示是，全球价值链分工深化是大势所趋，如何有效参与全球价值链分工并且取得分工地位的提升是关键问题。

二、价值链视角下我国产业升级的现状

全球价值链的出现已经改变了过去 20 多年来的国际贸易模式。产品和服务的不同生产阶段任务分布在不同国家的生产者，零部件多次出现跨境贸易。全球价值链分工各环节虽然为一完整环节，但在全球化过程中，将完整而连续的价值链链条分解为具有比较优势的国家与地区的设置及组合。因此，这种分工模式已广泛渗透至各国内部产业结构体系，也深刻影响着我国的产业结构升级。从制造业竞争优势来看，大多数产业还需要进行升级以获取更高的附加值与持续发展。但就各产业总体来说，逐年竞争比较优势呈上升状态，我国整体的价值链分工地位处于缓慢攀升趋势，在金融危机期间出现阶段性波动。但从产业整体上来说，价值链攀升的速度较低，比较竞争优势不明显。

同时，中国国际生产分割长度与国内生产分割长度出现同步增长，尤其是 2001 年加入世界贸易组织之后，国际生产分割提升速度较快，说明中国的国际与国内外包具有替代效应，制造业生产结构复杂度随之提升，中国产业更深层次地融入全球价值链中。因此，从全球价值链分工角度研究产业升级的视角应为：从产业间结构升级到产业内层次升级转化，从部门内处于低价值链的产品生产向部门内处于高价值链的产品生产升级，从产品价值链低端生产环节向产品价值链高端生产环节升级。

三、有待研究的影响价值链分工深化的融资原因

就我国金融发展总体情况看，融资结构市场化程度较低，主要依赖于银行信贷，直接融资发展相对滞后，与发达国家相比还存在很大差距。行业方面，制造业行业外部融资依赖度具有明显异质性，资本密集型、技术密集型的制造业行业融资依赖度明显高于一般性加工行业。银行业与资本市场内部呈现一定程度的地域集聚性，地区金融发展水平差别较大，多层次资本市场体系与发达国家相比呈现"头重脚轻"倒金字塔形，距离完整、成熟的多层次资本市场还有很大差距。

从上述关于价值链分工地位、价值链嵌入程度及各国生产阶段数对比不难看出，各国生产结构复杂度明显有差异，这究竟是由何种因素引起的？价值链分工地位、价值链长度与国际竞争比较优势间存在何种关系？

另外，本章就金融发展水平与价值链分工地位、价值链长度的计量回归结果可知，金融发展水平与价值链分工地位、价值链长度成正比，而价值链长度越长，分工地位越高。鉴于本书将价值链分工深化的金融依赖问题作为主要研究对象，因此，在后文中，旨在分析，随着价值链分工深化，价值链上的企业为何面临融资约束？倪红福等（2016）研究发现，金融发展水平对生产分割长度具有明显差异性，私人部门信贷量占 GDP 比重与整体的生产分割长度负相关，而企业市场价值 /GDP 与国内生产分割长度呈正相关关系。笔者给出的解释是：一国资本市场若发达，国内企业倾向于通过拆分公司业务，上市融资，从而国内生产分割度变长；而一国产业若依赖于银行主导的金融体系，则依据银行信贷抵押资产的借贷规则，对企业自身规模提出更高要求，资产雄厚的大企业易于借贷。因此，整体生产分割程度与信贷 /GDP 比重呈负相关关系。由此得到的启示在于，研究全球价值链分工深化的融资依赖问题具有非常重要的理论与现实意义。

第四章
金融依赖影响价值链分工位置的机制

金融危机发生后,世界主要发达国家主导的全球价值链感受到以中国为代表的新兴经济体的冲击,出现了发达国家跨国公司对其主导的全球价值链上各种"任务"据点进行再理性化,中国和其他新兴经济体在全球价值链上地位不断升级并得以巩固,谈判能力逐步增强(Gereffi,2014)。近年来,以亚投行的成立为平台,区域经济一体化对于贸易与要素的优化配置,大型发展中国家互联互通的融资合作,将重塑全球金融格局。主流的国际贸易理论通常采用完全金融假定,从而忽视了金融体系在国际分工形成和发展过程中可能存在的重要作用。对于金融结构优化是否会导致价值链分工地位的提升,以及金融发展差异如何导致截然不同的国际分工模式这两个问题,很少有研究者给予进一步的分析和解释。一般来说,金融结构主要包括两方面内容:一方面为银行业结构,存贷款资产在不同规模银行间的分布;另一方面为银行部门与金融市场的相对规模,即间接融资与直接融资的比例关系。本章主要对后者进行深入分析,研究狭义的金融结构,即直接融资与间接融资的比例。

对于发展中国家来说,其科技融资可得性和资本市场开放程度较差,通常处于价值链低端位置。在此背景下,优化金融结构和提升价值链分工地位的研究,不仅可以促进其价值链上分工地位的攀升,提高其出口产品技术含量,并且为优化其金融体系提供了新的研究视角。对于如何促进一国在全球价值链的攀升,学者们做了大量有益的探索,包括全面升级本土要素、大力提升自主创新、深入完善制度质量、重点培育高级生产性服务业等。国内学者对价值链攀升的研究成果十分丰富。刘志彪(2011)认为,领导型的企业与专业化市场是我国制造业价值链攀升的主要机制和方式。李强和郑江淮(2013)利用产品视角构建模型,研究发现,研发水平、人力资本和制度环境对所有类型的制造业攀升有显著促进作用。戴翔(2015)通过实证研究,得出研究结论,即制度质量的完善程度对中国攀升全球价值链具有显著的正面影响。刘琳(2015)就全球价值链、制度质量及二者相互作用,对出口品技术含量影响的内在机理进行了阐释。

由于大多数文献均未从金融结构的角度研究全球价值链分工地位，本章将金融结构和价值链地位纳入同一分析框架下进行分析。与已有研究相比，本章的边际贡献体现在以下两方面：第一，梳理现有文献的基本观点，探究金融结构和全球价值链分工地位的内在理论机制并提出相应的理论假说；第二，从文献梳理来看，鲜有研究者根据不同国家金融结构差异的跨国数据研究这一命题。因此，本章尝试基于跨国面板数据，从经验研究方面回答金融结构是否影响价值链攀升这一命题。在沿袭全球价值链分工的相关理论基础上，本章进一步分析金融结构如何优化价值链分工、为什么金融结构会引起价值链分工地位提升；依据1996~2010年34个国家面板数据实证检验，揭示金融结构特点及其对价值链分工地位的影响；继而探究金融结构对价值链分工的影响机制。首先是计量模型与数据选取，其次是计量结果及解释，最后是结论与政策含义。

第一节　文献回顾

通常，一国的贸易模式和贸易量主要决定于该国的技术、要素禀赋、规模经济、不完全竞争等因素，然而金融发展也是造成国家间贸易差异的重要原因，金融发展对一国的对外贸易具有深刻的影响。经济全球化背景下生产要素在全球范围内自由流动，资本的全球流动极大地推动了金融服务业的发展，促进金融创新。对于发展中国家，尤其对中国而言，其价值链分工地位面临着从原来"低端嵌入"向"中端争夺""高端占据"的攀升过程。齐俊妍等（2011）认为，我国相对滞后的金融发展水平是企业被锁定在产业价值链低端的重要原因。

20世纪70年代金融发展理论确立后，金融发展与经济增长之间的关系受到广泛的关注和研究。Rajan和Zingales（1998）利用各国行业数据，将行业的外部融资依赖程度与金融发展作为解释变量，将行业的增长作为被解释变量，他们发现，企业越依赖外部融资，金融发展对其促进作用越大。Levine（2001）认为，地区间金融结构差异对一国经济总量虽影响不大，但会对不同行业增长起到促进作用。近年来有学者从贸易金融视角将融资、贸易、垂直一体化、价值链纳入同一研究框架中。Desai等（2008）研究了东道国的汇率贬值对当地企业与外商独资企业的影响机制。数据表明，汇率贬值的情况下，国内企业会收缩规模或退出出口市场；相反，跨国公司子公司会趁机扩大规模与投资。跨国公司的垂直一体化决策也受到金融市场不完备性的影响。Antràs、Desai和Foley（2009）研究了总部设在发达国家的企业如何离岸外包生产给需要外部融资的外国供应商。2012年，他们还提出了"产出上游度"（Output

Upstreamness，OU）这一指标，用以衡量一个行业在全球价值链中所处的位置。Chor 等（2014）利用中国海关数据、制造业企业数据以及投入产出表，计算了企业在全球价值链中的上游度，即衡量了企业在价值链中所处的位置，分析了出口企业在价值链上的位置与企业异质性的关系。最近几年，为了更加精准地刻画金融发展与全球价值链分工之间的关系，研究者们进行了不断的探索。Manova 和 Yu（2012）将贸易金融引入全球价值链研究领域中，分析了融资约束对公司在全球价值链中所处位置的影响机理，以及该企业的选址对其盈利能力和贸易方式的影响方式。基于制造业企业数据和中国海关数据，他们将出口贸易分为三类：普通贸易（OT）、进料加工贸易（PI）以及来料加工装配贸易（PA）。他们认为，中国企业会选择 PI 和 PA 而非 OT，因为中国企业缺乏融资渠道，面临融资约束。融资约束水平越高的企业，往往会从进料加工贸易（PI）转向来料加工贸易（PA），而随着融资约束水平的降低，企业更倾向于融资能力要求相对较大的普通贸易（OT）。此后，Manova（2015）认为，要在理解全球供应链与各国经济制度、市场摩擦差异的基础上研究全球价值链上跨国公司的融资依赖问题。这实际上是"以研究金融结构为代表的一国经济制度"为契机，来寻求降低市场摩擦的最有效方式，最终表现为企业（或发展中国家）攀升到全球价值链的高附加值环节。随着跨国贸易变得越来越分散，公司与国家在全球价值链上的位置可能会受到信贷约束的影响，并且信贷约束会影响到企业（或国家）的利润、技术溢出效应和经济的长期增长。金融体制和全球生产网络的摩擦和互动，反之可能会造成外生冲击国际经济传导机制。

国内有少量文献对金融发展和价值链分工之间的关系进行了实证研究。申明浩和杨永聪（2012）首次将全球价值链与金融支持、产业升级三者相联系，用 CES 函数模型及推导，微笑曲线分析外部融资与全球价值链嵌入环节的关系。他们研究发现，资本市场对第二产业的升级有显著促进作用，信贷市场与第二产业的升级存在微弱的负相关关系。李强和郑江淮（2013））认为，2002~2011 年我国产业总体上在价值链上的位置较低，但处于缓慢攀升趋势，但由于 2008 年和 2009 年金融危机的影响有短期波动现象。吕越、罗伟和刘斌（2015）利用 1999~2007 年中国海关贸易与 2000~2006 年的中国制造业企业合并数据，测算了企业在全球价值链中的嵌入程度，研究结果显示，在动态分析中，融资约束通过影响企业固定成本的方式，影响其在全球价值链中的参与度。对连续出口型企业来说，即已经在全球价值链中的企业，融资约束对企业嵌入全球价值链的程度没有显著影响，而对第一次出口的企业来说，融资约束不利于其垂直专业水平，会阻碍企业在全球价值链的参与程度。

综上可知，国际贸易受到了金融发展的深刻影响，金融发展甚至对于某些产业比较优势起到了决定性的作用。依据上述文献的研究基础，本章提出这样的问题：在全球价值链分工背景下，一国或地区的金融结构如何影响该国攀升全球价值链？鉴于此，本章将在阐释金融结构影响价值链分工地位的微观机制基础之上，利用跨国面板数据进行计量检验。

第二节 金融依赖影响价值链分工的逻辑

此处研究从总的方面，即金融结构、金融市场稳定性角度考察对价值链分工的影响机制。金融结构研究的代表性人物戈德史密斯（1968）认为，金融发展是金融结构的变化。他提出衡量一国金融结构的八个指标，其中最重要的是"金融相关比率（FIR）"，FIR越高说明金融体系越发达。此后，众多学者对其观点进行了不断的深化拓展（King and Levine，1993；Merton and Bodie，1995；Beck et al.，2000；Levine et al.，2005），认为金融体系具有提高资源配置效率、促进产业结构转型、激发企业家精神等诸多作用。国内许多学者如谈儒勇（2000）、周业安（2005）、林毅夫（2009）依据金融发展理论，分析了中国金融结构优化与经济发展的关系。从上述关于金融结构的理论脉络和上述文献看，金融结构理论的研究已经实现了三大方面的扩展：从发展中国家或地区扩展到各种类型国家与地区；从发展中国家的金融结构问题扩展到不同国家金融体系上；从早期的新古典经济学为基础的市场主导型扩展到以内生增长理论为基础、新政治经济学为基础的内生金融发展理论、新制度金融发展理论，再到新结构经济学对金融结构演变的解释。

从分工理论上讲，分工与专业化的好处主要在于降低生产成本，提高生产效率。而国与国之间的分工与贸易，会影响国际分工与专业化过程中的效率与成本。而价值链上生产网络组织形式的"碎片化"（如OEM、ODM，产品价值链被分解到独立若干环节），这种跨国的交易费用将更多取决于一国的金融体制。在跨国公司主导的全球价值链分工体系中，具有不同要素密集度的生产环节在各国、各地区配置，不仅取决于一国或地区的要素禀赋结构，还取决于该国与地区的金融发展水平。金融支持对全球价值链的影响，实质上是通过微观层面的企业融资行为特别是外部融资行为发挥作用。从这个角度看，各国企业在全球价值链上分布状况的不同，在一定程度上会决定各国金融发展程度的差异。如果一国的企业处于全球价值链附加值较高的环节，其对更高风险投资额的吸引力较强，对间接融资的需求也较大；相反，如果一国企业处于价值链附加值较低的环节，则其高风险的融资发展就会相对不足。

从世界各国来看，美国是金融市场导向的金融体制，德日是银行导向的金融体制。这两类国家跨国公司主导的全球价值链形成与升级过程会受到金融体制差异的影响，如美国主导的 GVC 可能是高科技创新密集型的，德国主导的 GVC 可能是精密加工制造型的，前者依赖于其他国家的精密加工制造，即美国 GVC 进入欧洲比欧洲 GVC 进入美国的多。这是因为美国金融市场发达能给 GVC 中风险程度较高的高科技研发提供更有利的金融支持。GVC 研发上游科技创新程度越高，风险越大，越需要金融市场上直接融资支持。一旦这些环节取得突破，在迅速产业化时就会向银行导向的金融体制渗透，形成 GVC，原因是以银行为导向的金融体制更容易为那些需要精密加工制造的环节提供融资。这就意味着，只要这种创新空间格局不变，美国和欧洲的两种金融体制也就不会变化，并继续自我强化。

另外，价值链分工呈现出以界限为特征的国际分工状态，从要素密集度特征看，对要向微笑曲线两侧（产品价值链高端）攀升的企业而言，若仅仅依赖自有资本进行发展，企业会由于缺乏资金而难以向全球价值链的高端环节攀升，受到价值链科层治理模式的制约，从而被"锁定"在价值链低端（Humphrey and Schmitz，2002）。外部融资的可获取性无疑会对企业攀升价值链产生深远影响，企业对融资的需求会高于低端加入价值链时的需求，而且高于其他在国内市场竞争的国内企业升级时的融资需求。外部融资的可获性与金融结构的优化、金融市场发达程度紧密相关，一旦 GVC 研发上游科技创新程度越高，风险越大，越需要金融市场上直接融资支持。一旦这些环节取得突破，在迅速产业化时会向银行导向的金融体制渗透，形成 GVC。从这个意义上再次说明，一国企业向全球价值链攀升对外部融资环境、金融体系发达程度具有更大的需求。

就中国情况而言，中国企业在 GVC 上所处位置越高，创新性越强，越需要更多、更高风险的融资，一旦现有的金融体系满足不了，中国企业就会寻求欧美金融支持，从而"走出去"，例如，阿里巴巴在美国纽约交易所上市，百度在纽约纳斯达克上市。中国企业或要求中国金融体制逐步对外开放。价值链上的创新性企业要求在国内就能吸引到国外资金，获得直接融资的诉求可能会有效倒逼中国金融体制改革。可以说，中国金融结构演化，金融体制改革效率将直接影响中国企业在 GVC 上的升级和地位。

基于以上分析，本章试图以金融发展理论与全球价值链理论为基础，对金融结构与价值链分工间的关系进行研究。本章将从金融结构入手，考察不同国家金融结构特征对于全球价值链分工地位的影响，为构建具有更强解释力的 GVC 下的国际分工模式提供现实依据。这也是金融结构影响全球价值链分工的微观机制。本章提出待检验的命题为：金融结构在一定程度上会影响一国参与价值链的程度、方式，影响本国出口产品质量的跃升。从世界范围看，金融结构向市场主导型金融体系转变有利于全球价值链分工地位的提升，金融市场效率越高，金融结构市场化导向对价值链分工地位的促进作用越强。

第三节 变量选取、模型设定与数据说明

上述部分对金融结构影响价值链分工的微观机制进行了逻辑上的推演分析，但缺乏来自实践的经验证据，尤其缺乏来自中国经济实践的经验验证。下文将基于跨国层面的面板数据，分析金融结构对各国攀升全球价值链的影响。

一、模型设定与变量选取

参考 Beck 和 Levine（2004）的建模框架，考虑到金融结构和其他解释变量内生于经济增长的可能性，本章将采用二阶段系统广义矩估计法，在理论分析和以往研究文献的基础上，构建金融结构对价值链分工地位影响的面板数据模型。该模型表示如下：

$$\ln GVC\_Posi_{it} = \alpha_0 + \alpha_1 \ln GVC\_Posi_{it-1} + \alpha_2 \ln GVC\_Posi_{it-2} + \alpha_3 FinStr_{it} + \alpha_4 X_{it} + R_i + T_i + \varepsilon_{it} \quad (4-1)$$

$\ln GVC\_Posi_{it}$ 表示全球价值链分工地位指数，其中，i 表示国家，t 表示年份，$FinStr$ 表示金融结构的代理变量，X 表示影响价值链分工地位的系列控制变量，R_i 表示国家固定效应变量，T_i 表示时间效应，ε_{it} 表示随机扰动项。出口具有"持续性"特征，这意味着本期出口技术含量会受到上一期出口技术含量的影响。在式（4-1）两边同时减去 $\ln GVC\_Posi$ 得到模型（4-2）。

$$\ln GVC\_Posi_{it} - \ln GVC\_Posi_{it-1} = \alpha_0 + (\alpha_1 - 1)\ln GVC\_Posi_{it-1} + \alpha_2 \ln GVC\_Posi_{it-1} + \alpha_3 FinStr_{it} + \alpha_4 X_{it} + R_i + T_i + \varepsilon_{it} \quad (4-2)$$

这样，等式左边就体现了攀升，因此模型（4-1）与模型（4-2）是等价的。进一步考虑金融结构与价值链分工地位之间是否存在非线性关系，本书在基准模型上添加金融结构 FinStr 的二次项。模型如下：

$$\ln GVC\_Posi_{it} = \alpha_0 + \alpha_1 \ln GVC\_Posi_{it-1} + \alpha_2 \ln GVC\_Posi_{it-1} + \alpha_3 FinStr_{it} + \alpha_5 FinStr_{it}^2 + \alpha_4 X_{it} + R_i + T_i + \varepsilon_{it} \quad (4-3)$$

若系数 α_5 显著小于 0，系数 α_2 显著大于 0，则说明存在一个最优金融结构，价值链分工地位提升速度最快。

Merton 和 Bodie（2004）在总结了新古典理论、新制度理论以及行为经济学理论三种理论的基础上，认为金融结构内生于经济体系之中，金融体系的设计应该同时具有相关功能和结构。而在这之中，金融效率作为衡量金融体系功能的维度之一，可用于表示在不同金融体系效率作用下，金融结构的市场导向对价值链分工的影响差异。因此本章基于模型（4-1），并考虑外部融资依赖对产业增长的调节作用（Rajan and Zingales，1998），构建如式（4-4）所示的回归方程模型：

$$\ln GVC\_Posi_{it} = \alpha_0 + \alpha_1 \ln GVC\_Posi_{it-1} + \alpha_2 \ln GVC\_Posi_{it-1} + \alpha_3 FinStr_{it} + \alpha_5 (FinStr_{it} \times FinEf_{it}) + \alpha_6 FinEf_{it} + \alpha_3 X_{it} + R_i + T_i + \varepsilon_{it}$$
（4-4）

参考 Cihak 等（2013）在文中所采用的方法及其数据库，下文选取股票市场换手率作为金融效率（Financial Efficiency）的代理变量。在式（4-4）中，交叉项（$FinStr_{it} \times FinEf_{it}$）反映的是在不同的金融效率下，金融结构的市场导向对价值链分工地位影响的差异。若系数 α_6 显著大于 0，则表示金融效率越高的国家，金融结构越偏向于市场化，其价值链分工地位也越高。

同样地，本章在回归方程中加入金融市场稳定性这一调节因素，并选取股票市场价格波动率作为金融市场稳定性的代理变量，从而反映金融效率变化对金融结构和价值链分工地位关系的影响。这样，回归方程（4-4）也可写为式（4-5），用于表示金融结构市场导向在不同的金融市场稳定性情况下，对价值链分工地位的影响。

$$\ln GVC\_Posi_{it} = \alpha_0 + \alpha_1 \ln GVC\_Posi_{it-1} + \alpha_2 \ln GVC\_Posi_{it-1} + \alpha_3 FinStr_{it} + \alpha_5 (FinStr_{it} \times FinSta_{it}) + \alpha_6 FinSta_{it} + \alpha_3 X_{it} + R_i + T_i + \varepsilon_{it}$$
（4-5）

二、解释变量与数据来源

（一）被解释变量的设定与测度

本章采取第三章所述全球价值链地位测度方法，本书可以测度一国的出口技术含量，计算每国的价值链分工地位，从开放型经济体的角度看，各国间开放型经济发展的特征与发展差距非常明显，产业发展梯度空间布局各异，各国间出口商品技术含量存在差异。因此，各国在融入国际分工中所处的地位也会不尽相同。

（二）解释变量的选取及测度方法

Beck 等（2001）提出了一套衡量各国金融发展程度的指标体系，本书选取其中关于金融机构的三项指标度量一国的金融发展程度。选择该指标的依据在于，金融机构的资产负债比以及金融机构对私人部门的信贷规模越大，一国金融发展的水平越高。其中，三个相关的变量分别为：股票市场市值（Stock Market Capitalization）、私人债券市场市值（Private Bond Market Capitalization），以及银行向私人部门的信贷总额（Private Credit by Deposit Money Banks）。参考 Demirguc-Kunt 等（2011）的做法，一国金融市场规模（股票市场与债券市场）除以银行部门的规模计算得到金融结构指标：

$$FinStr = \frac{Stock + Bond}{Bank}$$

式中，FinStr 值越大，说明金融结构越偏向市场部门。本章使用的金融数据来自世界银行经济学家 Thorsten Beck 等在 2000 年发布的"金融发展与金融结构数据库"（Financial Development and Structure Dataset），该数据库最新版本提供了 100 多个国家 1960~2010 年银行部门、金融市场（包括股票与债券市场）、货币政策、金融管制等多方面的跨国数据。鉴于选取的指标及数据的可得性，本文采用的样本未覆盖 1960~1995 年。

（三）其他控制变量

为了准确测度金融结构对价值链分工地位的影响，本书控制了研发创新、对外开放程度、人力资本禀赋、经济增长水平等影响价值链分工地位提升的相关控制变量。其中，研发支出占 GDP 的比重代表研发创新能力（Intion），人口（POP）反映国家规模，教育公共支出总额占 GDP 的比重反映人力资本（HUM），人均 GDP（ln GDP）衡量一国经济增长水平，商品与服务出口贸易占 GDP 比重反映对外开放程度（Opness）。这些数据均来自世界银行的世界发展数据库（WDI Dataset）。另外，采用信息流动指数衡量基础设施水平（Infra），该指数综合了每千人拥有的互联网、电视和报纸交易占 GDP 的比重所得，数据来源于 KOF 的全球化指数数据库（Index of Globalization Dataset）。对存在的少数缺失变量，本章采用插值法进行估计。

遗漏变量对于模型估计会导致内生性问题。为了解决内生性问题，本章使用动态面板模型的两阶段系统广义矩阵（SYS-GMM）方法对实证模型加以估计。考虑到各指标的数据可信度与可获得性，本章将构建 34 个国家[①]1996~2010 年的面板数据。变量定义和计算方法具体如表 4.1 所示，表 4.2 为变量的描述性统计结果。

---

① 澳大利亚（AUS）、奥地利（AUT）、泰国（THA）、巴西（BRA）、加拿大（CAN）、中国（CHN）、捷克（CZE）、德国（DEU）、丹麦（DNK）、西班牙（ESP）、哥伦比亚（O）、芬兰（FIN）、法国（FRA）、英国（GBR）、希腊（GRC）、印度尼西亚（IDN）、印度（IND）、爱尔兰（IRL）、意大利（ITA）、日本（JPN）、韩国（KOR）、冰岛（ISL）、墨西哥（MEX）、荷兰（NLD）、菲律宾（PHL）、波兰（POL）、葡萄牙（PRT）、马来西亚（MAS）、挪威（NOR）、新加坡（SG）、斯洛文尼亚（SVN）、瑞典（SWE）、秘鲁（PER）、美国（USA）。

表 4.1 数据变量定义和计算方法

变量性质	变量名称	变量含义	具体计算方法
被解释变量	全球价值链分工地位指数	一国总体出口技术含量指数（ES）	根据贸易品技术含量公式可得
解释变量	金融结构	金融结构指标（FinStr）	一国银行部门的规模/金融市场规模（股票市场与债券市场）规模比重
调节变量	金融市场效率	市场效率（Finef）	股票市场换手率（%）
	金融市场稳定性	市场稳定性（Finsta）	股票市场价格波动率（%）
控制变量	开放程度	开放度（Open）	地区进出口总额/地区生产总值
	经济增长水平	人均GDP（ln GDP）	人均GDP取对数
	基础设施水平	信息流动指数（Infra）	KOF的全球化指数（Index of Globalization）数据库
	信贷规模	信贷市场规模（Credit）	银行信贷余额/GDP

表 4.2 描述性统计结果

变量	均值	标准差	最小值	最大值
GVC_Posi	15.256	5.059	22.561	7.913
$FinStr$	1.336	0.933	5.331	0.147
$Finef$	79.283	61.034	435.561	2.0745
$Finsta$	22.993	9.093	6.869	61.390
$Credit$	83.491	49.459	272.809	12.759
$Open$	41.252	34.471	230.269	6.706
$lnGDP$	9.656	1.068	11.481	6.311
$Infra$	76.789	14.840	96.290	27.700

第四节 回归结果及解释

一、金融结构与全球价值链分工地位

首先，本章利用式（4-1）检验金融结构与全球价值链分工地位间的关系。由表 4.3 的回归结果可以看出，金融结构的系数为 0.247，并在 1% 水平下显著。说明金融结构的市场导向越强，价值链分工地位提升速度越快。市场导向的金融结构每提高一个百分点，全球价值链位置提升 0.247 个百分点。金融结构的市场化导向与价值链分工的地位的提升呈现正相关。由于 AR（1）和 AR（2）分别为一阶和二阶序列相关性检验。AR（1）的统计量是显著的，表明一阶差分序列相关，模型存在内生性问题；而 AR（2）统计量不显著，说明二阶差分序列无关。因此，本书使用两阶段系统广义矩阵（2sls-GMM）估计方法可有效克服内生性问题。Sargan Test 作为变量有效性检验，该检验不显著，表明估计中的工具变量不存在过度识别问题，因此不能拒绝"所有工具变量均有效"的原假设，因为 P > 0.05。以中国为例进行粗略估算，2010 年的金融机构水平为 0.8753，在其他条件不变的条件下，要达到美国 2010 年的金融机构水平 3.7808，则价值链分工地位指数可以提高约 11%。

总结来说，式（4-3）在加入银行信贷指标后，信贷规模占 GDP 比例提高，会阻碍金融市场导向对价值链分工地位的提升速度。这与许璐（2017）的研究结果基本一致。

表 4.3　金融结构与价值链分工地位的实证结果

变量	（1）	（2）	（3）	（4）
$L.lngvcposi$	0.266*** （0.00148）	0.253*** （0.00556）	0.262*** （0.00443）	0.252*** （0.00220）
$L2.lngvcposi$	0.726*** （0.00136）	0.760*** （0.00587）	0.749*** （0.00475）	0.743*** （0.00182）
$Finstr$	0.247*** （0.00738）	0.339*** （0.0350）	0.248*** （0.0149）	0.288*** （0.0144）
$Finstr^2$		−0.170*** （0.0240）		−0.190*** （0.0155）

续表

变量	（1）	（2）	（3）	（4）
$Credit$			−0.0979*** （0.0458）	−0.0974*** （0.0234）
$Open$			0.444*** （0.0416）	0.268*** （0.0915）
$\ln GDP$			−0.320*** （0.0480）	−0.330*** （0.0507）
$Infra$			1.517*** （0.143）	1.701*** （0.213）
常数项	0.103*** （0.0216）	0.138*** （0.0165）	−4.763*** （0.424）	−3.411*** （0.806）
时间固定效应	已控制	已控制	已控制	已控制
国家固定效应	已控制	已控制	已控制	已控制
样本观测值	442	442	442	442
国家数	34	34	34	34
工具变量数	105	106	104	110
AR（1）（P值）	0.0000	0.0000	0.0000	0.0000
AR（2）（P值）	0.2063	0.3253	0.2782	0.3702
Sargan test（P值）	1.0000	1.0000	1.0000	1.0000

注：括号里的数字为标准误；*** 表示 $p<0.01$，** 表示 $p<0.05$，* 表示 $p<0.1$。

在模型（4-3）中加入金融结构二次项之后，以检验金融结构与价值链分工地位的线性关系。根据表4.4计量结果可知，价值链分工地位与金融机构之间存在倒"U"型关系。与许璐（2017）的研究结果一致，这个倒"U"型的拐点出现在0.997，当金融结构指数大于0.997时，价值链分工地位反而下降。

就实际经济活动来看，金融市场规模相对于银行规模非常大，金融市场过度膨胀发展，会使得大量社会游资、投机性资本流向金融市场，增加金融市场的系统性风险，从而使金融市场价格扭曲，股票价格虚高，金融体系脆弱性与风险性增加，引发金融泡沫与经济泡沫，美国的次贷危机即为典型案例。

表4.4 不同金融效率水平与金融稳定性水平下的金融结构与价值链分工

变量	（5）	（6）	（7）	（8）
L.lngvcposi	0.267*** （0.00148）	0.261*** （0.00599）	0.217*** （0.00344）	0.213*** （0.00449）
L2.lngvcposi	0.725*** （0.00135）	0.751*** （0.00694）	0.793*** （0.00432）	0.797*** （0.00516）
Finstr	0.238*** （0.0104）	0.254*** （0.0253）	0.101*** （0.0103）	0.0609*** （0.0128）
$Finstr \times Finef_{it}$		0.0478*** （0.0131）		
$Finef_{it}$	0.0368*** （0.00709）	0.161*** （0.0188）		
Finsta			−0.329*** （0.00629）	−0.370*** （0.0123）
$Finstr \times Finsta_{it}$				−0.0797*** （0.00766）
Open		0.474*** （0.0419）	0.420*** （0.0495）	0.363*** （0.0608）
lnGDP		−0.425*** （0.0630）	−0.241*** （0.0187）	−0.194*** （0.0266）
Infra		1.840*** （0.168）	0.644*** （0.0945）	0.526*** （0.127）
常数项	−0.0330*** （0.0319）	−5.694*** （0.522）	−1.054*** （0.242）	−0.640*** （0.475）
时间固定效应	已控制	已控制	已控制	已控制
国家固定效应	已控制	已控制	已控制	已控制
样本观测值	442	442	442	442
国家数	34	34	34	34
工具变量数	106	111	104	110

续表

变量	（5）	（6）	（7）	（8）
AR（1）（P值）	0.0000	0.0000	0.0000	0.0000
AR（2）（P值）	0.2185	0.4351	0.4318	0.3916
Sargan test（P值）	1.0000	1.0000	1.0000	1.0000

注：括号内数字表示t统计量；*** 表示p<0.01，** 表示p<0.05，* 表示p<0.1。

二、不同金融效率水平下的金融结构与全球价值链分工地位

在前文基础上，本书还将金融市场效率作为交叉调节项，研究金融市场效率对于价值链分工地位、金融结构间关系的影响。回归结果式（4-4）、式（4-5）、式（4-6）表明，一国的金融效率越高，金融市场导向对价值链分工地位提升速度越快。

原因在于，股票流动性越强，越能够促使投资者的投资方式发生转变，从银行储蓄转向股票投资，金融资产的变现能力更强，股票的流动性风险更低。在股票市场的直接融资能力较强的情况下，金融结构市场化导向的增强，有利于一国向全球价值链分工地位较高端攀升。在回归结果式（4-6）中，金融结构的系数在1%显著水平下显著为正，金融结构市场化导向对价值链分工地位具有正向促进作用，这与回归结果式（4-1）结论相一致，金融市场效率变量的加入，未改变原有模型及回归结果分析的基本结论。

本书以模型（4-4）为回归方程，将金融市场效率作为调节变量，分析金融市场效率对"金融结构—价值链分工地位"关系的影响，其中，回归结果式（4-6）加入了金融市场效率与金融结构的交叉项，金融市场效率是用股票换手率来度量的，股票换手率越高，股票市场效率越高，流动性越强。回归结果式（4-5）与回归结果式（4-6）相比，反映了没有交叉项的情况，金融结构系数仍在1%显著性水平下显著。

由回归结果可知，金融结构与金融市场效率的交叉系数为0.0478，且在1%显著性水平下显著。这表明，在其他因素不变时，金融市场效率每提高1个百分点，相应的金融结构市场导向提高1个百分点，而价值链分工指数将多提高0.0478个百分点。该结论即验证了本书在理论机制中提出的假说。在金融市场效率较高的国家，金融市场导向对于价值链分工地位提升的作用更显著。

许璐（2017）认为，增强股票流动性，有利于我国向价值链高端攀升。回归结果式（4-6）与回归结果式（4-1）基本一致，加入金融市场效率交叉项，金融结构的市场化导向仍对全球价值链分工地位具有正向促进作用。

三、不同金融市场稳定性水平下的金融结构与价值链分工地位

与前文计量方法相同，本书将金融市场稳定性用作交叉项加入模型（4-2），研究金融稳定性在金融结构市场导向下，对价值链分工地位的影响。而回归结果表明，价值链分工地位提高一个百分点，股票价格波动率下降约 0.3 个百分点。回归结果表明，股票市场价格波动率与价值链分工地位呈现负相关关系。

回归结果主要考察金融结构与金融稳定性的交叉项，回归结果表明，交叉项的系数是 -0.0797，在 1% 显著水平下显著。金融市场越稳定，金融结构的市场化导向越有利于价值链分工地位的提升。许璐（2017）认为，股票市场价格波动性过高，会引起股票交易市场的混乱与投资者的恐慌，增强了二级市场交易风险，从而阻碍一级市场的融资，不利于价值链上机构投资者，包括企业及相关有融资需求的实体经济体（融资依赖度较高的产业、进出口企业）获得融资。有碍于一国全球价值链地位的提升，会增加该国或地区金融危机与经济危机的可能性。因此，稳定金融市场，减少实体经济波动，对于一国金融结构市场化改革、提升价值链地位具有非常重要的意义。

四、稳健性检验结果

本书主要采用以下方法对上述结论进行稳健性检验：

第一，解释变量全样本回归法。发现回归结果依然符合前述基本结论。

第二，只考虑股票市场与银行信贷，作为金融结构代理变量替换。发现即便不考虑债券（Bond）市场，回归结论依然显著。金融结构市场化导向依然会促进价值链分工地位的提升。

第三，本书在回归样本的选择上，主要是 34 个国家，包括 OECD 与非 OECD 国家。在分子样本回归基础上，回归结果显示，24 个 OECD 国家相对于非 OECD 国家而言，金融结构的回归系数更大。说明 OECD 国家对于价值链分工地位促进作用要优于非 OECD 国家。此种稳健性检验结果基本与许璐（2017）的研究一致。

鉴于数据的可得性，本书所采用的样本主要为 1996~2010 年的跨国数据，未考虑 1996 年前金融结构对价值链分工地位的影响，以及非正规金融、影子银行对价值链地位攀升的影响。从而一定程度上限制了本书的结论。

五、中国案例

本书对中国的金融结构与价值链分工地位的关系进行着重考察，由于本书是基于跨国数据的计量分析，通过对中国金融结构与价值链分工地位的回归分

析，一方面，若回归结果满足本书基本结论，即可佐证本书的基本分析；另一方面，还可分析中国最优金融结构与本书所测算平均最优金融结构水平的差异。通过对回归模型进行变化，引入了变量中国（虚拟变量 China），如式（4-6）所示：

$$\ln GVC\_Posi_{it} = \alpha_0 + \alpha_1 \ln GVC\_Posi_{it-1} + (\alpha_2 + \alpha_5 \times China_t)FinStr_{it} +$$
$$(\alpha_3 + \alpha_6 \times China_t)FinStr_{it}^2 + \alpha_4 X_{it} + R_i + T_t + \varepsilon_{it}$$

（4-6）

根据式（4-6）可求得，中国的最优金融结构为 0.8102，低于前文计算的世界范围平均水平 0.997，并且中国的金融结构在 1996~2010 年的数据均值为 0.5635，远低于世界平均水平 1.336，说明中国金融结构的市场化导向不足。目前尚不能确定，中国在攀升全球价值链过程中，金融结构是否须达到世界最优金融结构水平，由于不同金融制度安排提供的金融服务需与不同时期产业发展的需求相匹配，最优金融结构在一定程度上是动态演化的（张成思和刘贯春，2015）。但根据现阶段中国金融体系显现的问题，中国在价值链分工中所处地位，金融结构市场化应为改革方向。

第五节　本章小结

本书通过对全球价值链分工地位与金融结构市场化导向二者逻辑关系的探讨，发现在不同的金融发展水平下，金融市场效率不同、金融市场稳定性不同，金融市场化导向对于价值链分工地位的作用效果不同。而饶有意义的研究结论在于，金融机构市场化导向与价值链分工地位之间存在倒"U"型关系，这与许璐（2017）的研究结论一致。并且，就我国金融发展水平来看，与世界最优金融结构仍有差距。

以上结论说明，在世界范围内，绝大多数国家金融市场化改革，有助于其价值链分工地位的进一步攀升。通过进一步分析发现，金融市场效率越高，金融市场稳定性越强，金融结构市场化对价值链分工地位促进作用越大。这一研究结论对中国等金融发展水平相对落后的国家来说具有重要的启示意义与政策导向价值。值得关注的是，中国作为世界金融结构市场导向较低的国家之一，长期以来是银行主导型金融体系。伴随着传统产品与技术不断转向创新型技术研发与产品创新，传统的银行导向型金融体系已无法满足企业研发、品牌创新向价值链高端环节攀升的融资需求，以风险投资、私募基金、天使投资等为代表的直接融资方式正在逐渐兴起与发展。由此可见，深化金融改革，推进金融机构市场化方向，是中国金融改革顶层设计的重要内容。根据研究，可以得到如下判断：

第一，逐步放松不合理的金融管制，对于完善金融市场体系，我国攀升全球价值链具有重要的现实意义。当前以债券市场为代表的直接融资发展相对滞后，还有很大的释放空间。发挥直接融资对产业及企业重点领域的金融支持，有助于"大众创业、万众创新"。通过建立多层次融资体系，缓解中小企业融资约束困境，有利于企业打破攀升价值链的融资桎梏，获得更有效率的金融资源。同时，中国金融发展水平还存在明显区域不平衡特征，应有针对性地协调区域金融发展战略，就金融深化和创新发展，进一步完善宏观调控的模式，更充分发挥市场在资源配置中的决定性作用，着力解决区域性金融运行中的突出问题。例如：建立区域性中小银行与中小金融机构，进一步健全非正规金融机构的进入准则；中国的东中西部地区采取不同的利率信贷优惠政策等。

第二，稳定金融市场，防范金融风险，对于建立合规的金融市场体系来讲至关重要。中国目前的金融中介发展不完全，金融结构存在一定程度的扭曲，风险投资与创业投资中介发展相对缓慢。在金融体系对外开放的过程中，必须拥有合理的金融监管体系，建立稳定的金融市场，对于金融交易活动是良好的制度保障。同时，还要警惕金融市场化过程中潜在的金融风险。事实上，无论从发达国家金融发展的演变过程，还是从价值链地位提升与金融支持互动关系来看，过分追求金融市场规模与金融创新产品，忽视市场风险与银行动员储蓄的功能，会增加系统性金融风险爆发的可能性，最优的金融结构应与实体经济相匹配。

第五章

创新研发在金融依赖影响价值链分工深化的中介机制

全球价值链构建了国际分工与贸易的新体系，各国参与价值链分工的部分任务，或从国外进口中间投入品。金融危机发生后，以中国为代表的新兴经济体在全球价值链上地位不断升级并巩固，谈判能力逐步增强，对以发达国家跨国公司为主导的全球价值链造成冲击（Gereffi，2014）。从经济学直觉上讲，价值链分工地位的攀升与金融市场的发展密不可分，然而研究全球价值链发展的文献主要围绕制度质量改进、要素升级等因素展开，鲜有从金融发展的视角对此进行解释。首次将价值链理论与金融发展理论相结合的开创性成果来自Manova（2015）的研究。他指出，全球价值链上融资约束较大的企业，只能位于价值链上的低端环节，而处于价值链高端环节的跨国公司，能利用全球范围内各国税收政策差异、跨国间资金流动管制等条件实现套利（税收套利、金融市场套利、政府管制套利）。同时，Maonova（2012）使用中国加工贸易数据的经验研究提供了融资约束决定出口公司在GVC中所处位置的经验事实。

从中国的现实情况看，中国的金融改革起步较晚，金融市场体系发展滞后，金融市场存在一定程度的扭曲。尽管现行金融体制经过多轮以市场化导向的改革，但金融体制仍具有被"压制"的特性，尤其是以债券市场为代表的直接融资方式处于被压制状态（张杰等，2016）。对于那些需要外部融资来完成创新研发投入的国家，现阶段如何有效利用全球价值链中创新资源，在价值链上提升分工地位"占据高端"？金融市场的发展水平如何通过影响一国研发投入强度，从而对一国在全球价值链上所处地位提升造成影响？这些问题正是本章试图研究的核心问题。

从各国发展的实践来看，Acemoglu等（2006）指出，随着技术不断向前沿技术接近，创新型增长（Investment-based Strategy）与研发投入越来越重要。Aghion（2005）研究发现，当金融发展水平高于某一临界值时，国家创新成功的概率更高，而低于临界值的国家创新的概率较低，并且作者从跨国实证角度验证该理论。Macchiavello（2012）利用 87 个国家数据研究发现，金融发展可以通过缓解融资约束，从而影响企业垂直一体化的分工决策，还可以促使企业进入市场，增强产业竞争力。另外，由于中国等新兴经济体加入发达国家主导的全球价值链，有力地促进了发达国家的技术进步，使得科技密集型的产业（计算机与通信技术产业）得到了更快的发展（Baily and Bosworth, 2014）。利用中国数据的代表性实证研究，Manova 和 Yu（2012）认为，企业是否全球化，标志因素在于其是否具有较好的融资能力。中国企业会选择进料加工贸易（PI）与来料加工装配贸易（PA）而非普通贸易（OT），是因为缺乏融资渠道，面临融资约束。Manova 等（2014）认为，在华的跨国子公司，更容易受到金融体制的影响。吕越、罗伟和刘斌（2015）发现，融资约束通过影响企业固定成本的方式，影响在全球价值链的参与度，对连续出口型企业来说，已经在 GVC 中的企业，融资约束对企业的嵌入全球价值链没有明显影响。但对首次出口企业来说，若该企业面临较强的融资约束条件，会阻碍企业在全球价值链的参与程度。许璐和郑江淮（2016）认为，各国金融发展程度差异，一定程度上会影响各国企业在全球价值链上分布的状况。厘清这些问题不仅有助于对中国当前金融体制深化改革，还可以丰富现有的价值链理论研究。因此，本书基于理论模型的基本结论，利用跨国数据在实证部分考察金融发展水平对一国研发投入，继而分析对价值链分工地位的影响。综观现有国内外文献，尽管有研究将企业研发面临的融资约束困境相结合作了大量讨论，但把金融发展、研发强度与价值链理论三者联系在一起的研究非常少，尤其是没有充分考虑金融发展通过缓解研发投资的融资约束问题，从而影响价值链分工地位。

因此，本书拟在提出模型基本理论假说后，使用跨国数据对该理论假说进行验证。首先验证金融发展水平对一国研发强度的影响，其次对价值链分工地位的影响。综观现有国内外文献，尽管有研究将企业研发面临的融资约束困境相结合作了大量讨论，但把金融发展、研发强度与价值链理论三者联系在一起的研究较少，更缺乏以研发强度为中介机制，研究金融发展对价值链分工地位的影响。相对于已有文献，本书可能的创新之处在于：①构建了金融发展、研发强度影响价值链分工地位的理论模型，揭示了金融部门内部，直接与间接融资部门研发强度的差异，对价值链提升的影响，这是对已有文献的一大补充。②从金融发展视角，解释了价值链分工地位变化的一大原因，为丰富价值链现有研究与未来的金融改革实践提供了有价值的依据。③揭示了金融市场化水平较高情况下，研发强度越高，价值链地位提升速度越快的特征，意味着缓解研发投资的融资约束问题，未来攀升价值链分工地位的关键在于发展直接融资，加快金融市场化改革。

第一节 金融依赖、研发创新影响价值链分工的机制

金融结构理论之父戈德史密斯（1994）认为，金融结构是集金融工具、金融机构于一体的概念集合。因此，金融结构是分析一国（地区）金融发展水平差异的金钥匙。直接融资与间接融资谁才能够满足全球价值链上企业、产业升级，提供有效的金融支持？全球价值链上的企业，是选择间接融资方式（银行贷款），还是选择直接融资方式（资本市场，PE/VC），以及直接融资与间接融资方式如何影响价值链上的企业创新行为。

随着全球生产过程的分散化与碎片化，分工不断细化，生产结构日趋复杂，生产链条在国内外延伸。跨国公司主导的全球价值链分工体系下，不同要素密集度特征的不同生产环节与阶段被配置到不同国家，除取决于一国的要素禀赋结构外，还会受到该国金融发展水平的影响。而本书认为，金融发展水平之所以对价值链分工与生产环节位置有重要影响，主要的作用机制在于成本机制。

根据经典分工的理论可知，专业化与分工的好处主要来自提高生产效率，节约成本。然而分工细化又可能带来交易费用的上升（戴翔，2015），因此分工的演进应该是分工的好处大于由此引发的交易费用，即分工带来的效率提升或者成本节约要大于由此增加的交易费用。从国际经济理论考虑，国际间分工与贸易的优点在于，因各国要素禀赋差异等多种原因，交易费用降低。而交易费用从市场完善角度讲，包括金融市场的发展水平、金融体制的完善程度。倪红福（2016）研究发现，金融发展水平对于生产分割长度的影响具有明显差异，若一国的资本市场相对发达，国内企业更倾向于拆分业务上市，导致国内生产分割长度变长；而该国企业越依赖银行信贷资金，则该国整体的生产分割长度会变短。通常来说，生产分割长度越长，产业链条越长，生产结构复杂程度越高则价值链分工地位越高。

另外，伴随着价值链的延长与分工细化，价值链高端的专业化知识越发重要。从要素密集度看，产品价值链的高端环节，即微笑曲线的两端，所涉及的研发技术环节具有技术、知识与信息等高级要素密集的特征。价值链高端环节由于高级要素对金融市场的完备程度、直接融资的可获得性具有更高的要求，尤其是处于价值链研发上游的企业，科技创新较高，仅依靠自有资本难以满足

高风险的融资需求，因此更需要金融市场上直接融资的支持。那么金融发展水平影响价值链分工的微观机制在于完备的金融市场，直接融资较发达的金融体制会成为跨国公司组织全球价值链考虑的关键因素。

从微观角度考察跨国公司组织全球价值链的影响效应与机制看，近年来较前沿的国际经济学研究主要集中于融资约束、金融摩擦对出口活动的影响效应。价值链上的企业在出口前或出口中均需要大量垫付前期沉淀成本与固定成本，企业需要大量的外部融资以支持成本投资的支出。其作用机制在于，企业面临出口融资约束时，可能减少高风险投资，减少企业研发，从而导致出口产品质量的降低。Ciani 和 Bartoli（2013）、Crino 和 Ogliari（2014）均通过理论模型与跨国数据发现，融资约束对出口产品质量有负向影响。而出口产品质量反映为产品内的出口技术复杂度。根据刘维林等（2014）的研究结论，全球价值链嵌入水平高，对于出口技术复杂度提升有直接的促进效应。由此可知，发展中国家的企业获得技术溢出的方式依赖于发展中国家在全球价值链中的地位，融资约束通过影响全球价值链上发展中国家的研发强度，构成了发展中国家学习先进技术、攀升价值链的一大机制。因此，针对出口产品质量、出口技术复杂度、价值链分工地位提升的政策措施，不仅局限于对企业自身的创新激励政策等优惠政策，还要从推进金融体制深层次改革的视角，提升企业出口产品技术复杂度、在价值链上分工地位的内生制度环境。

全球贸易中超过一半属于中间品贸易，以垂直一体化为代表的生产模式，是典型的全球价值链治理方式。吕朝凤（2016）从不完全契约角度考察了金融发展与垂直一体化间的关系。金融市场化程度越高，越将促使企业选择垂直一体化生产模式，则会降低最终产品生产企业支付给金融市场的交易成本。

综上可知，全球价值链产品价值链分工的跨国配置，源于分工经济与交易费用的折中结果。发达的金融市场能够降低分工贸易中的金融交易成本，拓宽研发资本投入的直接融资渠道，金融市场的有效性、研发融资成本的大小，决定了企业攀升价值链高端技术进步方式的选择。这就是金融发展、研发强度影响价值链分工的微观机制。

第二节　融资结构、创新研发与价值链分工的理论模型

本章根据 Hausman、Hwang 和 Rodrik（2007）出口商品的技术复杂度

(Export Sophistication Index)反映所处价值链的地位,出口技术复杂度可用于衡量一国或地区出口商品的技术含量。一国的产品出口复杂度越高,则产品的技术含量越高,出口产品的质量越高。本章将金融结构的市场机制这样界定,根据消费者效用最大化目标提出对出口产品的需求,利用不同出口复杂度的产品作为生产投入的中间投入品。中间投入品依据出口产品复杂度不同,代表了一国相应价值链分工地位。同时,为了考察金融部门内不同融资方式,以资本市场为代表的直接融资与以银行部门为代表的间接融资对一国产品技术含量的影响,考虑不同融资方式研发强度的区别,直接融资部门抑或间接融资的研发强度越高,出口复杂度越大,价值链地位提升速度越快。

假设有 j 个国家,每个国家有一个代表性的出口企业。存在 k 种产品,$k \in [0,1]$,且在单位区间内连续变化。每一产品 k 有无数种垂直差异的品种或质量类型。$q_m(j)$ 表示第 j 个国家的第 m 代产品质量,且 $q_m(j) = \lambda q_{m-1}(j)$,其中 $\lambda > 1$,表示每一代产品的质量都提高了 λ 倍。

一、消费部门

依据 Grossman 和 Helpman(1991)的研究范式,设偏好符合跨期替代弹性为 1 的 CES 形式,则终身效用的贴现值为:

$$U_t = \int_t^\infty e^{-\rho(\tau-t)} \log D(\tau) d\tau \tag{5-1}$$

家庭部门的瞬时效用为:

$$\log D(t) = \int_0^1 \log\left[\sum_m q_m(j) x_{mt}(j)\right] dj \tag{5-2}$$

式中,$x_{mt}(j)$ 表示在时点 t 对 j 中质量为 m 的产品的消费数量。令 $q_0(j) = 1$,则 $q_m(j) = \lambda^m$。

在每个行业中消费者购买单位质量价格最低的品牌 $\widetilde{m}_t(j)$,从而实现效用最大化。静态需求方程为:

$$x_{mt}(j) = \begin{cases} \dfrac{E(t)}{p_{mt}(j)} & m = \widetilde{m}_t(j) \\ 0, & \text{其他条件下} \end{cases} \tag{5-3}$$

最优支出满足:

$$\frac{\dot{E}}{E} = r - \rho \tag{5-4}$$

将支出标准化为 $E(t) = 1$,其中 t 为任意值。

则由式（5-4）得：

$$r(t)=\rho \tag{5-5}$$

其中，r 为无风险债券利率，ρ 为贴现率。

二、研发部门

假定研发成功后，企业作为行业内领先企业，其股票市场价值为 v，研发部门的研发强度为 τ，且 $\tau \geq 0$，研发成功概率为 τ，即研发部门进行研发的期望收益为 $v\tau$。

研发成本为 $\lambda w + a\tau$，其中，w 表示劳动力工资，a 表示企业的研发效率的倒数，产品质量提升越大，即 λ 越大，研发所需投入的生产要素越多，即研发成本越大。

三、金融部门

假定研发部门的自有资金只能支付研发成本的 $(1-\theta)$ 部分，其余的 θ 部分需要通过外部融资获得，$\theta \in [0,1]$。

假设存在两种金融部门——银行部门和非银行部门。银行部门可以向研发部门提供间接融资，利率为 $r+\gamma$，其中 r 为无风险利率，借鉴 King 和 levine（1993）、易信和刘凤良（2015），γ 代表银行等金融机构用于事前评估筛选项目及事后监督所付出的成本，则通过间接融资方式总的研发成本为：

$$(1-\theta)\lambda wa\tau + \frac{\theta\lambda wa\tau + \theta\lambda wa(r+\gamma)\tau}{1+r} = \lambda wa\tau + \frac{\theta\lambda wa\gamma\tau}{1+r} = (1+\mu)\lambda wa\tau$$

其中，$\mu = \frac{\theta\gamma}{1+r}$，预期的研发收益为 $v\iota$。

而非银行部门提供直接融资，如果研发部门研发成功，可以从企业收益中得到分成 θ 部分，而研发失败则要承担相应损失。因此，通过直接融资方式，研发部门总的研发成本为 $(1-\theta)\lambda wa\tau$，预期的研发收益为 $(1-\theta)v\tau$。

四、生产部门

研发成功后企业成为行业内的"领先者"，选择成本加成定价 $p=\lambda w$，则每个单位时间的销售量为 $x = \frac{E}{p} = \frac{1}{\lambda w}$，那么生产部门的利润为：

$$\pi = (p-c)x = (\lambda w - w)\frac{1}{\lambda w} = 1 - \frac{1}{\lambda} > 0 \tag{5-6}$$

第三节 模型均衡分析

一、一般均衡

(一) 自由进入退出状况下研发部门零利润

假设企业是同质的,研发是否成功仅仅取决于研发强度 ι,均衡条件下,研发部门满足零利润条件,即研发成本与研发的预期收益相等。

当企业选择间接融资时,可得如下:

$$(1+\mu)\lambda wa\tau = v\tau$$
$$(1+\mu)\lambda wa = v \tag{5-7}$$

当企业选择直接融资时,有

$$(1-\theta)\lambda wa\tau = (1-\theta)v\tau$$
$$\lambda wa = v \tag{5-8}$$

(二) 有效市场下无套利条件

领先企业的股票所有权的红利为 π,若其他企业的研究活动都以失败告终,企业所有者还能得到 $\dot{v}$ 的资本收益。假定所有企业的研发强度都为 ι,则领先企业被超越的概率即为 τ,此时领先企业的资本损失为 v。因此企业所有者保留股权份额的预期收益为 ($\pi+\dot{v}-\tau v$)。

企业所有者也可以选择放弃股权份额,投资无风险债券,假设无风险债券利率为 r,投资收益为 rv。

在有效市场假说下,不存在资本市场套利机会,即股票的预期收益必须等于同等规模无风险债券投资的收益,即有

$$\pi + \dot{v} - \tau v = rv$$

将式 (5-5) 与式 (5-6) 代入 $\pi+\dot{v}-\tau v=rv$,并且等式两边同时除以 v,得:

$$\frac{1-\delta}{v} + \frac{\dot{v}}{v} - \tau = \rho$$
$$\frac{\dot{v}}{v} = \tau + \rho - \frac{1-\delta}{v} \tag{5-9}$$

均衡条件下,$\dot{v}=0$,即有

$$\tau + \rho - \frac{1-\delta}{v} = 0$$
$$\tau = \frac{1-\delta}{v} - \rho \tag{5-10}$$

（三）劳动力市场出清

劳动力就业部门主要是研发部门和生产部门。假定研发部门研究效率为 a，研发强度为 τ，则用于研发活动的就业量为 $\lambda a \tau$。

对于生产部门，单位时间内产量为 $\frac{1}{\lambda w} = \frac{\delta}{w}$，假定一个单位产出需要一个单位的劳动力，则生产部门对劳动力的总需求为 $\frac{\delta}{w}$。

在劳动力市场出清情况下，劳动力需求等于劳动力供给，即劳动力市场出清条件为：

$$\lambda a \tau + \frac{\delta}{w} = L$$

$$\tau = \frac{L}{\lambda a} - \frac{\delta}{\lambda w a} \tag{5-11}$$

将式（5-7）代入，得到企业选择间接融资时，研发强度为：

$$\tau_1 = \frac{L}{\lambda a} - \frac{(1+\mu)\delta}{v} \tag{5-12}$$

代入式（5-10）得：

$$\frac{L}{\lambda a} - \frac{(1+\mu)\delta}{v} = \frac{1-\delta}{v} - \rho$$

$$\frac{L}{\lambda a} + \rho = \frac{1+\mu\delta}{v} \tag{5-13}$$

$$\frac{1}{v} = \frac{1}{1+\mu\delta}\left(\frac{L}{\lambda a} + \rho\right)$$

代入式（5-12）得：

$$\tau_1 = \frac{L}{\lambda a} - (1+\mu)\delta \times \frac{1}{1+\mu\delta}\left(\frac{L}{\lambda a} + \rho\right) = \frac{1}{1+\mu\delta}\left[\frac{(1-\delta)L}{\lambda a} - (1+\mu)\delta\rho\right]$$

$$\tag{5-14}$$

将式（5-8）代入式（5-11）得到企业选择直接融资时的研发强度为：

$$\tau_2 = \frac{L}{\lambda a} - \frac{\delta}{v} \tag{5-15}$$

代入式（5-10）得：

$$\frac{L}{\lambda a} - \frac{\delta}{v} = \frac{1-\delta}{v} - \rho$$

$$\frac{L}{\lambda a} + \rho = \frac{1}{v} \tag{5-16}$$

代入式（5-15）得：

$$\tau_2 = \frac{L}{\lambda a} - \delta\left(\frac{L}{\lambda a} + \rho\right) = \frac{(1-\delta)L}{\lambda a} - \delta\rho \tag{5-17}$$

则有 $\tau_1 < \tau_2$，即企业在间接融资从事研发活动强度要低于在接受直接融资的研发强度。单位时间研发强度增加，与其相应的单位时间内研发成功概率提升，在多期研发过程中，产品技术含量提升的次数会相应增加，创新强度越大，在质量阶梯上爬升的速度越快，价值链分工地位就会上升。

二、同时使用两种融资方式的情形

研发部门可能同时使用间接融资和直接融资两种方式，假定研发资金中，θ 部分来自间接融资，β 部分来自直接融资 $\theta > 0$，$\beta > 0$，$(\theta+\beta) \in (0, 1]$。且研发部门提供的自有资金为 $1-\theta-\beta$。

则研发部门总的研发成本为：

$$(1-\theta-\beta)\lambda wa\tau + \frac{\theta\lambda wa\tau + \theta\lambda wa(r+\gamma)\tau}{1+r} = (1-\beta)\lambda wa\tau + \frac{\theta\lambda wa\gamma\tau}{1+r}$$

$$= \left(1-\beta + \frac{\theta\gamma}{1+r}\right)\lambda wa\tau$$

$$= (1-\beta+\mu)\lambda wa\tau$$

$$\tag{5-18}$$

预期收益为 $(1-\beta)v\tau$。

由研发部门的零利润条件得：

$$\begin{aligned}(1-\beta+\mu)\lambda wa\tau &= (1-\beta)v\tau \\ (1-\beta+\mu)\lambda wa &= (1-\beta)v\end{aligned} \tag{5-19}$$

代入式（5-11）得：

$$\tau = \frac{L}{\lambda a} - \frac{(1-\beta+\mu)\delta}{(1-\beta)v} \tag{5-20}$$

与式（5-10）联立得：

$$\frac{L}{\lambda a} - \frac{(1-\beta+\mu)\delta}{(1-\beta)v} = \frac{1-\delta}{v} - \rho$$

$$\frac{1}{(1-\beta)v} = \frac{1}{1-\beta+\mu\delta}\left(\frac{L}{\lambda a}+\rho\right) \tag{5-21}$$

代入式（5-20）得：

$$\tau = \frac{L}{\lambda a} - \frac{(1-\beta+\mu)\delta}{1-\beta+\mu\delta}\left(\frac{L}{\lambda a}+\rho\right)$$
$$= \frac{1}{1-\beta+\mu\delta}\left[(1-\beta)(1-\delta)\frac{L}{\lambda a}-(1-\beta+\mu)\delta\rho\right] \quad (5-22)$$

可以得到 $\tau_1 < \tau < \tau_2$，即同时存在两种外部融资方式情况下的研发强度介于仅存在间接融资和直接融资情况下的研发强度，并且 $\frac{\partial \tau}{\partial \beta} > 0$，即直接融资占比越大，研发强度越大。

三、考虑委托代理问题

Holmstorm 和 Tirole（1997）研究表明，在使用外部融资的情况下，会存在委托代理问题，间接融资部门对企业的监督要明显好于直接融资部门，因此本书将在原模型中引入委托代理问题，观察结果是否会发生变化。

（一）仅存在间接融资的情形

间接融资部门会选择支出一定的成本以对研发部门的努力程度进行监督，这部分成本已经包含在 γ 中，并且为了简化分析，本书假定间接融资部门在支付该成本后能实现对企业的完全监督，即有：

$$\tau_1' = \tau_1 = \frac{1}{1+\mu\delta}\left[\frac{(1-\delta)L}{\lambda a}-(1+\mu)\delta\rho\right] \quad (5-23)$$

（二）仅存在直接融资的情形

直接融资部门无法对研发部门的努力程度进行有效监督，研发部门可能会出现"偷懒"情况，即降低自身的研发效率。假定直接融资后，研发部门研发效率的倒数为 $a(\theta)$，$a(0)=a$，同时本书假定，即直接融资的比例越大，研发部门的研发效率越低，研发效率的倒数越大。此时研发部门的研发强度为：

$$\tau_2' = \frac{(1-\delta)L}{\lambda a(\theta)} - \delta\rho < \tau_2 \quad (5-24)$$

即当存在委托代理问题时，直接融资的研发强度会降低，并且当 θ 足够大时，直接融资下的研发强度甚至可能要低于间接融资下的研发强度，是否会出现这种情况取决于 $a(\theta)$ 的函数形式。

（三）同时存在两种外部融资方式的情形

同时存在两种外部融资方式的情形下，间接融资部门依然会对研发部门的努力程度进行监督，但并不是完全的，研发部门研发效率的倒数为 $a(\beta)$，研发强度为：

$$\tau' = \frac{1}{1-\beta+\mu\delta}\left[(1-\beta)(1-\delta)\frac{L}{\lambda a(\beta)} - (1-\beta+\mu)\delta\rho\right] \quad (5-25)$$

此时，$\frac{\partial \tau'}{\partial \beta}$ 的结果取决于 $a(\beta)$ 的函数形式，对于某些特定的 $a(\beta)$，存在 $\beta \in [0, b]$ 使得 $\frac{\partial \tau'}{\partial \beta}=0$，且 $\frac{\partial^2 \tau'}{\partial \beta^2}<0$，其中 b 为总的外部融资比例，即 $b=\theta+\beta$，此时 τ' 达到最大值。

因此在考虑委托代理问题后，直接融资下的研发强度不一定大于间接融资，同时使用两种外部融资方式可能得到更大的研发强度，即可能存在最优的融资结构，而这与研发部门所需外部融资的比例以及 $a(\beta)$ 的函数形式有关。

特别地，令 $a(\beta) = \exp\left(\frac{\beta}{s}\right)a$，其中，$s$ 表示一国的金融效率，金融效率越高，研发部门"偷懒"越容易被发现，因而直接融资下研发部门研发效率下降不大，此时该国最优的直接融资比例越高。因此，本书可以得到：

提出待检验的命题为：金融发展水平在一定程度上会影响一国研发强度，而研发强度会影响参与价值链的分工地位，从世界范围看，市场主导型金融体系有利于全球价值链分工地位的提升。

同时，就该理论模型，还可以得到相关启示。增强企业的研发强度，提升企业的价值链分工地位：一是要优化融资结构，进一步建立健全债券市场与股票市场等直接融资市场；二是降低银行管理成本，提高银行运营效率。而银行在发放贷款过程中，所付出的管理成本为 γ，在降低管理成本的过程中，银行必须降低对项目事前评估与事后监督的成本。这在一定程度上也会造成这样的情况，信誉较好、规模较大的企业，较易通过银行获得外部融资；而初创企业、规模较小的企业相对大型企业管理成本较高，从而不易获得银行贷款。这部分中小型企业的多样化金融服务需求，要通过风险投资、创业基金等直接融资渠道获得外部融资。因此，发展直接融资，提升一国金融发展水平，应该是价值链分工地位提升的要义所在。

第四节 实证检验及分析

基于本书构造的理论模型，用二阶段系统广义矩估计法，对金融发展影

第五章 创新研发在金融依赖影响价值链分工深化的中介机制

响研发强度的计量模型进行实证检验。采用一国人均研发支出为研发创新能力（RD）的代理变量。

$$RD_{it} = \alpha_0 + \alpha_1 RD_{it-1} + \alpha_2 RD_{it-2} + \alpha_3 Fin_{it} + \alpha_4 Finsta_{it} + \alpha_6 X_{it} + R_i + T_t + \varepsilon_{it} \quad (5-26)$$

鉴于当期研发投资强度与之前一期研发强度相关，滞后一期 RD_{it-1} 可用于解释变量。采用系统 GMM 方法对模型进行了计量检验。本书将金融市场稳定性这一因素同时放入了回归方程，选取股票市场价格波动率作为金融市场稳定性代理变量。$X_{i,t}$ 是一个信息集，包含了文献中除金融结构与金融稳定性外其他用来解释研发强度的变量，如经济增长水平、基础设施、开放程度等。

式中，下标 i 与 t 分别表示第 i 个国家与第 t 年；被解释变量 RD_{it} 表示人均研发强度，是以研发投入与人口数相除所得；在解释变量中，重点关注金融发展水平 Fin 的系数与显著性。本书参考 Demirguc-Kunt 等（2011）的做法，具体测度方法为：金融发展指标（Fin）为金融市场规模与银行规模的比值。其中，Fin 值越大，说明金融发展水平越高，本书使用世界银行金融发展与结构数据库（Financial Development and Structure Dataset），这个数据库可查询世界范围1960~2010年多维度的金融跨国数据。在此，本书选取股票市场价格波动率作为金融稳定性代理变量，考察金融市场稳定性对于研发强度的影响。

控制变量包括，对外开放程度（Opness）采用商品与服务出口贸易占 GDP 比重，这些数据均来自世界银行的世界发展数据库（WDI Dataset）。基础设施水平（Infra）使用信息流动指数衡量，该指数为每千人拥有互联网、每千人拥有的电视、报纸交易与 GDP 的比三大指标合成所得，数据来源于 KOF 的全球化指数（Index of Globalization）数据库。对存在的少数缺失变量，本书采用插值法进行估计。

式（5-26）涉及的相关变量的描述性统计如表 5.1 所示，金融发展水平对研发强度影响的检验结果如表 5.2 所示。

表 5.1 变量的描述性统计

变量名称	均值	标准差	最大值	最小值
RD	37023	38681.19	177813.2	181.7804
Fin	1.344	1.032	5.331	0.147
GDP	9.932	0.732	10.642	7.386
Open	33.837	17.913	103.114	6.706
Infra	78.577	14.674	96.290	27.700
Finsta	22.863	9.315	61.390	6.870

表5.2 金融发展水平对研发强度影响的检验结果

变量	模型（1）	模型（2）	模型（3）	模型（4）	模型（5）	模型（6）
$L.RD$	1.199*** （0.0225）	1.128*** （0.0231）	1.105*** （0.0328）	1.085*** （0.0347）	1.100*** （0.0462）	1.097*** （0.0414）
$L2.RD$	−0.187*** （0.0232）	−0.230*** （0.0213）	−0.237*** （0.0353）	−0.217*** （0.0504）	−0.276*** （0.0574）	−0.247*** （0.0653）
Fin	0.353*** （0.0462）	0.568*** （0.0698）	0.289*** （0.0376）	0.322*** （0.0515）	0.266*** （0.0539）	0.232*** （0.0541）
$\ln GDP$			0.772*** （0.0947）	0.664*** （0.109）	0.974*** （0.217）	0.902*** （0.298）
$Open$				0.306** （0.130）	0.320* （0.172）	0.310*** （0.118）
$\ln fra$					−1.300** （0.617）	−1.579** （0.705）
$Finsta$						−0.119*** （0.0316）
常数项	0.122*** （0.0196）	−2.514*** （0.360）	−7.610*** （0.978）	−7.574*** （0.857）	−5.052*** （1.266）	−2.696*** （1.288）
时间固定效应	已控制	已控制	已控制	已控制	已控制	已控制
国家固定效应	已控制	已控制	已控制	已控制	已控制	已控制
样本观测值	325	325	325	325	325	325
国家数	25	25	25	25	25	25
工具变量数	105	106	106	107	108	109
AR（1）（P值）	0.0054	0.0070	0.0057	0.0063	0.0048	0.0049
AR（2）（P值）	0.4277	0.6329	0.6238	0.5914	0.7502	0.6387
Sargan test（P值）	1.0000	1.0000	1.0000	1.0000	1.0000	1.0000

注：括号内数字表示t统计量；*** 表示p<0.01，** 表示p<0.05，* 表示p<0.1。

第五章 创新研发在金融依赖影响价值链分工深化的中介机制

基于前文的机理分析，为进一步验证理论模型中研发强度提升有利于促进价值链攀升的结论，本书采用1996~2010年25个国家的跨国面板数据[①]，运用静态面板方法估计对这一理论逻辑进行实证检验。从而通过实证角度验证金融发展通过优化结构，提升一国的研发强度，继而影响价值链分工地位的传导机制。

$$\ln GVC\_posi_{ct} = \alpha_0 + \alpha_1 RD_{ct} + \alpha_2 \ln gdp_{ct} + \alpha_3 \inf_{ct} + \alpha_4 open_{ct} + R_c + T_c + \varepsilon_{ct}$$

(5-27)

在解释变量中，重点关注研发强度的系数和显著性。被解释变量，本书借鉴Haussman等（2007）的测度方法，计算每国的价值链分工地位，采用行业的出口复杂度在价值链中的位置，计算公式为 $PRODY_k = \sum_i \dfrac{x_k^i/x^i}{\sum_i (x_k^i/x^i)} Y_i$，具体测度方法如第三章所述，在此不赘述。

因此，本书可测度不同国家出口技术含量，从开放型经济体的角度看，各国之间开放型经济发展的特征与发展差距非常明显，产业发展梯度空间布局各异，各国间出口商品技术含量存在差异。因此，各国在融入国际分工中所处的地位也会不尽相同。R_c 是不随年份变化的国家固定效应，T_c 是不随国家变化的时间固定效应，ε_{ct} 是随机误差项。

式（5-26）涉及的相关变量的描述性统计如表5.1所示，式（5-27）涉及的相关变量的描述性统计如表5.3所示，研发强度对于价值链发展的实证结果如表5.4所示。

表5.3 变量的描述性统计

变量名称	均值	标准差	最大值	最小值
$LGVC\_Posi$	16.013	5.051	22.561	7.913
RD	37023	38681.19	177813.2	181.7804
$\ln GDP$	9.932	0.732	10.642	7.386
$Open$	33.837	17.913	103.114	6.706
$Infra$	78.577	14.674	96.290	27.700

---

① 澳大利亚、奥地利、巴西、加拿大、中国、捷克、德国、丹麦、西班牙、芬兰、法国、英国、希腊、印度尼西亚、印度、爱尔兰、意大利、日本、韩国、墨西哥、荷兰、葡萄牙、斯洛文尼亚、瑞典、美国。

表 5.4 研发强度对于价值链发展的实证结果

L.GVC_Posi	模型（7）	模型（8）	模型（9）	模型（10）
RD	0.139*** （0.0112）	0.0918*** （0.0196）	0.100*** （0.0201）	0.0913*** （0.0206）
lnGDP		0.249*** （0.0861）	0.160 （0.0990）	0.286** （0.120）
Open			0.158* （0.0876）	0.179** （0.0881）
Infra				−0.430* （0.237）
常数项	16.01*** （1.050）	13.54*** （0.855）	13.89*** （0.874）	14.44*** （0.922）
N	375	375	375	375
R^2	0.304	0.320	0.327	0.333
F	152.50***	0.320***	56.12***	43.20***
固定效应	Y	Y	N	Y

注：括号内数字表示 t 统计量；*** 表示 p<0.01，** 表示 p<0.05，* 表示 p<0.1。

由表 5.2 与表 5.4 可知以下结论：

第一，金融市场发展水平越高，直接融资占比越大，有利于研发投入的增加。根据模型（1）~模型（6）计量结果可知，在引入控制变量后，研发强度对金融发展水平的回归系数都为正，并且在 1% 显著性水平下通过了检验。模型（7）~模型（10）的结果显示，无论是否引入控制变量，全球价值链分工地位对研发强度的回归系数都为正。这说明，前文分析关于金融发展水平有助于研发强度提升的理论猜想。模型（6）表明，在控制住其他因素后，金融发展水平每增加 1 个百分点，研发强度增加 1.097 个百分点；研发强度与股票价格波动率呈负相关，股票价格波动率越大，金融市场稳定性越差，研发强度越低。究其原因在于，过高的股票市场价格波动性客观上会增加市场交易的风险，机构投资者及相关有融资需求的实体经济体（融资依赖度较高的科技企业）更难获得融资。融资约束、营运资本管理与企业创新活动间有着较为紧密的联系，高的调整成本和不稳定的融资来源制约着企业的创新活动，影响了一国的创新能力。

第二，研发强度的增加，对于价值链分工地位的提升效果是显著的。模型（10）的结果表明，在控制其他因素后，研发强度每增加 1 个百分点，价值链分工地位将提高 0.0913 个百分点。自 2001 年加入 WTO 以后，中国企业加入全球价值链，企业创新活动面临着新的参数环境，作为后发国家的企业进行产品与工艺创新活动的意愿随着企业规模增加而逐步增强，规模较小的企业更热衷于自主研发（张宗庆和郑江淮，2013）。在这种情形下，低端分工的中国企业在全球价值链上的技术学习和技术升级表现出低技能劳动力偏向的特征，更多地依赖于标准化的技术、设备不断更新等方面的投资，依赖于高科技劳动力密集投入，但研发投入不足，会使得企业或者一国被锁定在全球价值链低端。

第三，人均收入的提高能够促进研发投入的增加，经济增长数量的不断增长对于价值链分工地位具有正向作用。从开放程度看，开放程度提高对一国研发投入与价值链分工地位的提升具有明显的正向作用，这说明一国开放程度越强，越有利于各国间国际分工的竞争，更有利于该国价值链分工地位攀升。而计量结果显示，有力的基础设施水平虽然能够促进一国参与全球价值链分工的能力与水平，但不带来研发投入的必然增加。

以上实证结果显著支撑了前文所提出的"金融发展水平可增加研发强度，从而有利于价值链分工地位提升"的分析机理，即金融发展水平提升→直接融资比重提高→研发强度增加→创新强度提高→产品技术含量提高→价值链分工地位随之提升。因此，稳定金融市场，深化金融体制改革，对于增强一国创新能力，提升价值链分工地位具有非常重要的意义。

第五节　本章小结

在理论模型的基础上，本章提出了金融发展、研发投入与全球价值链分工地位之间可能存在的理论假说。考察金融部门内不同融资方式，以资本市场为代表的直接融资与以银行部门为代表的间接融资对一国产品技术含量的影响，考虑到不同融资方式研发强度的区别，直接融资部门的研发强度越高，金融发展水平越高，出口复杂度越大，价值链提升速度越快。同时，利用 25 个国家 1996~2010 年的跨国面板数据进行的实证检验支持这一逻辑判断。

值得关注的是，中国金融发展水平与世界发达国家相比，还有一定的差距，长期以来以银行为主导型金融体系。伴随着传统产品与技术不断转向创新性技术研发与产品创新，传统的银行导向型金融体系已无法满足企业研发、品牌创新向价值链高端环节攀升的融资需求，以风险投资、私募基金、天使投资等为代表的直接融资方式正在逐渐兴起与发展。由此可见，深化金融改革，推进金融结构市场化方向，是中国金融改革顶层设计的重要内容。综上所述，可知：

第一，推进金融市场改革，助力企业研发创新活动。研发活动是一项需要大量外部融资的创新活动。建立有效的金融市场，有助于释放金融资源，规范市场交易规则，降低企业的融资成本，对"大众创业、万众创新"具有一定的融资辅助作用，能够在一定程度上缓解中小企业融资难问题。同时，根据中国金融发展水平还存在明显区域不平衡特征，还应有针对性地协调区域金融发展战略，对于金融深化和创新发展，应进一步完善宏观调控的模式，更充分发挥市场在资源配置中的决定性作用，着力解决区域性金融运行中的突出问题。例如，建立区域性中小银行与中小金融机构，进一步健全非正规金融机构的进入准则；中国的东、中、西部地区采取不同的利率信贷优惠政策等。

第二，加大金融创新力度，助推供给侧改革。中国目前的金融中介发展不完全，金融结构存在一定程度的扭曲，风险投资与创业投资中介发展相对缓慢。事实上，无论从发达国家金融发展的演变过程，还是从价值链地位提升与金融支持互动关系看，过分追求金融市场规模与金融创新产品，忽视市场风险与银行动员储蓄的功能，会增加系统性金融风险爆发的可能性。其正确发展方向应该是金融机构能够有效"经营风险"，提高金融运行效率与服务实体经济的能力。

第六章

基于分工深化视角金融依赖影响制造业价值链的机制

全球生产网络化背景下,伴随新兴国际生产体系的出现,在信息技术、运输能力与投资贸易自由化多重因素作用下,各国通过参与价值链分工可以塑造国际竞争的新优势。全球价值链的出现改变了国际分工体系,产业是源,贸易是流,因此价值链分工状况如何,很大程度上取决于贸易附加值与产业基础。另外,在全球价值链分工深化背景下,发达国家通过技术转移、授权专利等行为能够有助于发展中国家提高产品的生产和设计能力。发展中国家通过学习国际大买家跨国公司关于技术、产品设计等方面的长处,能够促进自身技术发展。各国融入全球价值链分工,有利于要素禀赋国际间流动,跨国企业通过交换资源,技术溢出,在世界各地投资建立子公司,核心在于制造业价值链的产业升级。

如果将 1978~2008 年中国经济增长的原因归结为"高投资、高增长",则 2008 年国际金融危机后,中国经济面临严峻的挑战。改革开放的前 30 年,投资率与经济增长率基本呈现正相关。而在过去六七年里,两者相关性消失了,经济增长率持续放缓。宋铮和白重恩(2016)通过计算地方发债的融资平台,认为金融危机后,由于"四万亿"计划,政府投资与银行信贷开闸放水,将改革开放 30 年地方政府对经济的主导和介入,造就了有中国特色的颗粒状的中国经济,变成了"大块头"的经济。而"大块头"经济出现的背后是地方政府和金融机构相结合,造成实体经济、地方政府与金融机构打成一片。由此引发的危险在于,重复建设,资产价格上涨,从而导致制造业资本配置效率下降,可能引发产能过剩问题。

当前的国际分工体系下,根据技术复杂度不同,各国家在价值链上分别分布在高中低端。而大多数发展中国家,凭借自身劳动密集型优势,经常分布在价值链低端环节。由于其自身比较优势相近,分工市场进入门槛较低,可能存在发展中国家之间的过度竞争问题。这种可能的同质化竞争或许会导致我国制造业行业资本配置效率扭曲，致使中国在全球价值链中地位受到挑战。同时，直接造成很多产业长期被锁定在价值链低端，甚至出现过度建设，结构性过剩等问题。这些现象具有重要的理论与现实意义，而现有文献几乎没有将企业的融资约束、制造业行业资本配置效率与全球价值链嵌入问题纳入同一研究框架，这从理论的完整性与政策的实用性考虑，都缺失了关键一环。

从国际层面发展看，从全球价值链的研究视角，采用贸易增加值计算方式讨论世界范围内，金融发展对于 GVC 嵌入程度与国际竞争力的关系。本书通过使用 2015 年 Tiva 贸易增加值数据库，对 58 个国家的贸易国际比较优势竞争力做一度量，首先实证分析价值链分工地位对于国际竞争力的影响，其次考察各国金融发展水平对国际竞争力的作用，最后考察金融发展水平在全球价值链分工地位与国际竞争力两者关系间的作用机制，此处主要使用门槛回归模型。

从国内产业层面讲，本书拟从金融发展的角度剖析中国制造业全球价值嵌入与行业资本配置效率的问题。利用 2002~2011 年中国制造业行业面板数据，本书使用国内外学者用垂直专业化指数来表示一国跨国生产分割程度，计算 2002~2011 年中国制造业行业嵌入 GVC 程度的指数。研究发现，制造业行业嵌入 GVC 程度整体呈上升趋势，制造业行业 GVC 嵌入具有明显行业异质性特征；制造业行业资本效率越高，该行业 GVC 嵌入程度越高。基于本书的逻辑机制，金融发展水平→制造业行业资本配置效率→影响行业 GVC 嵌入度，仅考虑制造业产能利用率对全球价值链嵌入单向影响机制。为确保本书上述研究结果的可靠性，本书进行了稳健性检验，发现结果具有较强稳健性。

综上，目前极少相关研究将全球价值链嵌入程度、金融发展、制造业行业资本配置效率纳入其中考虑。事实上，近年来，银行（商业银行）的市场化程度与自主决策能力逐步提高，越来越多的银行通过股改上市来提升自身治理结构、改善经营管理水平。日趋严峻的同业竞争下，商业银行逐利特征日趋明显。为争取优质金融资产，提高资本的回报率，银行对某一行业或企业的融资支持有可能存在于企业投资类似的"潮涌现象"，可能引发制造业行业的资本过度投资，从而导致该行业资本效率受到影响。而制造业行业资本配置效率问题，会影响全球价值链嵌入程度。本书主要研究企业融资约束、制造业行业资本配置效率、全球价值链嵌入程度间的逻辑关系，旨在回答以下问题：制造业行业资本配置效率分别对不同制造业行业价值链嵌入程度有何影响。国内金融市场的发展是否有利于提升资本配置效率。换句话说，金融市场越发达，制造业行业资本配置效率越高，行业的价值链嵌入程度是否越高。接下来，本书将在对制造业行业资本配置效率进行测度的基础上，简要分析其与行业外部融资依赖、行业价值链嵌入程度的关系,为后续的实证分析做一铺垫。

第一节 金融依赖影响世界范围制造业价值链的机制

全球价值链分工是一个全球资源生产再配置的过程,有助于构建新的竞争优势,是基于中间品要素投入与生产的竞争,因此更多的是一种价值链竞争环节,以及一种环节竞争优势。从国际间分工情况看,存在两种较为激烈的竞争:一是体现在价值链分工地位相近的国家,由于差异较小,彼此存在一种替代性,因此竞争非常激烈。在细分行业及生产环节,发达国家之间存在较激烈的竞争,比如一些精密制造行业竞争激烈。二是全球价值链国际分工深化会促使各国采取战略性竞争行为,如俘获型价值链属此种形态,价值链高端由发达国家所占据,而发展中国家陷入低端"锁定"的桎梏。

这种低端锁定的战略性竞争,会阻碍发展中国家技术进步,进一步阻碍其向价值链高端攀升。在实现国家经济利益的过程中,存在产业转移的国家战略性考虑。次贷危机后,美国计划重振制造业,回归实体经济,以刺激经济增长、提高就业率,对包括中国在内的接包国家征收关税,以保护美国国内产业。在此竞争战略的指引下,美国在中国的跨国公司开始向本国回归,并且美国会将其低端制造环节转移到东南亚等劳动力成本更低的国家。而包括中国在内的发展中国家,由于处于价值链中低端,面对美国"制造业回流"的战略转移,为了避免价值链低端锁定的"诅咒",必须积极发展自主创新的高端制造业,向价值链中高端迈进,甚至需要构建以我国为主的价值链。将全球价值链与制造业国际竞争力之间相联系的代表性文献还有,裴长洪(2011)认为,我国制造业经过长达20年的积累,在低端环节依靠劳动密集型的生产阶段与环节具有竞争优势,但高端环节与关键技术依然被发达国家所占据。这表明,一国发展竞争优势产业,有利于从比较优势角度嵌入价值链,从而掌握价值链低端核心技术,同时向价值链伺机攀升,进一步实现产业的升级与产业结构迈向中高端。张小蒂等(2006)提出的垂直专业化指数,是以垂直专业水平代表参与全球价值链分工程度,垂直专业化水平越高,则一国越会提高产业国际竞争力。基于以上研究,用 RCA 指数表征产业竞争力能说明一定问题,但同时存在一些不足之处,本书参考王直(2015)等基于贸易增加值视角构建的显示性比较优势新指标 RCA-value added。

基于此，提出理论假说1：

假说1：一国在全球价值链中的分工地位提升，有利于制造业国际竞争力的提升。

金融支持具有灵活性、创新性特点，产业国际竞争优势需要金融支持，而金融支持通过不同形式与产品支持创新调整，促进金融支持产业竞争优势更新、升级，而在我国所有融资方式中，银行信贷融资仍为主要融资方式。在前几年银行信贷高峰过后，银行不良贷款率上升，加之实体经济低迷，产能过剩导致企业坏账违约频发，很多国有企业资金链出现问题，中小企业倒闭，进一步掀开了银行信贷的风险口。因此，研究银行信贷扩张对于产业国际竞争力的直接与间接调节效应在当下具有现实意义。关于讨论银行业对产业融资影响的代表性文献主要有，Cetorelli和Gambera（2001）认为，银行业集中会促进外部融资依赖度较高的行业增长，但整体上会阻碍经济增长。但也有学者提出相悖的观点，相关研究认为，高度集中的银行体系对建立良好的产业竞争优势具有不利影响，行业潜在进入者融资越发困难（Cetorelli and Strahan，2006）。

本章利用银行信贷规模作为衡量金融发展水平的指标，旨在研究金融发展对于产业国际竞争力的直接影响与间接的调节效应。并提出以下假设：

假说2：全球价值链分工背景下，一国金融发展有利于制造业形成比较优势，从而提升国际竞争力。

假说3：金融发展水平对于价值链分工地位与国际制造业的竞争力间，作用是显著的。

第二节　我国制造业价值链升级的金融依赖

制造业行业资本配置效率与金融发展相联系的代表性研究有，Wurgler（2000）提出，金融体系越发达，资本配置效率也越高。与Wurgler（2000）相似的观点还有李延凯和韩廷春（2011）认为，金融发展对制造业行业配置效率受其外部金融生态环境影响，政府干预可能会造成资金配置的扭曲，削弱法制与金融发展因素对资本配置作用，良好的法治环境与信用环境可以优化金融资源的配置效率，约束资金使用者的道德风险。从资本账户开放角度，对国内与国际资本配置效率间的演进关系进行探讨，若我国金融发展水平不高，国内资本增长会降低制造业行业资本配置效率，引入外资有助于经济增长（陈创练等，2016）。

然而，目前文献主要集中在四大领域：

（1）将金融发展、资源配置效率与经济增长相关联，金融市场体系越发达，资本配置效率越高，代表性研究为 Wurgler（2000）、Almeida 和 Wolfenzen（2005）、Huang H.C.（2014）、潘文卿和张伟（2003）。

（2）从开放视角看，国内外资本配置效率受到国外资本流入及开放程度的影响，信贷规模、信贷规模对资本配置效率的门槛效应。外商直接投资具有分配资本能力，可在一定程度上提高资本配置效率。代表性研究有：陈创练等（2016）、李稻葵（2007）、李青原（2010）。

（3）从行业集中度来看，国有企业及大中型企业可能会对资本配置效率具有政治优先权与资源主导权。王永进（2016）从价值链上下游对国企垄断上游行业进行测算，并且考察国企垄断对经济增长的影响，发现国企垄断上游行业会降低资源配置效率，从而对高效率的非国有企业产生挤出效应，而低效率的国有企业由于其国有属性，留在了上游产业。Ju 和 Yu（2015）指出，由于国有企业占有大量上游资本密集型行业，通过占用大量资本要素，具有发展资本偏向型行业良好基础。再加之银行信贷的所有制歧视，因此加剧了民营企业融资约束情况，从而不利于整体的资源配置效率。类似从行业结构角度阐述资本配置效率的代表性研究还有 Song Z.（2011）、Guariglia A.（2008）。

（4）制造业行业资本效率配置低下，产能过剩会影响金融市场良性循环，很可能成为金融危机的诱因（林毅夫，2012）。张晖（2013）对我国新能源产业产能过剩的形成机制研究发现，由于地方政府的倡导与支持，尤其是政府控股的银行系统为企业提供巨额贷款，企业的投资风险降低，获利预期增加，投资潮涌的现象由此而生，随之带来的是产能过剩。由于国内缺乏完善的制造业产能利用率监测体系，在统计口径、方法上还存在差异与不完善，程俊杰（2015）利用协整法对转型期我国各地区产能进行测算，发现中西部地区投资活动不活跃，东部地区的产能过剩情况值得警惕。

第三节　变量选择、模型及数据

一、被解释变量的选取

显示性比较优势 RCA 由 Balassa（1965）提出，以衡量一国在某个行业中是否有比较竞争优势，计算公式为：$RCA=(E_{irt}/E_{rt})/(E_{iwt}/E_{wt})$。式中，$E_{irt}$ 表示第 r 国第 t 年 i 行业的出口值，t 表示时间，E_{rt} 表示 r 国的出口值，E_{iwt} 表示世界 i 行业的出口值，E_{wt} 表示世界货物的总出口值。本书采用王直等（2015）的做法，使用贸易附加值显示性比较优势：$RCA.Valueadded=(DVA_{irt}/DVA_{rt})/(DVA_{iwt}/$

DVA_w）。其中，分子为行业国内增加值与总出口国内增加值之比，分母为所有该行业出口总的国内增加值与世界该行业出口国内增加值之比。

二、解释变量：全球价值链中的嵌入度及银行信贷扩张水平

（1）全球价值链地位（GVC_Position）。全球价值链上一国产业国际竞争力大小，受到其所处全球价值链分工地位的影响，根据Koopman（2010）用贸易增加值定义价值链分工地位方法，Koopman（2014）认为，出口总值包括国内增加值为一国国内增加值的组成部分，具有直接福利意义。

（2）银行信贷扩张FIN。基于数据的可得性，衡量金融发展的常用指标，本书选取银行部门对私人部门的贷款/GDP等。而银行部门对私人部门的贷款与GDP的比值大小与信贷扩张有关，Kaminsky（1999）认为，高水平信贷扩张可能是金融危机前兆。

（3）控制变量。主要使用以下几个控制变量：国家基础设施、经济发展水平、国家人口规模。具体变量计算过程如表6.1所示。

表6.1 变量测度方式与数据来源说明

变量类型	变量标识	变量描述	数据来源
产业国际竞争力	RCA-Value Added（基于贸易增加值的显示性比较优势指数）	$RCA.Valueadded=(DVA_{ir}/DVA_{rt})/(DVA_{iwt}/DVA_w)$ 用某行业的国内增加值 $DVAir$ 占本国出口中总国内增加值 $DVAr$，相对于所有国家该行业出口中国内增加值之和 $DVArw$ 占全球总出口的国内增加值 $DVAw$ 比例的比较值	OECD-WTO-TiVA数据库
全球价值链地位	GVC_Position	$GVC\_Position=\ln(1+IVir/Eir)-\ln(1+FVir/Eir)$ 即一国间接增加值出口 IV 与国外增加值出口 FV 之间的差距，用占比之对数形式之差表示	
银行信贷规模	FIN	银行部门对私人部门的贷款/GDP	金融发展与结构数据库（Financial Development and Structure Dataset）
国家基础设施	INFR	每百人互联网用户数量的自然对数	世界银行数据库

续表

变量类型	变量标识	变量描述	数据来源
经济发展水平	GDP.PC	一国人均 GDP 的自然对数	世界银行数据库
国家人口规模	POP	一国人口总数的自然对数	

三、数据来源

本书主要使用 2015 年联合国发布的 Tiva 数据库，主要有 7 年数据，涉及 34 个 OECD 国家、27 个非 OECD 国家，再对样本进行剔除，最终获得 58 个国家面板数据。

四、计量模型

就前文所述各国年份及相对应的数据，本书采用实证检验模型主要有：计量模型（6-1）~模型（6-3）用 RCA-Value added 表征产业国际竞争力被解释变量，则主要检验存在的计量关系，方程（6-1）表示价值链分工地位对产业国际竞争力有何影响；方程（6-2）表示金融发展水平对于世界范围制造业竞争力的影响；方程（6-3）表示和 GVC 分工地位与金融发展一起对产业竞争力作用的全变量模型：

$$RCA.ValueAddedit = \beta_0 + \beta_1 GVC.Position + \beta_2 GDP-PCit + \beta_3 INFR_{it} + \beta_4 POP_{it} + \varepsilon_{it} \quad (6-1)$$

$$RCA.ValueAddedit = \beta_0 + \beta_1 FIN + \beta_2 GDP-PCit + \beta_3 INFR_{it} + \beta_4 POP_{it} + \beta_5 GVC.Position + \varepsilon_{it} \quad (6-2)$$

$$RCA.ValueAddedit = \beta_0 + \beta_1 GVC.Position + \beta_2 Fin_{it} + \beta_3 GDP-PCit + \beta_4 INFR_{it} + \beta_5 POP_{it} + \varepsilon_{it} \quad (6-3)$$

式中，各计量方程 i 代表国家，t 代表年份，ε_{it} 代表随机误差项，具体计算过程与解释如表 6.1 所示。

第四节　实证结果与分析

一、跨国面板数据回归分析

在收集 58 国的七年面板数据计量分析之前，本书先估计了模型的形式与估计方法。本书使用截面宽且短的大 N 小 T 型面板数据，且固定效应模型更适合计量检验（见表 6.2）。为了解决可能存在的内生性，本书采用（Durbin-Wu-Hauseman Test，DWH）做内生性检验。用价值链分工地位的滞后一期做工具变量，发现 DWH 检验结果依然是显著的。由此可知，本书选用固定效应回归方法进行模型估计，且具有较好稳健性，回归结果如表 6.3 所示。

表 6.2 变量描述性统计

变量	最大值	最小值	均值	标准差
RCA-Value Added	105.1011	1.1696	3.5247	9.2463
FIN	288.1087	6.3827	82.6162	53.8573
GVC_Position	0.2952	−0.3819	0.0181	0.1258
INFR	94.8197	0.0050	42.9839	29.6657
GDP.PC	11.6373	5.9442	10.0917	9.9373
POP	21.0190	12.4968	18.2067	19.2395

表 6.3 价值链分工地位、金融发展对制造业国际竞争力的影响

被解释变量（RCA）	模型（6-1）	模型（6-2）	模型（6-3）
$Gvc\_position$	0.0968** （0.0422）		0.100** （0.0417）
Fin		0.0838*** （0.0292）	0.0857*** （0.0290）
$gdppc$	0.145*** （0.0487）	0.115** （0.0508）	0.0938* （0.0512）
POP	2.979*** （0.431）	2.800*** （0.436）	2.746*** （0.433）
$Infra$	−0.0178 （0.0250）	−0.0380* （0.0229）	−0.0145 （0.0247）
常数项	−7.58e−09 （0.0115）	−1.67e−08 （0.0115）	−6.54e−09 （0.0114）
N	399	399	399
R^2	0.238	0.245	0.258
F	25.64***	27.40***	23.38***
固定效应	Y	Y	Y

注：括号内数字表示 t 统计量；*** 表示 p<0.01，** 表示 p<0.05，* 表示 p<0.1。

表6.3中，模型（6-1）~模型（6-3）是对显示性比较优势指数 RCA_Value Added 的回归结果，模型（6-1）是在4个控制变量基础上加入了自变量 GVC 嵌入度，模型（6-2）是在4个控制变量基础上加入了自变量银行信贷规模指标，模型（6-3）则是加入了所有变量后的全变量模型。从模型的回归结果来看：

各国的信贷扩张对产业国际竞争力有显著的负向影响，不论用显示性比较优势指数 RCA_Value Added 表征（β=-0.135，P<0.01），还是在全变量模型（β=-0.581，P<0.05），这一负向影响都显著存在。

二、金融发展的门槛效应检验

本书旨在进一步研究 RCA 与价值链分工地位间存在的关系，以及金融发展对两者关系的作用机制。现存研究常使用交互项与分组检验的方法检测一个变量对于另一变量，最终对被解释变量的影响。Hansen（1999）提出门槛回归模型，其优势在于，门槛数由样本内生决定，不拘泥于计量模型；通常使用 Bootstrap 方法对门槛值的显著性进行估计。该方法后来在国内研究中被广泛使用。

本书使用门槛回归模型，检验金融发展对于价值链分工地位与国际竞争力影响，具体来说，构建计量模型如下：

$$\begin{aligned} RCA.ValueAdded_{it} = & \beta_0 + \beta_1 GVC\_Position_{it} \times I(Fin \leq \tau) + \\ & \beta_2 GVC\_Position_{it} \times I(Fin f\tau) + \\ & \beta_3 GDP.PC_{it} + \beta_4 INFR_{it} + \beta_5 pop_{it} + \\ & \beta_6 GVC\_Parti + \varepsilon_{it} \end{aligned} \quad (6-4)$$

式中，Fin 代表金融发展水平门槛变量，τ 代表门槛值。门槛回归的步骤大概有两步：首先是门槛效应检验，寻找出门槛个数及其对应的门槛值；其次对不同门槛值及每个区域对应的估计参数进行显著性水平的回归检验。通过 Stata14.0 应用，对金融发展的水平门槛效应进行计量分析，使用 Bootstrap 抽样300余次，计算 F 统计量与 P 值。计量回归结果如表6.4所示。从显示性比较优势（RCA）的门槛效应结果可知，银行信贷扩张存在显著的门槛效应。显示性比较优势指数 RCA_Value Added 门槛值为1.0434。

具体的门槛效应回归结果如表6.5所示，显示了银行信贷扩张规模为代理变量的金融发展水平，如何通过全球价值链分工地位而影响制造业国际竞争力的提升。针对显示性比较优势 RCA 的门槛效应回归显示：①当银行信贷扩张低于门槛值1.0434，全球价值链分工地位对世界制造业国际竞争力的估计系数是0.136；②当金融发展水平扩张高于计算门槛值，价值链分工地位对世界制造业国际竞争力估计系数是0.0123，该结果说明，全球价值链分工提升，不一定带来该国制造业国际竞争力的提高，但由于金融发展指标以银行信贷规模为替代变量，研究发现，在银行信贷规模大于在门槛值之前，显著性却有所降低。

表6.4 银行信贷扩张门槛效应的Bootstrap检验结果

门槛数	被解释变量	门槛值	F统计值	P值
单一门槛	RCA_value added	1.0434	29.50	0.000

表6.5 银行信贷扩张的门槛效应回归结果

被解释变量：RCA Value Added（单一门槛/双重门槛）	
解释变量	系数
银行信贷扩张	0.0751*** （0.0286）
经济水平	0.0817** （0.0373）
国家规模	2.618*** （0.376）
GVC分工地位（Fin≤1.0434）	0.136*** （0.0384）
GVC分工地位（Fin>1.0434）	0.0123 （0.0466）
常数项	−0.00292 （0.0112）
R^2	0.284
F检验	26.71***

注：括号内数字表示t统计量；*** 表示p<0.01，** 表示p<0.05，* 表示p<0.1。

由上述银行信贷扩张检验中的分段可知，全球价值链分工地位对制造业国际竞争力的作用为正，但随着银行信贷规模扩张，在金融发展水平较高的国家中，这一正向作用较大。反言之，即全球价值链分工地位对金融发展水平较高的国家，制造业国际竞争力提升作用更加明显。

三、我国制造业金融依赖与全球价值链嵌入程度计量分析

本部分研究对象为我国制造业行业资本配置效率→金融发展、资本配置效率→价值链嵌入程度的传导机制，具体变量选取及计算过程如下所示：

（一）全球价值链嵌入度（GVC）

因为垂直专业化与全球价值链仅研究视角不同，本书借鉴 Hummels 等（2001）与王玉燕（2014）采用垂直专业化指数 VSS 来衡量制造业全球价值链的嵌入度。具体方法如下：

$$VSS = \frac{uA^M(1-A^D)^{-1}X^V}{ux^v}$$

，其中，$u=(1,1,\cdots,1)_{1\times n}$ 为单位行向量，A^M 为进口产品直接消耗系数矩阵，I 为单位矩阵，A^D 为国内产品直接消耗系数矩阵，$X^V=(X_1,X_2,\cdots,X_{22})^T$ 为 22 个制造业行业出口额组成的列向量，$(1-A^D)^{-1}$ 为列昂惕夫逆矩阵，$A^M+A^D=A$ 为直接消耗系数矩阵。根据投入产出表所提供直接消耗系数矩阵 A 乘以每行上文计算所得中间投入品比率 π，可求得进口中间品消耗系数矩阵 A^M 与国内投入品消耗系数矩阵 A^D，代入原式可算得制造业分行业全球价值链嵌入程度。如表 6.6 所示。

全球价值链国际分工导致国际大买家与跨国公司控制价值链高端、核心技术环节，而广大的制造企业则在价值链上核心技术、销售渠道与制定规则等"高端环节"没有话语权，因此处于价值链附加值较低地位。图 6.1 揭示了 2002~2011 年中国制造业行业全球价值链嵌入程度的变化趋势，整体来看，2002~2011 年 GVC 嵌入程度呈上升趋势。其中，除了纺织业，绝大多数制造业行业呈稳步上升趋势，而 2007 年金融危机发生后，大部分行业嵌入程度出现一定程度下降。石油加工、炼焦与核燃料加工业，仪器仪表及文化办公用机械制造业嵌入程度较高，其次是化学原料及化学制品制造业、交通运输制造业均为科技密集型行业。从基本面看，2002~2007 年嵌入程度最低的为食品制造业，因此，根据以上分析，制造业行业 GVC 嵌入具有明显行业异质性特点。

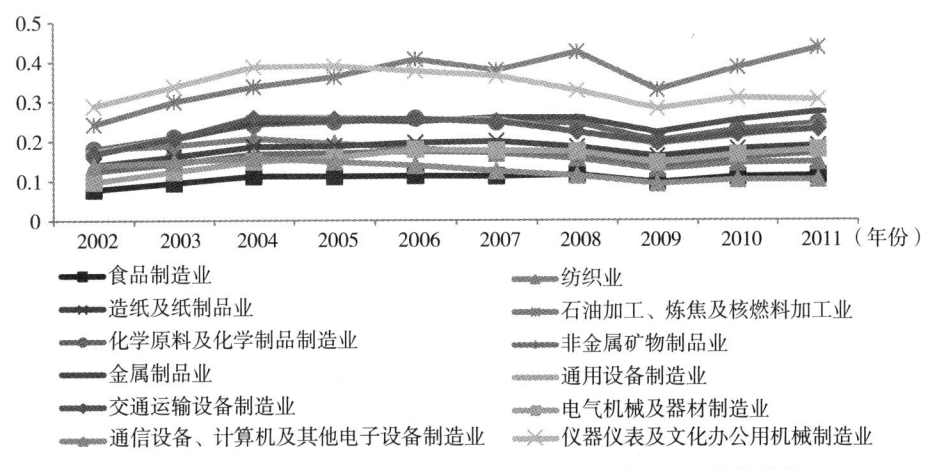

图 6.1 2002~2011 年制造业行业全球价值链嵌入程度变化趋势

表6.6 我国制造业分行业全球价值链嵌入程度

行业 \ 年份	2002	2003	2004	2005	2006	2007	2008	2009	2010	2011
食品制造业	0.0778	0.0948	0.1117	0.1112	0.1127	0.1114	0.1152	0.0954	0.1098	0.1127
纺织业	0.1799	0.1885	0.2065	0.1941	0.1820	0.1689	0.1559	0.1289	0.1440	0.1468
造纸及纸制品业	0.1396	0.1610	0.1862	0.1876	0.1958	0.1995	0.1852	0.1610	0.1797	0.1877
石油加工、炼焦和核燃料加工业	0.2419	0.2990	0.3362	0.3611	0.4063	0.3785	0.4250	0.3278	0.3849	0.4355
化学原料及化学制品制造业	0.1802	0.2098	0.2421	0.2484	0.2567	0.2467	0.2451	0.1999	0.2277	0.2436
非金属矿物制品业	0.1239	0.1434	0.1670	0.1695	0.1737	0.1711	0.1644	0.1382	0.1571	0.1692
金属制品业	0.1729	0.2061	0.2450	0.2539	0.2491	0.2594	0.2586	0.2214	0.2526	0.2732
通用设备制造业	0.1740	0.2065	0.2608	0.2590	0.2544	0.2535	0.2217	0.1923	0.2131	0.2346
交通运输设备制造业	0.1674	0.2074	0.2575	0.2548	0.2558	0.2489	0.2222	0.1949	0.2162	0.2292
电气机械及器材制造业	0.0974	0.1234	0.1483	0.1584	0.1786	0.1761	0.1736	0.1447	0.1660	0.1781
通信设备、计算机及其他电子设备制造业	0.1388	0.1475	0.1578	0.1478	0.1387	0.1245	0.1125	0.0918	0.1017	0.1020
仪器仪表及文化办公用机械制造业	0.2878	0.3367	0.3866	0.3894	0.3756	0.3638	0.3269	0.2808	0.3083	0.3037

（二）根据 Wurgler 模型，可计算我国制造业资本的配置效率

根据中国制造业经济数据完整性，使用相邻年份固定资产净值之比对数 $\ln(I_{ic,t}/I_{ic,t-1})$ 做被解释变量，相邻年份的制造业总产值之比对数 $\ln(V_{ic,t}/V_{ic,t-1})$ 为解释变量，则资本配置效率测算模型为：

$$\ln(I_{ic,t}/I_{ic,t-1}) = \partial_{i,t} + \eta_{i,t}\ln\left(\frac{v_{ic,t}}{v_{ic,t-1}}\right) + \mu_{i,ct} \quad (6-5)$$

式中，$I_{ic,t}$ 为 i 行业 c 省第 t 年固定资产净值；$v_{ic,t}$ 为 i 行业 c 省第 t 年制造业总产值，$\eta_{i,t}$ 为行业 i 第 t 年的资本配置效率，回归可知行业分别的资本配置效率，对该指标求平均数，可求得该行业各年份资本配置效率。

（三）借助外源资本

鉴于行业层面金融发展数据的可得性，沿用 Rajan 和 Zingales（1999）对行业外部融资依赖度的定义，企业自身面临融资约束，需要借助外源资本缓解内源融资难问题。而资本与技术密集型行业更加依赖外部融资。在此，金融体系越发达，此类行业越具有外部融资优势。并且 Rajan 和 Zingales（1999）将美国 34 个行业外部融资比重进行测度，他们认为，伴随全球一体化，产业结构调整。根据陈创练等（2016）的研究，求得我国 12 个制造业行业的外源融资比重。如 6.7 表所示。

表 6.7　12 个制造业行业外源融资比重

行业名称	外源融资比重（%）
食品制造业	0.14
纺织业	0.4
造纸及纸制品业	0.18
石油加工、炼焦和核燃料加工业	0.22
化学原料及化学制品制造业	1.49
非金属矿物制品业	0.33
金属制品业	0.24
通用设备制造业	0.45
交通运输设备制造业	0.311
电气机械及器材制造业	0.77
通信设备、计算机及其他电子设备制造业	1.04
仪器仪表及文化办公用机械制造业	1.06

参考 Cetorelli 和 Gambera（2001）的研究，本书选用了两个金融发展指标：金融规模（FD），等于分行业外源融资比重乘以全国 M2/GDP，现有文献通常利用该指标表示货币化；银行信贷规模，此处用作间接融资渠道的代理变量，作为影响资本配置效率的因素，等于行业外部融资比与银行信贷占 GDP 比重。

如表 6.8 所示，对各行业金融规模与信贷规模进行描述性统计分析可知，绝大多数行业金融规模标准差较小，电气机械及器材制造业，通信设备、计算机及其他电子设备制造业，仪器仪表及文化办公用机械制造业标准差较大，而化学原料及化学制品制造业，通用设备制造业，电气机械及器材制造业，通信设备、计算机及其他电子设备制造业，仪器仪表及文化办公用机械制造业这些行业金融规模均值较大，反映为该行业较其他行业金融规模较高水平。食品制造业、造纸及纸制品业，金属制品业金融规模水平较低。

表 6.8 行业金融规模、信贷规模描述性统计

行业名称	金融规模标准差	金融规模均值	信贷规模标准差	信贷规模均值
食品制造业	1.4720	22.5260	1.2917	19.0915
纺织业	4.2056	64.3600	3.6905	54.5473
造纸及纸制品业	1.8925	28.9620	1.6607	24.5463
石油加工、炼焦和核燃料加工业	0.4206	35.3980	2.0298	30.0010
化学原料及化学制品制造业	2.3131	239.7410	13.7472	203.1885
非金属矿物制品业	3.4696	53.0970	3.0447	45.0015
金属制品业	2.5234	38.6160	2.2143	32.7284
通用设备制造业	4.7313	72.4050	4.1518	61.3657
交通运输设备制造业	3.2699	50.0399	2.8694	42.4105
电气机械及器材制造业	8.0958	123.8930	7.1043	105.0035
通信设备、计算机及其他电子设备制造业	10.9346	167.3360	9.5954	141.8229
仪器仪表及文化办公用机械制造业	11.1449	170.5540	9.7799	144.5502

另外，从信贷规模均值看，化学原料及化学制品制造业等行业信贷规模均值较其他行业大。究其根源在于，资本及技术密集型行业需要更多的前期投入，因此需要银行信贷支持。而食品制造业，造纸及纸制品业，石油加工、炼

焦和核燃料加工业信贷规模相对较低。

考虑到数据的可得性，本书涉及的指标，金融规模、信贷规模、制造业行业资本配置效率，行业资本存量原始数据来自历年《中国制造业经济年鉴》、世界银行数据库、《中国能源统计年鉴》和《中国城市（镇）生活育价格年鉴》，2004年数据采用《中国经济普查年鉴》、国际金融统计数据库（IFS）。资本存量计算方式参考张军（2003）的方法，使用永续盘存法对资本存量进行估算，估算公式如下：利用永续盘存法（PIM）对我国2000~2014年固定资本存量估算详细步骤如下：$K_t = k_t - 1(1-\delta) + I_t$。

关于折旧率与固定资本价格指数，本文采用张军等（2003）的方法，δ为5%，以2002年为基期计算资本存量。于是，可得计算公式 $K_{2002} = I_{1995} / [\text{geomean}(I_{2011}/I_{2002}) + \delta]$。

（四）我国制造业面板数据计量模型及回归检验

根据经验证明，金融规模、信贷规模应与资本配置效率呈正相关关系，因此本书首先建立两个模型，将金融规模、信贷规模与制造业行业资本配置效率相联系，具有理论与现实意义。

$$CD_{it} = \alpha_1 + \beta_1 CD_{it-1} + \beta_2 \eta_{it} + \beta_3 X_{it} + \varepsilon_{it} \qquad (6-6)$$

$$FD_{it} = \alpha_2 + \beta_4 FD_{it-1} + \beta_5 \eta_{it} + \beta_6 CD_{it} + \beta_7 Z_{it} + \mu_{it} \qquad (6-7)$$

式中，CD_{it}表示行业的信贷规模，FD_{it}为行业金融规模，X_{it}与Z_{it}是要加入其他控制变量组成的集合。i表示各截面制造业行业，$t \in [1, 10]$，α为常数项，β为系数，ε与μ表示扰动项。为了控制行业特征影响，本书还加入了以下控制变量。①人口规模（pop），各行业规模以上行业的年平均就业人数（万人）；②规模以上制造业行业总产值（tw）；③行业集中度（con），用大中型制造业企业总产值占全部制造业总产值比重表示；④资本存量（CS），用制造业各行业资本存量表示。

本书使用系统GMM动态面板模型，解决模型内生性问题。首先利用式（6-1）检验制造业行业资本配置效率对信贷规模间的关系。由计算结果可知，制造业行业资本配置效率的系数为0.0506，并且在1%水平下显著。说明随着制造业行业资本配置效率提高，信贷规模也随之扩大。这说明行业资本配置效率上升1个百分点，信贷规模上升5.06个百分点，虽增幅较小，但二者呈正相关，这是符合经济学常识与经验研究的。由于AR（1）是一阶序列相关性检验，AR（2）二阶序列相关性检验。由于滞后一期动态面板回归结果能通过AR检验与Sargan检验，并且取得较好的显著性检验结果。

并且在回归结果模型（6-2）~模型（6-4）逐步加入行业集中度、从业规模、规模以上制造业总产值等控制变量依次放入模型做逐次回归，最后放入回归模型变量，回归结果均发现，行业的信贷规模似乎与行业集中度、从业规模、规模以上制造业总产值增幅关系并不是很大，甚至是负相关的关系。究其原因，可从现实经济运行情况中寻找答案，在去杠杆、去产能的政策背景下，制造业行业资本配置效率提高，行业的信贷规模随之扩大，但伴随着信息化机械化水平提高，制造业行业生产活动所需人数可能并不随之提高，行业集中度越强，可能越不利于资本配置效率的提高、信贷规模的扩张。银行信贷规模的扩张，在现实中并不一定意味着行业集中度的增强、行业从业人数的增多。如表 6.9 所示。

表 6.9 信贷规模与行业资本配置效率

CD	模型（1）	模型（2）	模型（3）	模型（4）
LCD	0.934*** （0.0152）	0.920*** （0.0416）	0.884*** （0.0524）	0.834*** （0.0877）
n	0.0506*** （0.00592）	0.0396*** （0.00524）	0.0358*** （0.00755）	0.0278*** （0.00703）
con		−0.462*** （0.0697）	−0.558*** （0.123）	−0.507*** （0.0899）
pop			−0.0722*** （0.0120）	−0.122*** （0.0201）
tv				−0.135*** （0.0251）
常数项	−0.0117** （0.00579）	0.0349 （0.0626）	0.0202 （0.0867）	0.0423 （0.110）
时间固定效应	已控制	已控制	已控制	已控制
国家固定效应	已控制	已控制	已控制	已控制
样本观测值	108	108	108	108
行业数	12	12	12	12
工具变量数	25	26	26	29
AR（1）(P值)	0.0235	0.0203	0.0197	0.0253
AR（2）(P值)	0.1177	0.6820	0.0283	0.0273
Sargan test(P值)	0.9928	0.9753	0.9772	0.9976

注：括号内数字表示 t 统计量；*** 表示 $p<0.01$，** 表示 $p<0.05$，* 表示 $p<0.1$。

第六章 基于分工深化视角金融依赖影响制造业价值链的机制

同理，对模型（2），以金融规模为被解释变量，对金融规模与信贷规模、制造业行业资本配置效率进行检验，根据模型（6）~模型（10）回归发现，金融规模与行业资本配置效率呈正相关，与信贷规模也呈正相关，金融规模每增加 1 个百分点，行业资本配置效率增加 0.0181 个百分点，信贷规模增加 0.543 个百分点，同时该两大指标在 1% 水平下显著（见表 6.10）。依次加入控制变量后发现，与信贷规模为被解释变量不同，从业规模、制造业行业总产值及行业集中度均与金融规模呈显著正相关。这充分印证了优化资金配置效率，以金融规模扩大为标志之一的金融深化、金融市场发展，可以为企业提供更为广阔的融资渠道。

表 6.10 金融规模与信贷规模、行业资本配置效率

FD	模型（6）	模型（7）	模型（8）	模型（9）	模型（10）
$L.fd$	0.938*** （0.0201）	0.459*** （0.0177）	0.285*** （0.0139）	0.297*** （0.0232）	0.287*** （0.0279）
n	0.0218*** （0.00342）	0.0181*** （0.00165）	0.0123*** （0.00128）	0.0120*** （0.00173）	0.0112*** （0.00290）
CD		0.543*** （0.00581）	0.693*** （0.0123）	0.679*** （0.0269）	0.704*** （0.0305）
tv			0.0555*** （0.0110）	0.0483*** （0.0153）	0.0185* （0.00953）
cs				0.00647 （0.00967）	0.0130* （0.00694）
pop					0.0354*** （0.0111）
常数项	0.0164*** （0.00387）	0.0135*** （0.00196）	0.00826 （0.00544）	0.00925** （0.00457）	0.00999 （0.00832）
时间固定效应	已控制	已控制	已控制	已控制	已控制
国家固定效应	已控制	已控制	已控制	已控制	已控制
样本观测值	108	108	108	108	108
行业数	12	12	12	12	12
工具变量数	24	25	26	27	28
AR（1）（P 值）	0.0306	0.0189	0.0102	0.0105	0.0122
AR（2）（P 值）	0.0302	0.0294	0.0719	0.0603	0.0273
Sargan test（P 值）	0.9493	0.9900	0.9658	0.9842	0.9714

注：括号内数字表示 t 统计量；*** 表示 p<0.01，** 表示 p<0.05，* 表示 p<0.1。

根据本书的传导机制，分析行业信贷规模、金融规模与行业价值链嵌入程度的关系，是本书研究的重点。通过模型（8）~模型（10）与表6.10回归结果可归纳出以下几点结论。

$$GVC_{it} = \beta_6 + \beta_7 GVC_{it-1} + \beta_8 fd_{it} + \beta_9 POP_{it} + \mu_{it} \quad (6-8)$$

$$GVC_{it} = \beta_{10} + \beta_{11} GVC_{it-1} + \beta_{12} CD_{it} + \beta_{13} CON_{it} + \upsilon_{it} \quad (6-9)$$

$$GVC_{it} = \beta_{14} + \beta_{15} GVC_{it-1} + \beta_{16} CD_{it} + \beta_{17} TV_{it} + \beta_{18} cs_i + \phi_{it} \quad (6-10)$$

（1）金融规模与信贷规模有利于行业价值链嵌入程度的增加。模型（11）~模型（15）的结果显示，无论是否引入控制变量，信贷规模与金融规模对价值链嵌入程度的回归系数均为正，并且至少在1%显著性水平上通过检验。这即证实了前文关于行业融资依赖度提升、行业金融规模提高、信贷规模提高，价值链嵌入度随之提高的猜想。模型（13）结果表明，价值链嵌入程度每提升1个百分点，信贷规模扩大0.44个百分点；选择控制变量为行业集中度时，价值链嵌入程度每提升1个百分点，银行信贷规模提升0.335个百分点，且行业集中度增高，价值链嵌入程度随之增加。如表6.11所示。

表6.11 金融规模、信贷规模与全球价值链嵌入

FD	模型（11）	模型（12）	模型（13）	模型（14）	模型（15）
$L.gvc$	0.731*** （0.0412）	0.911*** （0.0575）	0.756*** （0.0331）	0.626*** （0.0282）	0.681*** （0.124）
fd	0.00566*** （0.00134）	0.460*** （0.134）			
XD			0.440*** （0.0378）	0.335** （0.151）	0.505*** （0.0622）
pop		−0.150*** （0.0353）			
Con				0.476*** （0.163）	
tv					0.110*** （0.0424）
cs					−0.114*** （0.0237）
常数项	−0.422*** （0.0933）	0.0691 （0.0645）	0.0754 （0.0532）	0.0756 （0.0768）	0.0893 （0.0671）

第六章 基于分工深化视角金融依赖影响制造业价值链的机制

续表

FD	模型（11）	模型（12）	模型（13）	模型（14）	模型（15）
时间固定效应	已控制	已控制	已控制	已控制	已控制
国家固定效应	已控制	已控制	已控制	已控制	已控制
样本观测值	108	108	108	108	108
行业数	12	12	12	12	12
工具变量数	46	47	46	47	48
AR（1）（P值）	0.1366	0.1019	0.1301	0.0848	0.1394
AR（2）（P值）	0.3943	0.5112	0.3548	0.2518	0.4191
Sargan test（P值）	1.0000	0.9900	1.0000	1.0000	1.0000

注：括号内数字表示 t 统计量；*** 表示 $p<0.01$，** 表示 $p<0.05$，* 表示 $p<0.1$。

（2）模型（15）表明，在控制住规模以上制造业行业总产值与资本存量时，信贷规模每增加1个百分点，价值链嵌入程度增加0.681个百分点。制造业行业总产值与价值链嵌入程度呈正相关，资本存量的提升则不利于嵌入程度的提升。本书认为这可能与我国制造业行业价值链嵌入方式有关，中国劳动力要素较丰富，虽在过去很多年吸引了大量跨国公司将劳动密集型的加工组装生产活动布局在中国，然而跨国公司对核心技术的封锁，金融市场欠发达，制造业行业生产率提高空间比较有限，制造业行业资本配置效率不足。另外，还可以通过融资依赖角度来解释，一般的企业获取银行信贷较难，目前不少私企通过获得FDI融资支持，缓解融资困境。因此，本行业的资本配置效率难以得到提高。这符合过去中国若干年在信贷规模较低条件下，面临产能过剩，地方投资过度，但行业仍无法打破价值链低端诅咒，局部过度且闭塞的国内投资，不利于资本边际效用的提升，制造业行业可能无法消化过剩国内资本存量。究其原因，还在于缺乏发达的资本市场。资本存量的提升并不意味着制造业资本利用效率提升。

（3）从回归结果同理可知，金融规模的提升同样有利于价值链嵌入程度的提升，可知金融规模与信贷规模的扩大可以提高国内金融体系服务实体经济的能力，拓宽企业的融资渠道，由模型（10）可知，伴随金融发展，资本存量对信贷规模的正向影响更加明显。鉴于本书所计算得到的制造业行业融资依赖度差异，大多数制造业行业金融规模、信贷规模仍相对落后，例如传统的制造业行业与资源密集型行业（食品制造业、造纸业以及非金属制品业）。发展国内金融市场，通过盘活金融市场，消化行业间国内资本存量，提升本行业资本配置效率仍应是未来发展的方向。

第五节 本章小结

本书通过研究考察价值链分工深化下，国际制造业行业价值链分工地位的一般性事实，深入分析我国制造业价值链嵌入程度与融资依赖关系，结合世界范围内制造业价值链地位的一般规律，与我国制造业行业资本配置效率、金融发展实证研究现状，得到一些基本的研究结论。具体表现为：制造业行业资本配置效率与金融规模、信贷规模呈正相关，资本市场越发达，行业的银行信贷融资依赖越大，制造业行业资本配置效率随之提高；而资本市场越发达，制造业行业价值链嵌入程度随之提高，满足制造业行业资本配置效率→金融规模、信贷规模→行业全球价值链嵌入度传导路径。鉴于数据的可得性，运用我国2002~2011年12个制造业行业的面板数据，通过建立计量模型，分别针对该传导机制进行实证检验，通过实证检验可以得出：

（1）全球价值链分工地位，对促进一国制造业的国际竞争力有举足轻重的作用。参与全球价值链分工能显著提升制造业国际竞争力，对中国这样处于产业转型升级的国家来说，要进一步提升制造业国际竞争力，即需要更深度参与全球价值链分工。融发水平、信贷规模已成为国际竞争力提升的重要影响因素，金融发展水平提升有利于一国制造业国际竞争力的提升。因此，一国具有国际竞争优势，不仅需要充分利用各种有形资源，还应重视由信贷扩张所带来的价值链提升，以及过度信贷膨胀所带来的系统性金融风险。金融发展不仅对一国制造业国际竞争力具有提升作用，并且对该国全球价值链地位提升与制造业国际竞争力关系产生重要影响：由信贷水平门槛效应分析结果可知，在信贷水平门槛前，全球价值链分工地位对制造业国际竞争力有明显正向作用。但当信贷水平跨过一定门槛之后，该提升促进作用较小，甚至不显著。

（2）本书考虑了国内资本配置效率、金融市场发展、价值链嵌入的关系，进一步反映出我国制造业行业资本配置效率整体不高，国内金融市场仍不健全，金融资源尚无法有效融通，不能配置到效率较高的行业中。那么，国内金融市场发展，是否能够有效促进国内对资本配置效率的影响？本章研究结论不仅能为不同产业吸引国内资本，产融结合提供参考建议，也能为国内金融市场深化改革，提升制造业行业资本配置效率、行业价值链嵌入程度提供决策依据。

（3）本章研究的启示意义：

第一，提高中国金融资源配置效率，要拓宽融资渠道，建立多层次资本市场，鼓励地方性中小金融机构，银行多元化格局竞争，逐步改善呆板的市场体系，实现产融结合。应打破金融垄断，让部分侵占制造业利润的金融业让位于制造业利润，培养、完善良好的资本运作体系。为中国制造业企业实现价值链上的攀升提供有力的金融支持。发达的金融市场可以缓解资本密集型与技术密集型行业的融资困境，通过搭建多种融资服务方式平台，为企业向价值链高端攀升提供平台支撑加深价值链嵌入能够推动制造业转型升级，发挥比较优势，构建以我国为主的价值链体系。在构建以我国主导价值链的过程中，需要金融业满足制造业融资需求，只有大力发展金融业，打破制约制造业行业转型升级的融资桎梏，才能有效发展制造业。

第二，伴随服务成为产品异质化的最主要因素，金融服务贸易占服务贸易比重仍较低，尤其是我国的金融发展水平与发达国家相比还有较大差距，金融机构内部管理水平同发达国家相比差距依然较大。金融危机以来，金融市场的准入不断降低，大量外资银行涌入国内金融市场，尤其伴随一些新的金融手段出现，非金融机构蓬勃发展，市场金融主体呈现多元化。"大金融"趋势给传统银行的转型发展带来前所未有的挑战，混业经营是银行业发展的趋势。银行作为国家经济建设的重要融资机构，在向综合性智慧银行转型的基础上，转型信贷产品，注重资产质量管理，为产业的发展提供多元化融资方式。

第三，同制造业一样，服务业"全球化"和"碎片化"的发展趋势日益明显，即基于全球价值链的产业转移从以往制造业向服务业拓展和延伸，全球产业链重构下高端产业向发达国家"回流"和低端产业向更具成本优势的发展中国家"再转移"，以及全球产业链转移内生要求的全球经济规则正在发生变化。如何在理论上明晰全球产业链转移趋势下，全球服务产业链对中国出口价值链提升的作用机制，以形成相应的理论假说，并进一步检验识别可能的关键影响因素。据此构建进一步扩大服务业对外开放，通过全面和深度嵌入、攀升全球制造链，提升中国出口价值链的政策体系。

第七章

基于外包视角的金融依赖影响我国制造业产品内分工机制

伴随国际产业分工的持续深化与经济全球化服务业的发展趋势，跨国公司将制造业链条上的服务环节（如金融、营销等环节）外包给本土国内企业或国外的代工企业。基于全球价值链，发生的跨越国界的国家间外包称为国际服务外包，从经济分工的演变历史看，国际外包是当代价值链分工体系中，产品内分工深化的重要方式。从国际服务外包的发展过程看，全球范围内，美国、欧洲等发达国家占据全球价值链的主导地位，掌握着价值链的高端环节，作为全球的发包大国，占据了超过85%的发包份额，其他国家占比不及10%。从服务外包承接的层次看，加拿大、澳大利亚等国家承接的外包大都为比较高端的环节，而作为传统外包承接大国，印度正经历由（ITO）信息技术外包向业务流程外包（BPO）、知识外包（KPO）转型。我国的服务外包近年来发展迅速，商务部2016年公开的数据显示，2015年，我国承接美国、欧盟的服务外包执行额分别为150.6亿美元、98亿美元，同比增幅达17.5%、17.6%。但某种程度上面临着被锁定在"低附加值"环节的命运。目前我国承接国际服务外包规模还比较低，我国离岸外包的执行金额较低，以中型企业为主，从图7.1可知，我国承接国际外包主要业务是信息技术外包，而业务流程、知识外包承接比重则比较有限，这说明我国承接服务外包的产业结构有待升级优化。

学界就服务外包对东道国的产业结构影响研究较多，一是对承接外包对接包国的产业结构有何影响？代表性研究有Amiti（2005）和Farrell（2005）对外包对接包国就业水平与工资机会、产业结构水平的影响进行了研究。二是服务外包通过何种传导机制影响对接包国的产业结构？卢峰（2007）从产品内分工的视角入手，分析了服务外包的利益来源于成本约束。李强和郑江淮（2013）从价值链的服务外包产业升级效应入手，构建产品内分工的理论模型，提出影响我国制造业攀升全球价值链的理论假说。本书发现，现有基于价值链的服务外包产业升级效应研究，大都从技术扩散、产业规模、研发等角

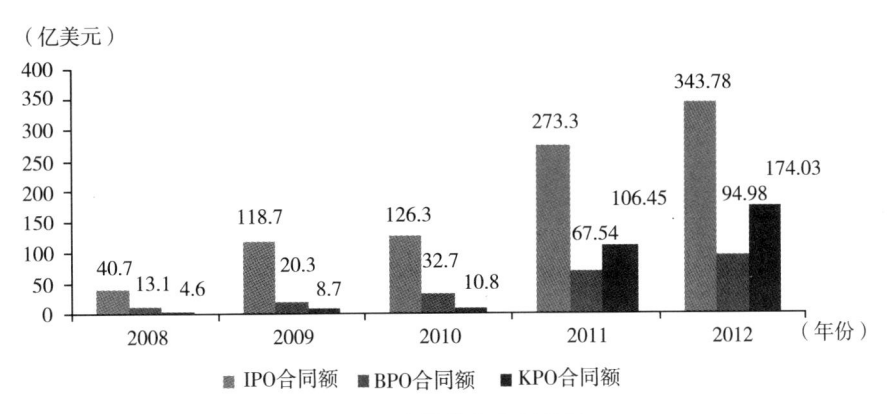

图7.1 离岸外包市场状况

资料来源：商务部中国服务外包网（http://chinasourcing.mofcom.gov.cn/）。

度阐述研究机制。很少有学者将融资因素纳入价值链分工视角下服务外包产业升级效应的研究中。随着国内金融市场的发展，国际资本与国内资本对于承接国际服务外包水平有何影响？其对于全球价值链视角下的产业升级影响有何不同？这是本书旨在回答的问题。

与现有研究相比，本书的贡献体现在以下几方面：

第一，就研究视角来说，现有文献主要从技术层面考虑承接服务外包与产业升级的关系，大多忽略了金融与服务外包的关系，鲜有研究关注外部融资依赖对服务外包、产业升级的作用。

第二，从研究内容来讲，本书界定的服务外包不是服务业的外包，而是服务环节的外包，包含了服务业和制造业中服务环节的外包。本书发展了关于融资依赖与承接国际服务外包、国内服务外包的实证研究。近年来，伴随着贸易金融研究领域成果的日渐丰富，制造业外部的融资依赖程度会影响制造业细分行业承接服务外包的水平，从而影响制造业产业升级。然而大多数文献还是围绕金融对于产业升级的影响展开，很大程度上忽略了融资因素对价值链上产品内分工的影响。

第三，从数据获取与处理上来看，以往产业升级与金融发展的文献大多采用宏观数据，本书采用18个制造业细分行业数据，以求更加深入细致地考察融资依赖对价值链视角下中国作为接包国，承接服务外包的能力。本书先对现有研究进行回顾，提出融资依赖对我国承接服务外包能力的实证假说，然后通过计量方法，验证这种假说存在的可能性。鉴于此，本书主要采用2002~2011年制造业细分行业的面板数据，试图提供一个逻辑自洽的框架解释服务外包产业升级效应背后的融资原因。为近年来我国产业结构升级背景下，企业利用国际与国内金融市场，参与价值链分工，攀升价值链分工地位提供一个可能的新解释视角。

第一节 理论与假说

在世界经济全球化的潮流中，世界各国纷纷加入全球价值链，产品内分工深化，表现为从产品价值链低端向高端环节攀升。Poon（2004）研究表明，制造商从低附加值产品转向生产高附加值（如资本密集型产品），即体现了产业升级。而我国产业升级滞后，企业被锁定在产业价值链低端，源于我国相对欠发达的金融发展水平（齐俊妍和王永进，2011）。20世纪70年代，金融发展与产业升级成为学界热议的焦点。Levine（1997）、Levine（2013）认为，地区金融发展水平会对该地区产业结构的变动有很大的影响，会带来不同产业的增长。Rajan和Zingales（1998）对跨国数据分析发现，金融市场发达的国家中，外部融资需求更高的产业增长显著加快，验证了金融发展通过降低外部融资成本促进经济增长的路径。Egger和Keuschnigg（2011）构建了异质性企业的研发决策模型，得出金融有效性越高的国家，研发密集型企业的比例越大，在产品创新具有比较优势。Benfratello等（2008）通过考察20世纪90年代意大利企业数据，发现地区性银行业的发展有助于高科技行业或外部融资依赖度高的行业中企业进行工艺创新。从融资结构与产业升级角度，Lin等（2015）针对金融发展与产业发展计量发现，在非四大国有银行占比较高的地区（即银行业进入放松与竞争程度较高的地区），非国有企业占比较高的行业增长快于国有企业占比较高的行业；在中小银行较多的地区，劳动力密集型行业比资本密集型行业增长得较快。以上理论及研究文献均集中于金融发展与产业结构关系上，对金融发展及价值链视角下的产品分工、产业升级研究非常少，也没有形成金融发展对于服务外包、价值链下产业升级理论框架。

另外，通过梳理国内外基于外包与融资方面的研究，发现目前存在几大特点：

一是从微观实证着手，从企业融资情况与外包之间的关系进行实证分析。如Giuseppe Calabrese和Fabrizio Erbetta（2005）将外包与企业绩效相联系，在对意大利的汽车供应商的外包活动研究时发现，企业的外部金融依赖与盈利能力会影响其外包行为，当企业的盈利能力与债务情况较好时，会使得其采取外包策略。类似的还有从企业内部财务状况（内部融资）角度考察制造业供应商与外包活动间的关系（Mohamad Ghozali Hassan，2016）。

第七章　基于外包视角的金融依赖影响我国制造业产品内分工机制

二是单独研究金融业服务外包对产业升级有何影响。Grant MacKerron 等（2015）建立了一个有效的绩效评价框架（Supply Chain Operations Reference）供应链的运作参考机制，分析了英国金融部门的服务外包及其对外包的形式有何影响。尚庆琛（2017）对我国金融服务外包总体情况进行研究，发现我国离岸金融外包局限于传统业务板块，在高端金融 KPO（知识外包）领域还有待接受国际市场进一步认可。伴随互联网金融发展，应该从加快金融改革入手，帮助金融服务外包与新技术"产融结合"，从而提升产业链的国际综合竞争力。

三是从 FDI 与国内资本之间的关系着手，考察对供应商融资约束的影响。杨珍增（2012）通过构建理论模型，探讨了供应商的融资约束对跨国公司"外包—垂直一体化"决策的影响，其饶有意义的研究结论表明，若东道国的金融发展比较落后，会导致供应商融资成本上升、中间产品任务投入不足，从而跨国公司会采取垂直一体化策略获取中间产品。由此可见，唯有提升金融发展水平，方能减少来自国外的低端 FDI 流入，进而调整产业结构。

综上所述，可以发现现有的文献从理论或实证支持角度，将服务外包与金融发展两者的关系进行了有意的探讨。但已有文献的特点也非常明确：第一，多偏重于数据实证企业融资情况与外包直接的关系，缺乏从产业升级的角度探讨外包与融资依赖的关系。很多学者都曾将产业攀升全球价值链作为产业升级的过程，李强和郑江淮（2013）认为，我国产业在总体上价值链位置较低，尤其是在金融危机前后出现了阶段性波动。吕越等（2016）发现，融资约束在我国产业在全球价值链上嵌入程度起到决定性作用。融资约束较大的情况下，会阻碍产业攀升全球价值链。这给本书通过充分考虑价值链下的产业升级效应、构建融资对承接外包水平的作用机制提供了广阔的空间。第二，吕越（2016）采用制造业企业数据库，制造业企业数据库具有样本量大的优势，但存在其样本匹配、指标缺失、指标异常等问题（聂辉华等，2012），更是缺乏系统测算国际与国内外包的原始数据。所以，采用行业数据重新在实证层面支持本书的观点和猜想显得必要和可行，同时是对上述研究者的支持和补充。第三，由于融资依赖与服务外包、产业升级效应，需要独特的指标计算。现有的零星文献，缺乏从动态角度分析外包对产业升级机理的作用机制。本书试图利用我国 2002~2011 年 18 个细分制造业面板数据对理论假说从静态与动态两个角度进行检验。

依据现有的研究现状：本书以融资依赖→承接服务外包→价值链下产业升级效应为传导机制，本书提出如下理论假说：产业的外部融资依赖度会通过其自身人力资本水平、研发水平和外商直接投资水平，影响该产业承接服务外包水平，最终影响产业在全球价值链上的升级。

假说1：融资依赖通过提高产业的人力资本水平，提升产业国际承接外包水平，促进价值链攀升。

假说2：融资依赖通过产业研发能力增加，提升产业国际承接外包水平，促进价值链攀升。

假说3：融资依赖通过FDI溢出水平的增加，提升产业国际承接外包水平，促进价值链攀升。

对于三个假说有来自三大方面的理论支撑：

支撑之一：现代服务业需要更多的高技能劳动力，承接国际服务外包，需要接受更高层次的教育，努力提高人力资本水平。"产业发展，人才先行"，从俄林—赫克歇尔的要素禀赋理论来讲，劳动、资本等生产要素决定了一国的生产方式。高技能劳动力是推动产业发展、服务外包的主要力量。而服务外包需要考虑的两大重要因素是成本与人才。我国通过承接制造业外包切入全球价值链，参与全球价值链分工初期，很多外包环节都是低附加值的。而我国的比较优势有限，主要集中于劳动密集型产业，通过廉价的劳动力从事加工制造，获取了国际市场的价格竞争优势。而在新形势下，技术密集型外包与知识外包的兴起，对于外包过程中，我国的人力资本存量提出了更高要求。尤其是在近年来，我国劳动力成本优势在国际市场不再显现，发达国家跨国公司将加工制造环节转向了以印度尼西亚、马来西亚等人力成本更加低廉的国家。这给我国产业转型升级带来很大挑战，由劳动密集型产业转向资本密集型与技术密集型产业，必须提高劳动力素质，促进平均生产率提升，从而攀升全球价值链。邵敏（2012）研究发现，如果仅依靠人力资本的积累却不赋予企业外部融资的便利，将难以提高我国制造业的研发倾向。由此可见，融资依赖会通过产业人力资本水平增加，从而影响产业国际承接外包水平与价值链攀升。

支撑之二：发展中国家提高研发投入，有助于提升生产技术，降低价值链上高端生产工序的成本，而发达国家外包有更多高科技含量的环节，从而向价值链高端攀升。在企业内部融资受到限制，自有资金不足的情况下，企业的外部融资会影响其从事研发投入。Greenwald（1984）将信息不对称引入企业融资行为，发现由于信息成本较高，导致企业的外部融资成本提高，最终不利于企业研发创新。另外，企业通过研发，从事外包，获得原材料能够提升其生产率，促进产业增长的微观机制也得到许多研究证实（蒋为等，2015；徐毅和张二震，2008；Goldberg et al.，2010）。另外，蒋为（2015）利用我国制造业企业的问卷调查，证实外包显著影响我国的研发创新，而融资约束更低的企业，这种影响作用更强。由此可知，金融环境的影响、制造业的融资依赖度，会对外包的研发投资、研发创新效应乃至产业升级造成非常深刻的影响。

支撑之三：发展中国家的资本受FDI（外商直接投资）影响比较大，如果外商投资的资本数量较大，会降低发展中国家国内利率，降低从事低附加值加工的成本。另外，FDI通过技术溢出，会影响该国在价值链上的位置。黄玖立等（2009）研究了FDI流入对于我国省际产业增长的影响，发现国内信贷与FDI具有一定的替代性，FDI流入省份产业增长较快。融资依赖能够影响外资流入结构，杨珍增（2012）认为，提升金融发展水平，能缓解供应商的融资约束，从而转向外包形式而非垂直一体化。随之带来的是外商直接投资结构的优化，更有利于高技术复杂度的FDI流入，促进我国的产业升级。

综上所述，融资依赖通过人力资本、研发水平及外商直接投资水平深刻影响我国承接外包水平。良好的金融环境会缓解产业融资约束，提升承接国际外包水平，有利于制造业攀升全球价值链，实现产业升级。

第二节　主要变量

为了验证上述理论猜想，本书选取2002~2011年制造业的数据作为研究对象。主要用于验证本书的核心假说，融资依赖对承接外包作用，以及承接外包对价值链下产业升级的促进作用。本书所有的原始数据来源于历年《中国工业统计年鉴》《中国科技年鉴》《中国统计年鉴》《中国金融年鉴》《中国投入产出表》以及UN Comtrade Database。

首先需要构建一个合意的指标测度融资依赖，鉴于行业层面金融发展数据的可得性。沿用Rajan和Zingales（1999）对行业外部融资依赖度的定义，企业由于财务状况等原因，自身存在融资约束，自给融资不够，需要借力外部融资，尤其是资本与技术密集型行业更加依赖外部融资。在此，金融体系越发达，此类行业越具有外部融资优势。并且Rajan和Zingales（1999）对美国34个行业外部融资比重进行测度，他们认为，伴随全球一体化，产业结构的调整，本书参考陈创练（2016）的方法，我国细分制造业融资比重可以以美国行业的融资依赖度为标准，如表7.1所示。

表7.1　18个制造业行业外源融资比重

行业名称	外源融资比重（%）
食品制造业	0.14
饮料制造业	0.08

续表

行业名称	外源融资比重（%）
纺织业	0.4
造纸及纸制品业	0.18
医药制造业	0.04
家具制造业	0.24
石油加工、炼焦及核燃料加工业	0.22
化学原料及化学制品制造业	1.49
化学纤维制造业	0.69
有色金属冶炼及压延加工业	0.09
黑色金属冶炼及压延加工业	0.06
金属制品业	0.24
通用设备制造业	0.45
交通运输设备制造业	0.311
电气机械及器材制造业	0.77
通信设备、计算机及其他电子设备制造业	1.04
仪器仪表及文化办公用机械制造业	1.06

鉴于行业方面金融数据较难获得，因此使用全国金融发展水平与表7.1的融资规模权重相乘，参考Cetorelli和Gambera（2001）的方法，本书选用了两个金融发展指标：金融规模（FD），相当于细分制造业外部融资的权重与全国M2/GDP的乘积，现有文献通常利用该指标表示金融深化水平；分行业的信贷规模作为影响资本配置效率的因素，将细分行业外部融资权重和国内银行信贷/GDP乘积表示。

在对数据处理过程中，鉴于我国投入产出表的特殊性，选取1997年、2002年、2007年三年投入产出表，导致2002~2011年存在数据的不连续性，部分年限存在缺失。本书沿袭唐玲（2009）与北大CCER（2006）的方法，用2002年的投入产出代表2003~2006年投入产出矩阵，2007年的投入产出用作2008~2011年投入产出矩阵。历年投入产出数据来源于《中国统计年鉴》，利用历年产值增长率，以2002年与2007年产值为基础，计算其他年份的投入产出数值。各行业的进出口数据来自UN Comtrade Database中我国分类产品的出口数据，产业的增长率使用GDP的年增长率。

第七章 基于外包视角的金融依赖影响我国制造业产品内分工机制

由于本书的研究对象是价值链视角下承接服务外包的产业升级效应,因此利用投入产出数据测度我国作为接包方,承接外包水平。此处采用 Hummels 等(2001)从相对值方法垂直专业化指数,测度服务外包。根据李强、郑江淮(2013)将 Hummels 垂直专业化指数中投入的界定,得到本书测度承接国际服务外包公式:

$$oss_i = \left[\frac{\text{export}_i}{\text{produciton}_i}\right] \sum_j service_{ij} / \text{export}_i = \frac{\sum_j service_{ij}}{production_i} \quad (7\text{-}1)$$

式中,oss_i 代表承接国际服务外包的水平,下标 i 与 j 分别代表产业与中间投入品数量。$ecport_i$ 代表产业的出口产品总量,$produciton_i$ 代表产业 i 的总产出。$service_{ij}$ 代表产业 i 投入中间服务 j 的数量。本书参考樊秀峰等(2013)的方法,把中间服务投入界定为五类:交通运输,综合技术服务业,信息传输、计算机与软件,批发与零售,研究与试验。式(7-1)表明,oss_i 越接近 1,承接国际服务外包水平越高。

为了正确反映产业间国内国际服务外包的现状,本书对投入产出表的投入部分进行了分离,方法在于,产品中间投入中国内外的占比等于最终产品中国内生产与进口占比相同,式(7-2)表示中间投入占比的数量。

$$\lambda_j = \frac{ip_j}{production_j + imp_j - \exp_j} \quad (7\text{-}2)$$

式中,ip_j 代表行业 j 中最终产品进口的数量,式(7-2)表明中间服务投入 j 与国内中间投入之比。

根据式(7-2),本书用以测度我国国内服务外包的公式如下:

$$Doss_i = \frac{\sum_j service_{ij}(1-\lambda_j)}{production_i} \quad (7\text{-}3)$$

除了上述测度融资依赖与承接国际、国内服务外包的指标外,本书旨在研究融资依赖通过外包,传导至价值链下的产业升级效应。因此,主要用附加值测度价值链位置的方法。

本书参照李强和郑江淮(2013)测度价值链位置的方法,用行业的出口复杂度表示。

$$ESI = \sum_K \frac{x_{jk}}{x_{ji}} PRODY_k \quad (7\text{-}4)$$

式中,ESI 与 $PRODY$ 表示产品及行业的出口复杂度,k 表示产品,i 表示产业,x_{jk} 表示 j 国 k 产品的出口值。

第三节　计量模型与实证检验

基于本书的理论假说，要验证融资依赖、国际外包、国内外包、产业人力资本水平、FDI 溢出水平及研发水平对价值链下产业升级的影响。本书首先构建计量模型（7-5）与模型（7-6）来检验，金融规模与信贷规模分别对国际外包与国内外包有何影响。

$$oss_{it} = \partial_0 + \partial_1 oss_{it-1} + \partial_3 FD_{it} + \partial_4 CD_{it} + \partial_5 CS_{it} + \partial_6 pop_{it} + \partial_7 inst_{it} + \mu_i + \lambda_i + \varepsilon_i \quad (7-5)$$

$$Doss_{it} = \partial_0 + \partial_1 Doss_{it-1} + \partial_3 FD_{it} + \partial_4 CD_{it} + \partial_5 CS_{it} + \partial_6 pop_{it} + \partial_7 inst_{it} + \mu_i + \lambda_i + \varepsilon_i \quad (7-6)$$

计量结果如表 7.2 所示，金融规模与信贷规模对于国际外包来说都有显著的促进作用。同时，金融规模对于承接国际外包的影响要大于信贷规模的作用，如金融规模提升 1 个百分点，承接国际服务外包水平提升 1.026 个百分点；而信贷规模每提升 1 个百分点，承接国际服务外包水平则增加 0.139 个百分点。从融资依赖的指标看，金融规模相对信贷规模对我国承接外包水平提升的促进作用更强。反观表 7.3 计量结果，在对比金融规模与信贷规模对我国承接国内服务外包水平作用时，银行信贷规模对我国承接国内服务外包促进作用远高于金融规模作用效应。银行信贷规模平均提升 1 个百分点，承接国内服务外包水平增加 0.899 个百分点；相对于金融规模每增加 1 个百分点，国内服务外包接包水平上升 0.130 个百分点。由此可知，我国国际服务外包更依赖金融深化的作用，承接国内服务外包则更加依赖于银行信贷规模效应，这可能与国内的金融体制以银行间接融资为主有关。其他控制变量，CS 代表分行业资本存量，POP 代表分行业从业人数，Inst 代表产权制度因素（国有及国有控股制造业企业总产值占全部制造业总产值比重）。CS、产权制度、从业人数几乎均对国际服务外包呈正的显著效应。而对于国内服务外包，资本存量与产权制度因素则不一定带来国内服务外包承接水平的增加。

同时，为了验证 3 个理论假说，也可以说是融资依赖通过国际外包促进产业升级的传导机制，还构建了模型（7）、模型（8）以验证该机制。在等式两边变量取对数后，反映了增长率的相对变化。将产业升级效应滞后一期、国际外包、国内外包原始值进行系统 GMM 回归时，国际外包与国内外包均会促进全球价值链产业升级，同时承接国际服务外包对价值链产业升级效应促进作用

第七章　基于外包视角的金融依赖影响我国制造业产品内分工机制

表 7.2　金融规模、信贷规模与承接国际外包

变量	模型（1）	模型（2）	模型（3）	模型（4）	模型（5-6）	模型（7）	模型（8）	模型（9）	模型（10）
$Loss$	0.0249***	0.0323***	0.0351**	0.0400**	0.170***	0.167***	0.169***	0.182***	0.0457*
	(0.00937)	(0.00913)	(0.0150)	(0.0197)	(0.00731)	(0.00852)	(0.0124)	(0.0161)	(0.0247)
cd	1.037***	1.023***	1.007***	1.134***					0.139**
	(0.00595)	(0.0107)	(0.0241)	(0.0394)					(0.0570)
fd					0.561***	0.554***	0.558***	0.632***	1.026***
					(0.00471)	(0.0102)	(0.00748)	(0.0344)	(0.0852)
cs		0.0526***	0.0785***	0.0398**		0.0379***	0.0725***	0.0341*	0.0267
		(0.00594)	(0.0190)	(0.0186)		(0.00907)	(0.0112)	(0.0175)	(0.0224)
pop			−0.0981***	0.0444			−0.108***	−0.000634	0.0472
			(0.0351)	(0.0473)			(0.0238)	(0.0295)	(0.0456)
$inst$				0.120***				0.102***	0.120***
				(0.0326)				(0.00958)	(0.0362)
常数项	0.0563**	0.0582	0.0217	0.162***	−0.0255	−0.0185	−0.0169	0.0439	0.153**
	(0.0276)	(0.0379)	(0.0527)	(0.0625)	(0.0270)	(0.0294)	(0.0345)	(0.0431)	(0.0754)
时间固定效应	已控制	已控制	已控制	已控制	已控制	已控制	已控制	已控制	已控制
行业固定效应	已控制	已控制	已控制	已控制	已控制	已控制	已控制	已控制	已控制
样本观测值	162	162	162	162	162	162	162	162	162
行业数	18	18	18	18	18	18	18	18	18
工具变量数	46	47	48	49	46	47	48	49	48
AR（1）(P值)	0.3027	0.2976	0.3055	0.3013	0.2911	0.2952	0.2944	0.2905	0.2660
AR（2）(P值)	0.3317	0.3302	0.3532	0.3459	0.3159	0.3212	0.3304	0.2905	0.5869
Sargan test(P值)	0.9999	0.9999	1.0000	1.0000	1.0000	0.3212	0.3304	0.2905	1.0000

注：括号内数字表示 t 统计量；*** 表示 p<0.01，** 表示 p<0.05，* 表示 p<0.1。

129

表 7.3 金融规模、信贷规模与承接国内外包

变量	模型（10）	模型（11）	模型（12）	模型（13）	模型（14）	模型（15）	模型（16）	模型（17）	模型（18）
$LDoss$	0.370***	0.364***	0.382***	0.375***	0.261***	0.268***	0.271***	0.286***	0.288***
	（0.00404）	（0.00564）	（0.0134）	（0.00966）	（0.00391）	（0.00412）	（0.0116）	（0.00840）	（0.0134）
cd					1.045***	1.069***	1.050***	1.041***	0.899***
					（0.0173）	（0.0326）	（0.0258）	（0.0253）	（0.0833）
fd	0.648***	0.666***	0.657***	0.637***					0.130*
	（0.00543）	（0.00763）	（0.00844）	（0.0284）					（0.0674）
cs		0.0308***	-0.0329***	-0.0139		0.0429***	-0.0190***	-0.0211*	-0.0288**
		（0.00576）	（0.00504）	（0.00862）		（0.00563）	（0.00728）	（0.0110）	（0.0129）
pop			0.142***	0.0641***			0.163***	0.0944***	0.0868***
			（0.0124）	（0.0198）			（0.0114）	（0.0150）	（0.0208）
$inst$				-0.175***				-0.109***	-0.104***
				（0.0134）				（0.0169）	（0.0184）
常数项	0.0211***	0.0302***	-0.0203	0.0155	0.0345***	0.0434***	0.0309**	0.0645***	-0.00345
	（0.00347）	（0.00776）	（0.0206）	（0.0517）	（0.0107）	（0.0121）	（0.0139）	（0.0226）	（0.0275）
时间固定效应	已控制	已控制	已控制	已控制	已控制	已控制	已控制	已控制	已控制
行业固定效应	已控制	已控制	已控制	已控制	已控制	已控制	已控制	已控制	已控制
样本观测值	162	162	162	162	162	162	162	162	162
行业数	18	18	18	18	18	18	18	18	18
工具变量数	46	47	48	49	46	47	48	49	50
AR（1）（P值）	0.02676	0.0270	0.0264	0.0271	0.02812	0.0280	0.0273	0.0274	0.0273
AR（2）（P值）	0.3320	0.2704	0.2644	0.3423	0.3224	0.3458	0.2833	0.3064	0.3070
Sargan test（P值）	1.0000	0.9999	1.0000	1.0000	0.9999	0.9999	0.9999	1.0000	1.0000

注：括号内数字表示t统计量；*** 表示p<0.01，** 表示p<0.05，* 表示p<0.1。

要强于国内服务外包。

$$Lgvc\_posi = \partial_0 + \partial_1 gvc\_posi_{it-1} + \partial_2 gvc\_posi_{it-2} + \partial_3 \ln OSS_{it} + \\ \partial_4 \ln OSS_{it} \times \ln CD_{it} + \partial_5 \ln OSS_{it} \times \ln FD_{it} + \partial_6 \ln CD_{it} + \\ \partial_7 \ln FD_{it} + \partial_8 \ln FDI_{it} + \partial_9 \ln RD_{it} + \partial_{10} \ln hum_{it} + \\ \mu_i + \lambda_i + \varepsilon_i$$

(7-7)

$$Lgvc\_posi = \partial_0 + \partial_1 gvc\_posi_{it-1} + \partial_2 gvc\_posi_{it-2} + \partial_3 \ln DOSS_{it} + \\ \partial_4 \ln DOSS_{it} \times \ln CD_{it} + \partial_5 \ln DOSS_{it} \times \ln FD_{it} + \partial_6 \ln CD_{it} + \\ \partial_7 \ln FD_{it} + \partial_8 \ln FDI_{it} + \partial_9 \ln RD_{it} + \partial_{10} \ln hum_{it} + \\ \mu_i + \lambda_i + \varepsilon_i$$

(7-8)

本书对金融规模、信贷规模与国际外包与国内外包交互项进行了估计，通过估计结果可知（见表7.4），无论是金融规模还是信贷规模，与国际外包、国内外包的交互项均有力地促进了价值链产业升级，具有显著的正向效应。与前文基本结论相一致，金融规模通过国际服务外包，对促进全球价值链产业升级效应较大，交互项系数为0.333；而信贷规模则通过国内服务外包，提升全球价值链产业升级，反映交互项系数为0.170。以上计量结果再次反映出我国的制造业承接国内服务外包，高度依赖以间接融资为主的信贷融资渠道。

由于要验证假说1、假说2与假说3，因此构建了模型（7-9）与（7-10），估计结果如表7.4所示。金融规模会影响我国承接国际服务外包的能力，从而影响价值链提升。就控制变量的2sls估计结果看，尽管并非所有变量均通过显著性检验，但几乎所有估计值都为正值，如果研发变量增加1个百分点，金融规模促进价值链产业升级0.486个百分点。政策含义则反映了金融规模的增加应伴随制造业企业的研发投入，才能促进产业的升级。信贷规模主要通过人力资本与研发共同发挥促进产业升级的作用，说明融资结构的改进需要增加人力资本投资以及研发水平的投入。

表7.4 融资依赖、外包与价值链产业升级

变量	模型（19）	模型（20）	模型（21）	模型（22）
L.lngvc_posi	0.799*** （−0.0199）	0.788*** （−0.0245）	0.825*** （−0.0317）	0.832*** （−0.0178）
L2.lngvc_posi	−0.146*** （−0.0344）	−0.143*** （−0.0261）	0.0457*** （−0.0171）	0.0413*** （−0.012）
lnoss	0.149*** （−0.051）		0.273*** （−0.0316）	

续表

变量	模型（19）	模型（20）	模型（21）	模型（22）
lnDoss		0.0459*** （−0.0122）		0.211*** （−0.0417）
lncd	0.523*** （−0.0309）	0.499*** （−0.04）		
lnfd			0.245*** （−0.0207）	0.215*** （−0.0273）
Lnoss × lncd	0.170*** （−0.0477）			
Lndoss × lncd			0.333*** （−0.0326）	
Lnoss × lnfd				0.286*** （−0.0467）
Lnodoss × lnfd		0.0399*** （−0.0128）		
lnfdi	−0.0710*** （−0.0137）	−0.0704*** （−0.0121）	−0.0288*** （−0.0107）	−0.0313*** （−0.00981）
lnrd	0.0469*** （−0.00777）	0.0463*** （−0.00851）	−0.0183*** （−0.00692）	−0.0192** （−0.00775）
lnhum	0.0708*** （−0.00468）	0.0673*** （−0.0051）	0.0271*** （−0.00475）	0.0262*** （−0.00339）
常数项	−0.0168 （−0.0221）	−0.0164 （−0.0222）	0.00214 （−0.0108）	0.0058 （−0.0132）
样本观测值	144	144	162	162
行业数	18	18	18	18
工具变量数	44	44	44	44
AR（1）(P值)	0.0013	0.0008	0.0021	0.0009
AR（2）(P值)	0.332	0.3704	0.2678	0.3523
Sargan test（P值）	0.9954	0.9972	0.9928	0.9937

注：括号内数字表示 t 统计量；*** 表示 p<0.01，** 表示 p<0.05，* 表示 p<0.1。

$$Lngvc\_posi_{it} = \partial_0 + \partial_1 Lngvc\_posi_{it-1} + \partial_2 Lngvc\_posi_{it-2} + \partial_3 \ln DOSS_{it}$$
$$+ \partial_4 \ln FD_{it} + \partial_5 \ln FDI_{it} + \partial_6 \ln RD_{it} + \partial_7 \ln hum_{it}$$
$$+ \partial_8 \ln FD_{it} \times \ln FDI_i + \partial_9 \ln FD_{it} \times \ln RD_{it}$$
$$+ \partial_{10} \ln FD_{it} \times \ln RD_i + \mu_i + \lambda_i + \varepsilon_{it}$$

（7-9）

$$Lngvc\_posi_{it} = \partial_0 + \partial_1 Lngvc\_posi_{it-1} + \partial_2 Lngvc\_posi_{it-2} + \partial_3 \ln OSS_{it}$$
$$+ \partial_4 \ln FD_{it} + \partial_5 \ln FDI_{it} + \partial_6 \ln RD_{it} + \partial_7 \ln hum_{it}$$
$$+ \partial_8 \ln FD_{it} \times \ln FDI_i + \partial_9 \ln FD_{it} \times \ln RD_{it}$$
$$+ \partial_{10} \ln FD_{it} \times \ln RD_i + \mu_i + \lambda_i + \varepsilon_{it}$$

（7-10）

而根据表 7.4 与表 7.5 的估计结果发现，FDI 外溢在促进我国全球价值链产业升级中发挥的作用越发下降，外商直接投资的增长率相对于产业升级增长率甚至是负向效应或者不显著。笔者认为，FDI 可看作企业获得融资渠道之一，当我国国内的金融规模不足以满足企业融资时，需要 FDI 发挥融资功效，以促进产业升级；而伴随我国金融市场的不断完善，当我国的产业与研发的资金能够通过国内的信贷规模与金融规模获取时，FDI 对我国产业升级的促进效应或许会减弱。

表 7.5 融资依赖影响产业升级的机制估计结果

	金融规模							
	lnoss	Lnfd × lnfdi	Lnfd × lnhum	Lnfd × lnrd	lnDoss	Lnfd × lnfdi	Lnfd × lnhum	Lnfd × lnrd
2sls	0.0316*** (0.00164)	0.00930 (0.0463)	0.396 (0.297)	0.0316*** (0.00164)	0.0508*** (0.00310)	0.0106 (0.0434)	0.274 (0.282)	0.486*** (0.0912)
	信贷规模							
	lnoss	Lncd × lnfdi	Lncd × lnhum	Lncd × lnrd	lnDoss	Lncd × lnfdi	Lncd × lnhum	Lncd × lnrd
2sls	0.0296 (0.0181)	0.0383 (0.0523)	0.160* (0.0900)	0.204 (0.291)	0.0339** (0.0157)	0.0240 (0.0559)	0.220 (0.269)	0.276*** (0.0953)

注：括号内数字表示 t 统计量；*** 表示 $p<0.01$，** 表示 $p<0.05$，* 表示 $p<0.1$。

第四节 本章小结

本书通过理论分析得到融资依赖对我国产业承接国际外包与国内外包、价值链分工下产业升级的传导机制，主要表现为金融发展水平会通过人力资本、外商直接投资等渠道，影响产业在全球价值链中的位置。通过利用 2002~2011 年我国 18 个制造业数据进行计量检验，实证检验结果得出：①金融规模与信贷规模均对我国承接国际外包与国内外包具有促进作用；②就金融规模与信贷规模的促进作用看，信贷规模对国内承接外包的促进作用更强，而金融规模对承接国际外包的促进作用更强；③从融资依赖影响国际外包、国内外包，继而诱发产业升级的路径看，主要依靠外商直接投资、提高人力资本与研发强度水平三种机制。就金融规模来讲，主要通过研发促进产业升级，从信贷规模而言，则是通过研发与人力资本促进产业升级。

基于融资依赖影响产品内分工，从而影响全球价值链攀升的理论与实证检验，得出如下政策建议：

（1）金融规模的合理化与优化。由实证检验可知，金融规模对我国的产业升级具有一定的促进作用，我国金融规模不仅行业间分布不均，某种程度上还要注意合理的金融规模增长，防止对实体经济的抑制作用。目前宏观经济，尤其是制造业部门已经出现"脱实向虚"的趋势，这从客观上要求金融规模一定程度上的优化与合理化。

（2）在此倡导发展直接融资，建立合理的金融结构。不难看出，信贷规模对于价值链的产业升级，我国承接国内服务外包，具有非常重要的促进作用。而国内服务外包主要是与国内价值链相联系，在承接国际外包，尤其是促进高端服务外包、知识外包方面，全球价值链产业升级不仅需要间接的信贷融资方式，给大企业贷款的银行，更需要为广大中小企业融资、研发的风险投资市场，如债券市场，因此需要一定范围内非正规金融交易机构的存在。

（3）全球价值链产业升级，需要提升研发水平与人力资本投资。要向全球价值链两端攀升，应让金融发挥对于提升人力资本与研发强度的支持作用，从实证结果可知，FDI 的溢出效应，对价值链下的产业升级促进作用似乎在日趋减弱。这从另一角度说明，需要优化外商直接投资的结构，在全球价值链分工深化背景下，不仅需要引进合理的外商直接投资，很多企业也在"走出去"进行对外直接投资，从而提升该行业及企业自身在价值链上的分工地位。由此可见，全球价值链深化分工的趋势下，企业对引进外商投资的内容与结构提出了更高的要求。

第八章

基于融资视角的我国民营企业跃升价值链的机制

改革开放以来，我国以开放的姿态面对来自发达国家的技术与产业转移，抓住了全球价值链分工所带来的战略机遇，从而实现了产业发展的"开阔地式推进"乃至升级。现如今，伴随中国成为"世界工厂"，对全球制造业做出巨大贡献，总体竞争实力的增强，一些行业具备了国际竞争优势，但我国很多本土企业在全球价值链中受到主导性的跨国公司强势挤压，如风险转移和压迫性价格等，从而在一定程度上丧失了跃升能力。在价值链分工深化的大背景下，不可忽视的现象是，企业的融资状况会限制企业的国际化能力，从而影响企业在全球价值链中嵌入的程度，以及向价值链两端攀升。良好的金融机构与金融市场是企业获得外部资本，参与国际贸易的重要支持。根据世界银行对全球80多个国家20世纪90年代投资环境的调查结果，有超过80%的中国企业认为融资约束是影响企业发展的重要原因（吕越，2016）。据世界银行报告，融资约束已经成为我国非金融上市企业发展的主要障碍。

第一节 问题的提出

本书通过整理使用世界银行2012~2013年"企业调查问卷"（Enterprise Surveys）中的"融资"方面，就各国主要的私营企业，包括制造业、服务业与交通运输企业。按照企业的员工人数划分企业规模，其中大企业为员工数大于100人、中型企业为员工数在20~99人、小企业为员工数在5~19人，而与我国发展改革委等政府部门就中小企业的划分标准相比对，按照我国划分标准，世界银行企业调查数据库超过80%为小微企业。调查问卷中，设置了这样一个问题："企业面临的最大困难是什么？"对应有"融资难""行政许可与审批""贪腐""法律条款"等选项。中国有22.7%的企业将"融资难"作为企业最大障碍的首要因素。与包括秘鲁、匈牙利、印度、马来西亚、埃及、南非、波兰、智利、墨西哥、巴西、菲律宾、俄罗斯、捷克、中国、土耳其、哥伦比亚这16个新兴市场国家中位数相对比。统计结果如图8.1所示。

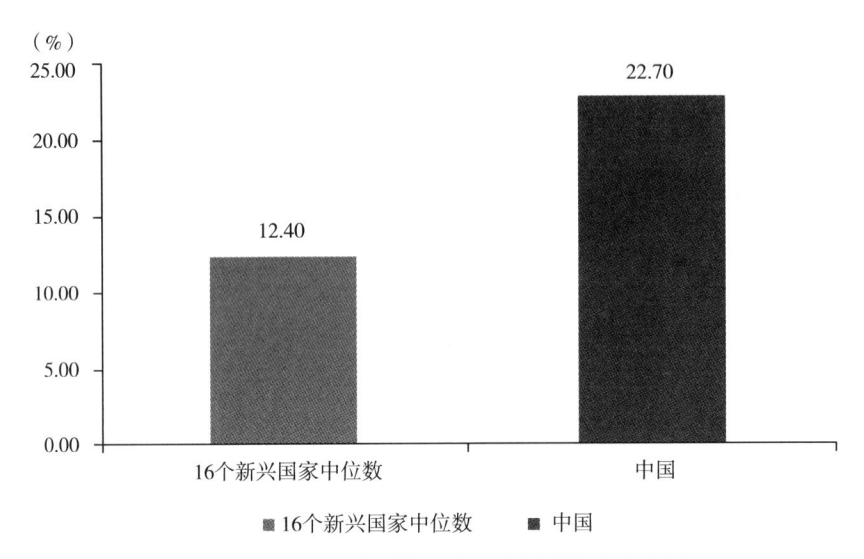

图 8.1 首选"融资难"作为经营困难的企业比例

资料来源：世界银行"企业调查问卷"数据（http://www.enterprisesurveys.org）。

根据图8.1可知，超过22.70%的中国企业将融资难作为经营困难的首要因素，而16个新兴国家关于此选项的中位数仅为12.40%。这说明，一方面，我国企业的融资环境的确比较严峻，甚至低于新兴国家平均融资水平；另一方面，说明"融资难"成为制约我国企业发展的重要桎梏。

图8.2表明，大多数新兴国家的金融体系是以银行信贷为主的，而中国银行贷款在固定资产投资中占4.5%左右，反映出我国银行对小微企业的信贷支持仍有欠缺。而从股票市场作为融资渠道来看，中国与其他新兴国家一样，也就具有股票投资比例较低的特点。就银行贷款条件看，我国银行的贷款门槛要高于新兴国家的平均水平（见图8.3）。其中，有贷款及信贷额度的国内企业比例虽然低于平均水平，然而，抵押贷款比例高于新兴国家10.6个百分点，说明国内企业的抵押贷款诉求较强。并且，抵押品价值与贷款金额的比例也要高于新兴国家平均水平约33%，反映了我国的银行对于企业贷款条件相对较高。这在无形中将许多小微企业拒之门外。资金使用成本的上升，会导致银行贷款成本的提高，因此现实中，有大量的小微企业会选择"影子银行"等非正

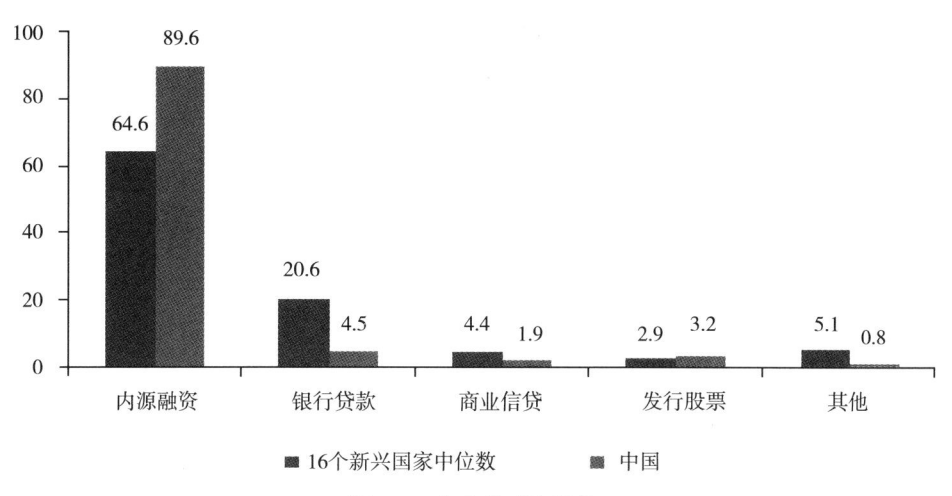

第八章 基于融资视角的我国民营企业跃升价值链的机制

图 8.2 企业的融资结构

资料来源：世界银行"企业调查问卷"数据（http://www.enterprisesurveys.org）。

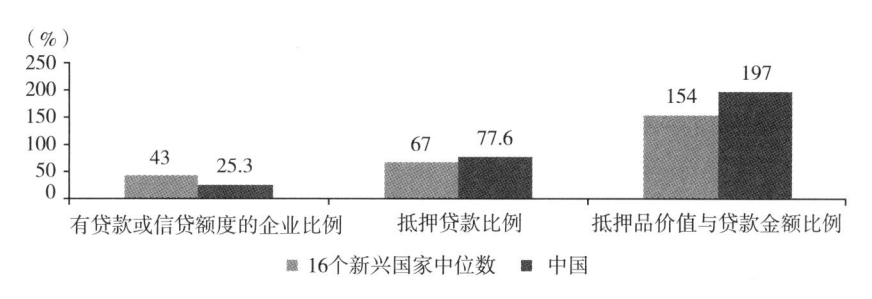

图 8.3 银行贷款条件

资料来源：世界银行"企业调查问卷"数据（http://www.enterprisesurveys.org）。

规金融方式融资借贷，从而增加了金融风险发生的可能性。

基于我国的融资环境与现状，本书拟从微观企业角度，探析企业融资情况与价值链嵌入程度间的关系，从而研究企业融资情况对我国企业嵌入全球价值链的影响机制。

第二节 理论逻辑与研究假说

一、加入全球价值链有利于增强小微企业融资的能力

加入全球价值链的企业面临的融资约束是怎样产生的？与没有加入全球价

137

值链的企业的融资约束有何不同？企业的融资约束产生于资金提供者的信息不对称尤其产生的资金不安全和收益风险。只有当资金提供者能够确切地掌握企业投资的真实信息，把握投资的收益和风险，才会给企业提供资金。加入全球价值链的企业主要通过释放以下"资质"信号，从而吸引金融机构的信贷融资。

第一，嵌入全球价值链的企业生产率水平高，有利于拓展企业融资渠道。吕越（2015）发现，高效率的企业更倾向于加入全球价值链，而加入全球价值链从事出口贸易的企业一般需要垫付大量用于购买固定资产、研发投入以及中间投入品的资金，这类企业内源融资较好，表现为具有较稳定的现金流。而从事进出口"任务"贸易，加入全球价值链有利于企业用承接的国际订单、服务外包向金融机构申请信贷支持。金融机构内部信贷审批及风控部门，会因为企业加入全球价值链的"国际资质"，对企业整体经营状况加分，甚至放松对信贷的审批监控。而加入全球价值链的跨国公司，通过国际贸易的形式，还可以创汇，利用国际金融市场，在融资环境良好的海外设立子公司，拓展企业融资渠道。

第二，嵌入全球价值链的企业生产率水平高，有利于释放企业信用程度较高的信号，吸引资金提供者的贷款或股权融资，分散经营风险。由于我国的金融体制尚不健全，存在金融抑制问题，而我国小微民营企业自身信用不足与内源融资不足也是出于融资困境的原因。[①]企业自身信用不足，大的营商环境信用缺失，即体现在大量的小微企业货款拖欠问题。而小微企业从国内价值链转向国际价值链，即可能转向营商环境较好的国际金融市场，从而改善货款拖欠问题，改善企业信用等级。

综上可知，加入全球价值链，有利于企业分散经营风险，释放良好的"资质"信号，可以提高企业应对国际国内市场环境的能力，拓宽融资渠道，更好地获得金融支持。

因此，待检验的研究假说1：加入全球价值链的小微企业会释放"良好资质"信号，吸引金融机构信贷融资。

二、政府干预可能会弱化加入全球价值链对小微企业融资能力的正向作用

中国的金融市场改革相对滞后，地方政府财政分权及官员锦标赛竞争机制，使得地方政府对金融资源比较重视，甚至干预及管控。一方面，地方

[①] 引自《中国民营企业发展报告（2014）》。

政府发展当地金融市场，善用杠杆有利于改善投资环境，解决企业"融资难"问题，推动企业高效运转；另一方面，由于金融业自身具有"附加值高、高技能人才聚集、环境污染小"等问题，对地方政府的 GDP 增长具有重大贡献。统计资料显示，直至 2015 年，金融、保险业占重庆 GDP 构成比重最大，约为 35%，这与重庆政府近年来在金融市场方面大刀阔斧的改革不无关系。

在金融改革的大背景下，小微企业尤其是民营企业，在获取银行信贷、金融资源的话语权依然非常微弱。我国的小微企业长期面临银行所有制歧视，政企关系淡薄等现状。很多民营企业家唯有通过参与政府活动、慈善捐助等方式，打破固有的卑微印象，方可获取社会地位，与政府建立良好的关系。而大多数民营企业苦于"求"国有银行贷款无门，无法依靠跨国母公司获得外商投资，从而陷入"对内对外融资难"的困境。而地方政府的强势干预，会使当地信贷资源误置，银行信贷更偏向于实力雄厚的大国企，民营企业对政府、对金融行业内部寻租成本上升，使得政府与金融业内部人员贪腐的可能性增大。民营企业在寻租未果的情况下，既不能像肩负政策目标的国企获得银行贷款，也不能像外资企业享受信贷优惠政策，唯有"铤而走险"，从影子银行、地下钱庄等机构获取高利贷等非法融资。这加剧了企业自身的财务风险，也助长了系统性金融风险，可见，强势的政府干预会弱化加入价值链的小微企业获取融资的能力。

因此，待检验的研究假说 2：政府干预会弱化全球价值链上小微企业的融资能力。

综上所述，许璐和郑江淮（2016）通过对国内外全球价值链上企业融资约束文献的梳理发现，无论是理论研究，还是经验研究或案例分析，大多文献均为产业层面进行分析，较少深入到企业这一微观层面，对企业跃升价值链的融资因素的实证研究则更为缺乏。当然，造成这一现象的根本原因在于微观数据的难以获得。现有的文献鉴于数据的有限性，现有研究很少有从企业融资约束角度去研究全球价值链嵌入程度的问题。存在以下几方面问题：①稍有关联的零星文献，也大多使用工业企业数据与海关贸易数据库匹配数据，考察的企业大多为销售收入在 500 万元以上，并且有学者专门研究论证，工业企业数据库自身也存在弊端（聂辉华，2012）。②现有研究采用资产收益率、利息支出占比等指标表示企业融资约束水平，缺乏涉及反映企业金融信贷指标。③从研究角度来说，鲜有文献就去全球价值链上的民营企业所面临的融资约束问题进行探析讨论。基于以上研究现状，本书采用 2012 年世界银行企业调查数据。该问卷调查不仅包括了出口企业，还能获得企业销售额低于 500 万元的小微民营企业金融贷款数据,从而为本书的研究提供有力的数据支撑。

第三节　构建计量模型及回归结果

本书采用 2012 年世界银行关于我国 22 个城市[①]营商环境的企业调查数据,抽样数据涵盖了制造业与服务业问卷,本书使用制造业问卷。本章使用该微观数据的原因如下:①该数据库涵盖了包括加入价值链微观企业信息及企业融资方面的信息。尤其是专注于小微企业,尤其是民营企业,销售额在 500 万元以下的企业,被调查企业共 2701 家,数据质量较高,代表性较强。②能够通过问卷清楚地获悉企业关于进出口及进口中间投入品的情况,从而为研究全球价值链上的企业融资问题提供宝贵的信息。③该调查数据不仅涵盖企业的贸易信息、融资情况、还包括了很多公司信息,例如管理层经验、创新研发投入、政企关系、企业基础设施、劳动雇佣等全面影响企业经营、融资的因素。

本章主要研究其中的制造业企业加入价值链的融资问题,基于原始数据为 2701 家企业,其中需要对服务行业企业 1227 家进行剔除,在众多小微企业中,再次剔除国有企业及外资企业,共计可得 1474 家民营企业。根据上文关于理论假说的提出,特构建计量模型如下:由于大量指标为虚拟变量,并且被解释变量使用金融信贷变量为 0,1,因此采用 Probit 模型,构建关于被解释变量的函数。

$$P(Fin_i = 1) = f(\partial + \partial_1 GVC_i + \partial_2 X_i + C + I) \quad (8-1)$$

一、指标构造与数据说明

本书采用的调查问卷中,大量的民营企业均无涉及利息支出的调查数据,衡量企业融资约束的指标均以使用银行贷款为主的方式。因此,在此构建关于本书衡量企业融资约束的指标 $Fin_i=(0,1)$。若企业获得金融机构贷款,则 $Fin_i=1$,没有获得信贷,则 $Fin_i=0$。关于企业是否加入全球价值链,衡量的目前企业加入价值链的指标,主要有企业全球价值链嵌入程度。由于世界银行企业调查数据缺乏较为翔实的进出口贸易数据,因此本书沿袭 Baldwin 和 Yan (2014) 关于企业是否加入全球价值链的判定方法,构建全球价值链的虚拟变

[①] 包括合肥、北京、广州、东莞、石家庄、唐山、郑州、洛阳、南京、无锡、苏州、南通、沈阳、大连、济南、青岛、烟台、上海、成都、杭州、宁波、温州。

量 GVC_i=（0，1）。本书认为，凡是从事进出口中间品的民营企业，均为全球价值链上的企业，则 GVC_i=1，超36%的民营企业获得金融机构信贷。

除了被解释变量金融机构提供信贷量，与核心解释变量加入全球价值链，本书基于构建的基本计量模型，从调查问卷中挖掘了系列控制变量 X_i，主要包括：①衡量企业的规模大小。Size=（1，2，3），其中1、2、3表示企业的规模大小，当 Size=（1）时，企业人数大于5个人，小于19个人，为小型企业；若 Size=（2）时，企业人数大于20，小于99个人，为中型企业；当规模变量 Size=（3）时，企业人数大于100人，则为大型民营企业。②企业的成立时间，用 age 表示，反映了企业在该行业的资历。不同年龄的企业，所处行业的生命周期不同位置，面临的信贷约束不同。具体指标的处理方法为，采用2011年数据，2011年减去成立年份加1，最后取对数处理。③企业高管的管理经验，用 experience 表示。民营企业的发展过程中，卓有见地的企业家的管理经验与决策会影响企业的规模及盈利模型，乃至所需信贷支持大小。④是否可以透支，用 overdraft 表示，此变量为虚拟变量，overdraft=1 表示该企业具有可透支的银行账户，overdraft=0 则反之。按照金融学常识，若企业拥有银行可透支账户，说明其对于银行来讲，信用水平较高。⑤企业与政府的关系，用 Relation 表示，通过调查问卷可知，企业与政府打交道的频率可以反映政府与企业间的关系，一般来讲，每月打交道的次数越多，政企关系越好，就我国而言，与政府打交道，可能意味着政府金融办的相关信贷优惠政策，科技融资扶持政策等有助于企业缓解信贷约束的措施。

以上控制变量均为反映企业融资约束与加入价值链间的关系，而向量 C 与向量 I 分别表示问卷中城市与行业的虚拟变量，C 表示以温州为基准，24个虚拟变量（二元），而 I 表示以其他制造业为基准，18个虚拟变量（二元）。总之，以上变量含义及处理方法如表8.1所示。

表8.1 变量含义及处理方法

名称	变量含义	处理办法
Fin_i	是否获得金融机构信贷	虚拟变量=（0，1）
gvc_i	是否为全球价值链企业	虚拟变量=（0，1）
Size	企业的规模	划分等级=（1，2，3）
age	企业的年龄	2011年减去成立时间加上1，然后取对数
experience	企业高管经验	高管的管理年限
overdraft	透支账户	虚拟变量=（0，1）
Relation	与政府关系	每月派人与政府打交道次数

二、计量回归结果

（一）基本模型回归结果

本书采用 Probit 方法对模型（8-1）进行检验，主要采取了逐步回归方法，先加入检验关键变量。第一步加入全球价值链与被解释变量从金融机构获得信贷，第二步加入企业的控制变量，第三步加入城市特征变量，第四步加入行业特征变量，第五步加入全部变量进行检验。表8.2 即反映了本书构建模型（8-1）的估计结果，主要从以下几点进行分析：

第一，从所有估计结果来看，无论是否加入控制变量，以及控制城市及行业，加入全球价值链均对民营企业获得金融信贷具有显著的促进作用。具体来说，从模型（8-1）可知，加入全球价值链，对我国的民营企业来讲，可以获得银行信贷高达 0.647 的正向显著促进作用。说明加入全球价值链的企业，相对于没有加入价值链的企业来讲，具有吸引银行信贷、缓解企业自身融资约束的优势。再逐步加入控制变量后，这种正向的促进作用依然非常显著。由此可见，嵌入全球价值链对于企业拓展融资渠道，可能会释放有利信号，获得银行借贷投放的青睐，增加取得金融信贷的可能性。由此，验证了前文提出的理论假说 1。

第二，在逐步加入企业规模控制变量后，可明显观察到，价值链上的企业的规模越大，对于该民企的金融信贷促进作用越强。就模型（8-1）来看，在控制所有变量，包括行业与城市等之后，企业的规模对于促进价值链上的金融信贷起到 0.298 的正向作用，与前文提出的理论假说基本一致。同理可知，政府与企业的关系，对于促进价值链上的企业金融信贷有 0.0452 的正向作用；银行的透支账户也是民营企业加入价值链、获得金融信贷的有利"信号"，正向作用达 0.830。而企业高层管理人员的经验越丰富，嵌入价值链的民企获得金融信贷的能力越强，促进作用约为 0.0824，这比没有银行投资账户的企业获得金融信贷的概率更高。

第三，通过回归结果不难看出，似乎企业的年龄，即成立时间与价值链上企业获得信贷的能力并不呈正相关。究其原因可能在于，从产业的生命周期理论来讲，成立时间越长的企业，可能会处于产业的成熟期或者是衰退期，如果是成熟期的企业，可能自有资金比较雄厚，对金融信贷的需求没有那么强烈。若是衰退期企业，可能面临很大的融资困境，银行更不愿意提供相关借贷。

（二）拓展分析

张杰和刘元春（2013）认为，商业信用是企业经济活动中一种常见的融资

第八章 基于融资视角的我国民营企业跃升价值链的机制

表8.2 加入全球价值链对民企获得金融机构信贷的估计结果

变量	fmi (1)	fmi (2)	fmi (3)	fmi (4)	fmi (5)	fmi (6)	fmi (7)	fmi (8)
gvci	0.647*** (0.148)	0.567*** (0.149)	0.649*** (0.156)	0.712*** (0.167)	0.692*** (0.167)	0.748*** (0.167)	0.753*** (0.168)	0.757*** (0.169)
size		0.342*** (0.0454)	0.351*** (0.0471)	0.273*** (0.0491)	0.275*** (0.0493)	0.314*** (0.0500)	0.301*** (0.0505)	0.298*** (0.0508)
relation			0.0566*** (0.015)	0.0465*** (0.0158)	0.0464*** (0.0159)	0.0446*** (0.0153)	0.0447*** (0.0154)	0.0452*** (0.0155)
overdraft				0.874*** (0.0777)	0.859*** (0.0777)	0.852*** (0.0791)	0.832*** (0.0796)	0.830*** (0.0797)
age					−0.133** (0.054)	−0.125** (0.0543)	−0.123** (0.0544)	−0.122** (0.0545)
experience							0.0834** (0.0388)	0.0824** (0.0389)
city	NO	NO	NO	NO	NO	YES	YES	YES
industry	NO	NO	NO	NO	NO	NO	NO	YES
Constant	−0.434*** (0.0347)	−1.147*** (0.102)	−1.291*** (0.107)	−1.426*** (0.112)	−1.425*** (0.112)	−1.565*** (0.116)	−1.532*** (0.116)	−1.520*** (0.118)
Observations	1474	1474	1416	1385	1379	1379	1363	1363

注：括号内数字表示 t 统计量；*** 表示 p<0.01，** 表示 p<0.05，* 表示 p<0.1。

方式。其含义在于企业交付货款的延迟，在购买货物之后，不必立刻支付货款，而是相对延迟，该问题作为短期融资的一种方式，引起了学术界的关注与研究。很多学者认为，银行信贷与商业信用间存在一种互补的关系，本书依据商业信用的定义，基于调查问卷中数据的可得性，使供货商通过赊账销售、延期支付货款等方式，给予企业信贷支持。本书选取了虚拟变量企业对于原材料的赊账销售，如果该比例大于50%，说明企业使用了商业信用，取值为1；反之，若该值不足50%，取值为0。因此，可知，虚拟变量 $credit=(0,1)$。因此，在上文基础上，加入商业信用作为控制变量，可得回归结果如表8.3所示。

表8.3 控制商业信用对加入价值链企业金融机构信贷的影响

变量	gvci	size	relation	overdraft	age	experience	credit
fini	0.736*** （0.168）	0.262*** （0.0501）	0.0461*** （0.0160）	0.854*** （0.0789）	−0.131** （0.0541）	0.0670* （0.0386）	0.00980* （0.0166）

注：括号内数字表示 t 统计量；*** 表示 $p<0.01$，** 表示 $p<0.05$，* 表示 $p<0.1$。

由表8.3回归结果可知，商业信用较高的企业，在加入价值链后获得金融信贷的机会要高于商业信用相对较低的企业。产生该种现象的问题较好解释：一方面，由于企业自身商业信用高，向金融机构释放的另一良好资质信号；另一方面，赊账销售及延付货款，为企业提供了短期融资，因此更有利于企业获得银行授信审批部门、风控部门的认可。

根据张杰（2013）的研究，我国的金融体制改革相对滞后，其中一大原因即在于金融机构对中小微企业的所有制歧视。考察金融抑制背景下，政府干预对于价值链上民营企业金融信贷的影响，可能会成为研究的一大热点。本书通过收集樊纲（2010）编制的市场化指数，试图构建分地区政府干预程度的二元虚拟变量，以考察政府干预对价值链上企业获得金融机构信贷的影响。选取其中指标"减少对政府干预"，若该地区减少政府与企业干预高于均值，取值为1，反之小于地区均值，则取值为0。同理，选取市场化指数中其他两大指标：分地区"金融业的市场化指数"，用 Finmarket 表示；"信贷资金分配的市场化"，用 Allocation 表示。具体处理办法，按照该地区2006年分地区指标与均值的对比，如果当年度指标值大于均值，取值为1；若小于均值，则取值为0。分样本的 Probit 模型估计结果如表8.4所示。

第八章　基于融资视角的我国民营企业跃升价值链的机制

表8.4　选取子样本的计量检验

变量	Fini Govern=1	Fini Govern=0	Fini Finmarket=1	Fini Finmarket=0	Fini Allocation=1	Fini Allocation=0
GVCi	0.657*** (0.150)	0.858 (1.381)	0.837*** (0.167)	0.325 (0.358)	0.929*** (0.166)	−0.658 (0.422)
city	YES	YES	YES	YES	YES	YES
industry	YES	YES	YES	YES	YES	YES
常数项	−0.454*** (0.0394)	−1.051*** (0.126)	0.431 (0.529)	−0.691*** (0.0980)	−0.554*** (0.0389)	−0.0167 (0.146)
观测值	1312	150	1257	210	1380	87

注：括号内数字表示t统计量；*** 表示$p<0.01$，** 表示$p<0.05$，* 表示$p<0.1$。

通过表8.4估计结果可知，Govern=1代表政府对该地区的干预较弱，同样地，Finmarket=1表示所在地区的民企金融市场化程度比较高；而Allocation=1的含义为信贷资金的市场化分配程度。在对分样本的Probit模型检验中，不难看到，地区政府对企业的干预程度越小，当地金融市场化程度越高，信贷资金地区分配市场化程度越高，对价值链上企业获取金融机构信贷的促进作用越强。具体来看，政府对于当地市场干预程度减弱，会提高当地民营企业参与价值链，获取银行信贷的概率高，这样促进作用约为0.657。而与之相对应的是，若该地区政府没有减少对市场的干预，那么这种估计对于该地区加入全球价值链上的民营企业，获取外部银行融资是不显著的。同理可知，地区金融市场化程度较高，信贷资金市场化分配程度较高，对于全球价值链上的民营企业获得金融机构信贷资金的促进作用均为显著的，分别达到0.837与0.929。

以上计量结果说明，民营企业所在地区，若当地政府对民营企业的干预较小，金融市场化程度比较高，信贷资金的市场化分配程度比较高时，民营企业有可能易于得到来自银行的贷款。

该结论也具有一定的现实意义，在实际经济活动中，民营企业相对于地方政府的国有企业，享受各种优惠条件的"跨国舶来品"外资企业，生存发展的营商环境一直比较困难。尤其是融资环境，我国长期以来是以间接融资为主体的金融体系，直接融资方式不发达，很多地方性股份制银行，城商行乃至农村商业银行、信用社是民营企业获得"金融输血"的重要渠道。势单力薄的民营企业，若无品牌响亮的产品，也无良好政企关系，再加之缺乏核心技术，在金融体系信贷过程中困难较大。良好的企业口碑与商业信誉、企业家的社会资源与管理经验，与政府融洽的关系是地方民营企业获得金融机构，尤其是以银行等间接融资方式信贷"青睐"的有利信号。

那么倘若地区政府比较强势，对于企业，尤其是中小微的民营企业较多时，就会导致地区金融资源分配存在扭曲，集中体现在地区信贷市场化分配程度较低。那么"夹缝中"生存的民营企业，必须想方设法与当地政府联络关系，获取相对优惠的信贷条件。这就必然提高了企业"寻租"的成本，即使加入了全球价值链，企业自身的风控能力、生产力水平有所提升，但面对复杂的政企关系，或许民营企业依然无法获得有效的金融支持，面临很强的融资约束。最终可能引起的后果是缺乏融资支持，无法向全球价值链两端攀升。

综上所述，本书的理论假说2得证，政府的干预越强，分地区全球价值链上的企业获得金融机构信贷的概率越低。我国不同地区金融市场化程度的差异、信贷资源市场化分配程度的差异，会显著影响价值链上企业融资约束的程度。

第四节　本章小结

第一，本书通过采用世界银行对我国25个城市中小微企业的调查数据，着重选取了制造业企业中的民营企业作为主要的研究对象。首先是基于数据，对我国企业的融资环境现状进行了描述性统计，发现我国作为世界上的发展中大国，大多数企业陷入了融资困境。中国的融资环境，相对于其他16个发展中经济体，发展情况甚至还要滞后。这为本书提出了需要研究的问题，即民营企业的融资约束程度到底如何？加入全球价值链的企业与没有嵌入全球价值链的企业，在获取金融机构信贷方面有何差异？

第二，本书通过对现有事实及相关文献的梳理，提出了两大研究假说：①加入全球价值链有利于民营企业向银行释放有利的商业信誉"信号"，从而更方便获取信贷融资。②地方政府对地方民营企业的干预强，会影响当地民企，尤其是价值链上的民企减少获取信贷融资的可能性。于是，本书通过对调查问卷中的2000多个数据指标的筛选梳理，得到有效数据1400余个。根据计量经济学基本理论，由于被解释变量为虚拟变量，因此采用Probit模型进行估计，通过对基准模型的计量检验结果分析。从而佐证了两大理论假说：

第三，本书通过对以往文献的梳理发现，商业信用与企业获取金融机构贷款具有一定的互补作用，尤其是企业赊账购货、延付货款等行为，在实际进出口贸易中很常见。此处在计量过程中纳入商业信用指标后，本书的基本结论依然不变，价值链上的民营企业依然能够更有力获取信贷，说明本书的研究结论是稳健的。

本书研究的问题，对于打破民营企业融资桎梏，加入全球价值链，获取更多的融资机会，均有一定的现实意义。因此，本书拟提出的政策建议如下：

（1）政府作为经济活动的守夜人，应当大力推动民营企业加入全球价值链，从事进出口中间品贸易活动。那么具体可能的措施在于，负责贸易及进出口活动的相关政府机构应充分发挥作用，如我国的进出口银行、中国出口信用保险公司，负责从事进出口贸易企业的信贷审批、出口信用证、海外投资保险业务的审批。全球价值链上的高附加值中国企业，通过"走出去"能够获得国内国际两个金融市场的融资支持，从而获取更大的发展与成长。

（2）融资约束会受到来自外部政策环境与金融体制的影响。金融体制的改革过程并非是单独的、割裂的，背后的更深层次原因在于政府的市场化改革。可能做到的是，减少对于企业不合理的行政干预。简化企业加入价值链，获取合法合规金融资源的行政"天花板"。这并不意味着，否认合理金融监管、政府审批程序的实施，而是对政府的行政效率、服务良好的营商环境提出了更高的要求。

（3）我国金融体制改革一大方向，即为提高直接融资的比重，这既是学界目前的共识，也是企业融资过程的强烈诉求。间接融资体系的资金交易，首先需要一个中介机构；其次由于其天生具有良好的金融杠杆，因此在信贷投向的方向性偏好上，更具有明显的制度色彩。如传统的五大国有银行，严格的风险内控要求，可能更偏向于国有大中型企业。因此基于本书的研究结论，各大银行还应该根据民营企业的特点，不断创新业务，为民营企业提供更多信贷产品与服务。

（4）间接融资方式由于受到来自金融监管部门的管制，也存在一定程度的制度性压抑。由以上可知，要降低企业资金的交易化成本、提高金融体制的活力，必须发展直接融资。直接融资比重的提升对于价值链上的民营企业来说，能够拓宽融资渠道，也有助于我国的金融体制建立、形成多层次的投融资体系。如私募与风险投资，天使投资，能够对一些高成长型创新企业（如华为公司等）、新制造型服务领域企业（关注生命科学领域、新服务行业，如红杉资本投资外卖APP饿了么、新媒体如上海一条网络科技公司），天使投资还可以对一些刚开始创业的民营企业（如共享单车等），提供A轮融资服务。或许大多数民营企业的品牌效应还未显现，但市场经济条件下，大量的民营企业肩负着跃升我国在全球价值链位置、提高"中国制造"技术创新、贸易附加值的重要使命。

第九章

全球价值链分工深化背景下金融发展的路径选择

通过前面章节研究可知，价值链分工下的产业升级、分工地位攀升及企业融资问题受到一国或地区金融发展水平的影响。一国全球价值链分工地位提高，更有利于发展直接融资方式，以及对高风险投资需求的支持；相反，一国所处价值链地位越低，相对价值链中高端国家来讲，可能不利于发展高风险融资方式，金融发展水平相对滞后。这种价值链视角下产业升级效应、嵌入价值链程度、价值链的长度与金融发展的关系，无论从理论建模还是实证分析都得到了验证，基于此本书进一步通过理论与实证研究发现，出口产品技术含量、价值链分工地位、行业生产阶段数、价值链嵌入程度、产业的显性比较优势均与金融发展水平相关。一国与地区金融发展水平直接决定了金融结构是否为市场化导向，产业外部融资依赖度，企业融资约束水平的高低。基于以上分析，在本章中提出价值链分工视角下金融发展的政策建议。

第一节 有效的市场机制

国内国外两个金融市场，有利于资本跨国流动，各地区可更好地参与国内价值链，通过借助金融市场从事投融资活动，向价值链两端攀升，从而获取更大收益。

一、要利用金融市场的作用，放松政府对金融系统的不当管制和干预

首先，要放松利率管制，提高银行系统的资金配置效率。

其次，在金融市场领域，要改革企业上市制度，改核准制为注册制，让市

场决定企业的价值，并可以对企业经理层进行约束。

再次，最重要的是确保建立一个公正完善的法律制度环境，能够充分保护中小投资者的利益，打击内幕消息，确保财务信息真实、公开、可信，从而使金融市场能够有效地起着融通资金有无、发挥促进创新和经济增长的作用。

最后，"非正规"金融以及近年来发展迅速的互联网金融在满足多样性融资需求方面对正规金融系统起着重要的补充作用，管理机构应该在充分认可和引导的基础上进行立法监管，规范、有序、公开、合法，健康地发展壮大。

二、利用灵活有效的体制，吸引高端金融人才跨地区流动

目前，金融人才大多集中在我国东部沿海发达地区，鉴于欠发达地区金融行业不发达，工资收入较低，配套职业发展的平台市场化程度较低。高技能劳动力可能不愿去欠发达地区，尽管各地均出台各种政策，试图引进高技能人才，然而，该做而未做的工作还很多，若地区市场机制交易成本高，人才无法得到职业发展的平台与机遇，依然无法留住高技能人才。

三、降低金融机构的进入门槛，鼓励民间资本进入金融业

优化金融机构不仅反映在直接融资相对于间接融资比重提升，还在于丰富金融机构主体所有制以改善信贷投放中的所有制观念。如国有大型商业银行在信贷投放中的所有制观念问题，可以通过中小金融机构，乃至民办银行参股。如2017年苏宁银行的开业，均为民间资本参股、参与投资金融机构及中介的有益尝试。打破传统意义上国有金融机构的垄断地位，不仅能倒逼国有大银行进行内部改革，提高经营效率，更是增强市场效率、优化经济结构的有力举措。

第二节 优化金融开放结构，实现产业结构优化

中国发展开放型经济，进一步融入全球产业链分工体系，面临全球价值链从制造业价值链向全球创新链发展变化。全球创新链则要求中国金融对外开放，"走出去"对中国金融改革和效率提出了新的要求，要求在国内就能吸引到国外资金支持的压力，将有效倒逼中国金融改革。而中国长期以来对外商直接投资多年来坚持"引进来"，对外证券投资严厉管制。因此，本书认为，应当在稳定、注重风险管控的前提下最大化地实现资本账户开放的福利水平。通

过企业"走出去",借助成熟的国际金融市场增加优质资产供给。通过进一步放开对外证券投资管制,高技能金融从业人才学习国外先进的金融服务经验与管理模式,借机培育国内海外资产配置服务结构,提高国际化服务质量。

针对服务业,重点放宽银行类金融机构、证券公司、证券投资基金公司、期货公司、保险机构及中介机构外资准入准则。加强吸引外资,优化金融开放结构,加快欠发达中西部地区、东北地区承接外资产业转移,推进外资跨国公司的资金的集中运营管理。

在金融机构对外开放的同时,还应做好风险控制工作,在政策实施方面,可以通过在风控水平较好的金融机构部门改革试点等方式,防范对外投资短期爆发式膨胀给外汇储备及金融体系带来冲击。同时,要防范境外投资或带来的"洗黑钱"问题,严查非法资金逃离境外,加强反洗钱监控。应培育健康、积极境外投资方向,防范系统性金融风险。

第三节　围绕实体经济发展,创新金融工具

众所周知,过度依赖间接融资,杠杆与融资成本会较高;如果直接融资比重较高,杠杆和整体融资成本就较低。

转型成功的重大标志之一即为产品与服务的创新,为客户服务、为实体经济服务、支持中小企业已是各类银行奉行的准则。为提升服务水平,提供差异化金融服务,银行推出了系列精彩纷呈的金融创新产品,可以说大多数银行的创新能力得到极大程度的提升。从而有效支持了实体经济发展,缓解了中小企业融资难、融资贵的问题。而在当前经济形势下,银行业虽取得了瞩目的成就,也面临很多挑战。如利率市场化挑战,大幅缩小银行利差,减少了其利润空间,五大国有银行近年利润保持在1%左右;存款理财化的趋势,使得银行吸收贷款愈加困难,企业外部融资渠道趋于多元化。而"大金融"格局时代的发展,互联网金融、移动金融、天使投资、众筹等均对银行业发展与盈利带来很大挑战。

金融机构应积极通过制度创新与技术创新、金融工具创新与服务创新提高服务功能,促进实体经济的创新与发展。另外,金融创新与金融风险是并存的,要把握好金融创新的"度",不可创新过度。如金融衍生品,其为金融创新成果,然而也存在"脱实向虚"的风险。同时,金融创新须有相应机制与其配合,才能更好为实体经济服务,否则非法的金融创新机制可能会增加系统性金融风险存在的可能性。

第四节 适当抑制投机性资本投机行为，引导资金投向实体经济

对于经济发达的东部地区来说，投机性资本投资对于第二产业转型升级具有显著的负作用。资本不愿意流向实体经济，其实主要是不愿意流向实体经济中的制造业。制造业有一定进入壁垒，尤其是技术壁垒，增大了投资难度与风险。实体经济相对于虚拟经济的价值链条长且复杂，管理难度大。实体经济中对员工管理，存在代理成本和代理风险，而虚拟经济中存在大量自我管理、自主管理，符合人性自由与个体自信的内在需求适度抑制虚拟经济过度膨胀，引导资金流向实体经济非常必要，具体来说，政府应从以下几方面着手。

一、发挥国家的宏观调控手段，适度抑制货币供应量，保持信贷的适度增长

资产价格泡沫是很大的系统性金融风险，关键还是限制杠杆。严厉打击违法的房地产投机活动，稳定房价，同时要依法打击炒卖土地行为，从而抑制不正常的"炒房"行为。

二、打通虚拟经济与实体经济的联通机制

解决资金"脱实向虚"的局面，重点在于要打破虚拟经济与实体经济分割而相对独立封闭运行的趋势。必须进一步发展资本市场，强化资本市场的资金配置效率。进一步发展资本市场，提高资本市场的配置效率。还要提高实体经济领域资金的回报率。改革税费制度，对不合理的收费要清理，并适当地进行结构性减税，提高实业资本的回报率。要加强金融服务，为需要资金投入的各类企业。对虚拟经济将保持正确引导、严格监管以实体经济名义获取的资金流向虚拟经济领域的行为；谨慎对待各类金融衍生品的创新，打破虚拟经济自我循环机制。

三、审慎推进金融改革

对于突发性资产价格过高或者过低情况，政府应做出应对方案，以保证金融市场平稳健康运行。

第五节　注重防风险与控泡沫

2016年12月，中央经济工作会议指出，"要把防控金融风险放到更加重要的位置，下决心处置一批风险点，着力防控资产泡沫，提高与改进监管能力"[1]，要着力防控资产泡沫，提高与改进金融机构监管能力，我国存在资产泡沫的风险点主要是房地产市场、债市级非金融企业部门，债市、企业部门去杠杆与房地产市场是防范系统性风险的重要领域。中国的金融风险既来自整体经济的高杠杆率，也来自杠杆率的结构性。

对于去杠杆，中央要求重点是降低杠杆率，从而加大股权融资力度，规范政府举债行为。由此可见，债转股与股权融资仍为解决企业杠杆率风险的主要操作方式，规范地方政府举债行为仍是经济工作重点之一。防控金融风险的表面文章也许是降杠杆，而内在根本措施可能是硬化国有企业与地方政府的债务约束。

鉴于我国资本市场存量流动性较好，M2增速一直保持在13%左右，并且M2存量占GDP比重逐年走高。这说明我国货币环境较为宽裕。然而2017年人民币汇率仍承受很大压力，针对人民币贬值压力较大下的资本外流问题，人民银行已实行多项资本管制政策，严控资本的外流。力保宏观经济基本面不出问题。同时，以"北上广深"为代表的一线城市房价依旧居高不下，房地产行业泡沫早已显现，控制泡沫，尤其是控制金融资产价格泡沫，笔者认为，还应做到"宜慢不宜快"。若良性的去泡沫会增强国内资产价格的吸引力，则剧烈去泡沫可能使得资本对国内资产价格丧失信心，加剧引发资本外流压力。《金融机构大额交易与可疑报告管理办法》即是在去泡沫过程中资本管制从严从紧的体现，规定境内个人购汇不得用于境外证券投资等项目。因此，金融资产价格去泡沫过程中，存在市场调整与汇率贬值等风险，预计资本管制将会更加严格。

在2016年的政府工作报告中，突出要加强对不良资产、债券违约、影子银行、互联网金融等金融风险的防控，这些风险背后揭示了几个问题：一是金融系统积累的风险形成具有历史原因，不可急于求成，债转股需量力而行；二是防范金融风险的过程中，需要加强金融创新内容及程度的把控。例如，债务违约、不良贷款、影子银行和互联网金融、PPP项目等。目前伪"PPP"盛行，政府回购、固定回报等变相融资问题突出。警惕盲目强化金融衍生创新、增加

---

[1] 中国网中国政协频道, http://cppcc.china.com.cn。

对民营企业的支持，可能会引发新一轮的金融系统性风险。

第六节　本章小结

本章主要论述全球价值链下我国通过金融体制改革，发展直接融资的方式，能够促进一国及产业、企业嵌入价值链，提升价值链分工地位。具体分为三大方面：一是深化投融资体制改革，大力发展直接融资；二是通过发展直接融资攀升全球价值链的意义；三是全球价值链分工深化下金融发展的政策支持问题。具体来说：

第一，就跨国公司来讲，可能处于价值链中高端，相对于低端民营企业，能更便利地获取融资。这说明，相对于从低端加入的企业来说，价值链主导企业更容易获得融资。这是由于其自身"规模经济"的优势，能够释放良好的信号，吸引融资结构的信贷及投资，而中小微企业缺乏国际国内两个金融市场，若还未嵌入全球价值链，只能在国内价值链上发展。

第二，在承接国际代工的基础上，中国直接融资与间接融资的比例伴随着中国企业向全球价值链高端位置攀升时，攀升的企业或产业的规模越大，越有利于直接融资的发展，有利于改善现有的金融结构，那些风险倾向性的金融产品和金融机构就可得到快速发展。具体来说，全球价值链分工深化的金融发展是提升全球价值链分工地位的必由之路，去金融杠杆、调金融结构有助于我国突破企业融资桎梏、产业发展困境，以"走出去"构建以我国为主的价值链，可以反过来倒逼国内金融改革。

第三，通过金融发展促进价值链分工深化，更重要的在于如何促进金融市场发展，拓宽融资渠道。具体来说，健全金融市场机制，建立多层次资本市场，区域财政金融政策，为价值链上企业研发创新、塑造品牌提供金融支持。增加地方政府的扶持措施，加大对中西部欠发达地区的扶持力度。同时，应严控金融风险，打击违法违规的套利、投机行为，打压以房地产为代表的资产价格泡沫，切实保证金融市场有序、健康、可持续运行。

第十章
总结与展望

随着国际分工的巨变，价值链分工深化突出表现在，基于生产环节与阶段的国际梯度转移，基于产品内分工、不同环节在各国的分布。伴随着全球价值链成为国际分工的主导形式，这种分工深化的方式对于世界经济以及中国经济发展产生深远的战略性影响。学术界对这种新的国际分工现象进行了大量的理论与经验研究，并取得了丰富成果，但目前，还没有针对全球价值链分工深化新趋势与相关联的金融发展问题进行直接研究。

对于占据全球价值链高端的跨国公司来说，它的母国及全球价值链覆盖的主要国家设立的子公司分支，凭借自身较高的生产率，企业品牌优势，当地税收优惠政策，能较易获得融资。但相对于低端嵌入的国家或企业来说，相对价值链主导国家及企业，则较难获得融资。各国金融发展水平各异，会影响价值链上国家分工地位，国际竞争优势，嵌入程度与价值链的长度。换种说法，各国企业在全球价值链上分布状况的影响，也取决于各国金融发展程度差异、发展情况各异的金融市场，这会影响其对于风险投资的吸引力以及在价值链上不同环节的分布情况。全球价值链上各国的金融发展情况有何差异，企业面临的融资约束是怎样的？直接融资与间接融资方式对参与去全球价值链的产业提供的金融支持有何不同？全球价值链分工条件下国际生产分割程度、产业出口竞争力与金融发展有何关联？我国产业升级，利用金融资源深化价值链分工的思路是什么？基于此，本书从全球价值链分工深化的现实及新趋势入手，从六大方面入手，即结合价值链国际分工地位与金融发展的理论与实证分析，产业升级效应与行业融资依赖，国际与国内生产分割度与金融结构的关系以及我国在全球价值链分工深化背景下金融深化改革的政策建议，对这些问题进行了力所能及的探讨。

第一节 主要研究结论

第一，全书的主要研究内容可分为事实分析、理论分析与实证分析三部分。事实分析主要从全球价值链分工深化的新趋势全面研判了当前全球价值链分工的地位、价值链的长度、全球价值链的嵌入程度以及国际竞争比较优势。利用出口技术复杂度测度价值链分工地位，利用1995~2011年WIOD全球投入产出表及我国的投入产出表将全球生产阶段数分解为国内生产阶段数与国际生产阶段数，UN Comtrade Database 提供的各国分类产品出口数据及我国历年《中国统计年鉴》，OECD Tiva 数据库计算了全球价值链嵌入程度、产业RCA指数。研究认为，整体来看，大多数国家积极参与全球价值链分工体系，我国价值链分工地位稳步提升，全球生产分割程度呈上升趋势，但与发达国家相比，我国全球价值链分工地位还有差距。相对于2000年，2011年大多数制造业行业的价值链嵌入程度有所提升，国际竞争比较优势有所提升。而生产阶段数作为价值链长度、生产结构复杂程度的变量。不难看出，价值链长度越长，金融发展水平越高，价值链分工地位越高。但所有表征全球价值链分工程度的指标，由于受到国际金融危机冲击，2008年与2009年大都出现阶段性波动，制造业行业生产阶段数有所下降，价值链分工地位攀升速度较低。

第二，参考 Beck 和 Levine（2004）建模框架，鉴于金融结构及其他解释变量内生于价值链分工地位的可能性，在对世界34个国家全球价值链分工地位与金融发展水平进行测算后，本书通过实证分析金融结构市场化水平与价值链分工地位的关系。研究发现，金融结构市场化导向与价值链分工地位呈倒"U"型关系，而大部分国家还未达到世界平均"最优"金融结构水平。总体来说，金融结构市场导向有助于价值链分工地位的提升。同时，对于金融市场效率越高，金融市场稳定性较好的经济体，金融结构市场化导向提升对价值链分工地位的促进作用越强。另外，在选取的34个国家中，OECD国家有24个，非OECD国家有10个，金融结构市场化对OECD国家出口技术复杂度的促进作用要大于非OECD国家。原因在于，发达国家金融结构市场化水平较高，处于价值链分工地位主导地位，对全球价值链上的企业融资、产业升级力度更大。就中国而言，中国的最优金融结构低于前文计算的世界范围平均水平，并且中国的金融结构在1996~2010年的数据均值远低于世界平均水平1.336，说明中国金融结构的市场化导向不足。

第三，基于金融发展理论与全球价值链理论，构建一般均衡模型，从研发强度角度，考察金融发展对价值链分工地位的影响。参考 Hausman、Hwang 和 Rodrik（2007）出口商品的技术复杂度反映所处价值链的地位，依据 Grossman 和 Helpman（1991）的研究范式，就消费部门、研发部门、金融部门与生产部门建立一般均衡模型，发现企业间接融资从事研发活动强度要低于直接融资的研发强度。在使用外部融资，存在委托代理问题时，间接融资部门对企业的监督要明显好于直接融资部门，然而同时使用两种外部融资方式时，却可能得到更大的研发强度，也可能存在最优的融资结构。同时，一国的金融效率越高，研发部门的"偷懒"越容易被发现，因此直接融资方式下研发部门的效率较高。同时，通过计量检验，利用24个国家的数据验证了该理论模型。研究结论为：金融发展水平在一定程度上会影响一国研发强度，而研发强度会影响参与价值链的程度、方式，影响本国出口产品质量、价值链分工地位的跃升。金融市场发展水平越高，直接融资占比越大，越有利于研发投入的增加。金融发展水平每增加1个百分点，研发强度增加1.097个百分点；研发强度与股票价格波动率呈负相关，股票价格波动率越大，高的调整成本和不稳定的融资来源制约着企业的创新活动，影响一国的创新能力。金融市场稳定性越差，研发强度越低。研发强度的增加，对于价值链分工地位的提升效果是显著的。依赖于高科技劳动力密集投入的研发投入不足，会使得企业或者一国被锁定在全球价值链低端。而人均收入的提高能够促进研发投入的增加，经济增长数量的增长对于价值链分工地位具有正向作用。

第四，本书从全球价值链视角，应用2015年OECD-WTO联合发布的增加值贸易Tiva数据，根据融入增加值贸易的显示性比较优势（RCA-Value Added），对全球58个国家及地区的制造业国际竞争力进行测算，并且检验了这些国家全球价值链嵌入程度、银行信贷扩张水平对国际竞争力的影响，同时运用门槛回归方法考察银行信贷在全球价值链嵌入程度与国际竞争力两者关系中的作用机制。研究结果表明：各国在全球价值链嵌入程度对其制造业国际竞争力存在显著的正向影响，参与全球价值链分工程度越深的国家，制造业的国际竞争力水平越高；各国的银行信贷扩张对于制造业国际竞争力却是显著的负向影响，银行信贷水平越高，一国制造业国际竞争力水平不一定提高；门槛回归结果显示，银行信贷水平存在显著的门槛效应，在银行信贷水平越过门槛值后，全球价值链嵌入程度对制造业国际竞争力的提升作用在减少。这说明，全球价值链嵌入对制造业国际竞争力具有显著正向影响，但由于银行信贷规模的扩大，这种影响却不一定提升。

第五，制造业行业资本配置效率与金融规模、信贷规模呈正相关，资本市场越发达，行业的银行信贷融资依赖越大，制造业行业资本配置效率随之提高；而资本市场越发达，制造业行业价值链嵌入程度也随之提高，满足制造业行业资本配置效率→金融规模、信贷规模→行业全球价值链嵌入度传导路径。鉴于数据的可得性，运用我国2002~2011年12个制造业行业的面板数据，通过建立计量模型，计算中国制造业行业嵌入GVC程度的指数。研究发现，制造业行业嵌入 GVC 程度整体呈上升趋势，制造业行业 GVC 嵌入具有明显行业异质性特征；制造业行业资本效率越高，该行业 GVC 嵌入程度更高。行业数据分析显示，化学原料及化学制品制造业，电气机械及器材制造业，通信设备、计算机及其他电子设备制造业，仪器仪表及文化办公用机械制造业属资本与技术密集型行业，金融规模及信贷规模比较高。而一些制造业行业，如石油加工及炼焦加制造业、食品制造业、造纸及纸制品业相较而言，金融规模、信贷规模仍处于较落后水平。

第六，通过理论分析得到融资依赖对我国产业承接国际外包与国内外包、价值链分工下产业升级的传导机制。融资依赖水平、产业人力资本水平、产业研发水平及 FDI 水平会对价值链分工下的产业升级造成影响，能够提升产业在全球价值链中的位置。通过利用 2002~2011 年我国 18 个制造业面板数据对理论假说进行了检验。实证结果发现，①金融规模与信贷规模均对我国承接国际外包与国内外包具有促进作用；②就金融规模与信贷规模的促进作用来看，信贷规模对国内承接外包的促进作用更强，而金融规模对承接国际外包的促进作用更强；③从融资依赖影响国际外包、国内外包从而促进产业升级看，融资依赖能够通过 FDI 溢出、人力资本及研发三个途径促进产业升级。就金融规模讲，主要通过研发促进价值链视角下的产业升级，而以信贷规模而言，通过企业研发与提升人力资本含量促进产业升级。

第七，本书通过采用世界银行对我国 25 个城市中小微企业的调查数据，着重选取了制造业企业中的民营企业作为主要的研究对象。首先是基于数据，对我国企业的融资环境现状进行了描述性统计，发现我国作为世界上的发展中大国，大多数企业陷入了融资困境。中国的融资环境，相对于其他 16 个发展中经济体，发展情况甚至还要滞后。这提出了需要研究的问题，即民营企业的融资约束程度到底如何？加入全球价值链的企业与没有嵌入全球价值链的企业，在获取金融结构信贷方面有何差异？本书通过对现有事实及相关文献的梳理，提出了两大研究假说。①加入全球价值链有利于民营企业向银行释放有利的商业信誉"信号"，从而更方便获取信贷融资。②地方政府对地方民营企业的干预越强，会影响当地民企，尤其是价值链上的民企减少获取信贷融资的可能性。于是，本书通过对调查问卷中的 2000 多个数据指标的筛选梳理，得到有效数据 1400 余个。根据计量经济学基本理论，由于被解释变量为虚拟变量，因此采用 Probit 模型进行估计，通过对基准模型的计量检验结果分析。从而佐证了两大理论假说。

第八，基于全球价值链分工深化的金融依赖，促进产业升级、缓解企业融资约束，提供金融改革的政策支持。①欠发达地区应加快转变政府职能，增强市场活力。完善我国市场经济的一个重要内容就是转变政府职能，增强金融市场的活力，鼓励民间资本进入金融业。②要通过优化金融结构，从而实现产业结构的优化。一方面，要坚持金融对外开放，通过"引进来"加强吸引外资，重点放宽银行类金融机构、证券公司、证券投资基金公司、期货公司、保险机构及中介机构外资准入准则。另一方面，最大化实现资本账户开放的福利水平，加大跨境异常的资金流动监控，加强反洗钱的监控，强化风险意识，控制投机型的直接投资。还要通过财政与金融双管齐下对中西部地区的扶持，使用信贷支持、金融试点为欠发达地区提供更为广阔的融资平台。③围绕实体经济发展，解决资金"脱实向虚"的局面，创新金融工具，注重防风险与控泡沫。由于我国资本市场存量流动性较好，M2 增速一直保持在 13% 左右，这说明我国货币环境较为宽裕。2017 年 1 月新增贷款 2.03 万亿元，创一年来新高，M2 增速达 11.3%，值得关注的是，非金融公司中长期贷款 1.52 万亿元，大幅高于上年同期的 1.06 万亿元，除债券收益率大幅上升后企业融资转向信贷的替代效应外，可能跟地方政府换届后投资冲动、基建 PPP 发力、企业盈利恢复后企业设备开支大增、出口好转企业恢复生产、实际贷款利率大幅下降等实际融资需求上升有关。在房市债市调控背景下，银行增加了对实体经济贷款，资金出现"脱虚向实"迹象。人民银行已实行多项资本管制政策，严控资本的外流，力保宏观经济基本面不出问题。力防控资产泡沫，提高与改进金融机构监管能力。我国存在资产泡沫的风险点主要是房地产市场、债市级非金融企业部门，债市、企业部门去杠杆与房地产市场是防范系统性风险的重要领域。除了宏观经济调控，还要积极引导国民海外投资方向，在实现资产保值增值的同时，强化风险意识，从而最终推动经济增长。

第二节 进一步展望

沿着"提出问题""分析问题""解决问题"的思路，本书对价值链分工深化下的金融问题进行了剖析，基于全球价值链理论与金融发展理论相结合，对该研究领域作出了边际贡献。然而，囿于笔者研究能力有限，从全书的研究过程看，由于数据与方法的限制，难免还有不足与遗憾，这也成为未来值得进一步完善与拓展的方向。

第一，需要进一步充实其他层面的经验研究。数据越详细，指标越科学，可以更准确地衡量价值链分工地位状态与水平。本书的实证中，衡量金融体系与价值链分工地位、生产分割度、行业全球价值链嵌入程度，国际比较竞争优势主要基于跨国层面、行业层面数据进行。鉴于地区投入产出表不全，价值链嵌入程度非常难以衡量测度测算，几乎没有研究做关于地区层面的研究。为了进一步扩充经验研究，除了运用本书的衡量方法对跨国比较、行业比较进行深度挖掘，还应从地区、更微观层面入手，基于企业层面的数据在本书开题时笔者就曾有构想，但在庞杂的博士论文写作中，虽然整理了获取部分微观数据，但完整性无法充分得以肯定，测算与计量结果可能具有一定误差。因此，无奈忍痛割舍，未来可在获取客观、真实的微观企业数据层面，尝试将产能水平、生产率水平尤其是企业外部融资依赖纳入核算框架，从而衡量价值链上企业所面临的融资约束水平与价值链分工深化趋势的关系。

第二，本书对价值链分工深化的金融依赖的解释框架还需完善。对于全球价值链的分工深化这一大研究背景的解释框架，本书虽然提供了一个围绕价值链分工地位、价值链嵌入程度、生产结构分割程度（价值链长度）、国际竞争比较优势的微观、宏观层面的解释框架，但仍有进一步深入挖掘的空间。未来通过探索构建一个合理且逻辑自洽的价值链分工深化的框架也是可能研究的重点之一。

第三，经济学是研究人与社会的，再复杂的模型也是对现实经济的高度抽象与概况。笔者在建立一般均衡模型时尽力贴合现实，努力兼顾最优金融结构。因直接融资与间接融资对研发强度的不同影响，面临委托代理问题时，间接融资部门的成本较高。但因研究对象有限，能力所及无法兼顾所有情况。未来可在本文模型基础上，试图构建包括有中国融资方式特征的DSGE模型的计算机模拟，当然这会带来大量工作，考虑金融部门在一个开放的条件下，资本账户各项目不同的开放顺序可能会影响出口产品质量及其全球价值链分工地位。这些现实与理论问题，很难在一个容量有限的书中细化与穷尽，这都是留待以后努力的方向。

参考文献

[1] Acemoglu, D., S. Johnson and J. Robinson. The colonial origins of comparative development: An empirical investigation？［J］American Economic Review, 2001, 91（5）: 1369-1401.

[2] Acemoglu, Daron, Simon Johnson and Todd Mitton. Determinants of vertical integration: Finance, contracts and regulation［J］. Journal of Finance, 2009, 63（3）: 1251-1290.

[3] Ahn, J., Amiti, M. and Weinstein D .Trade finance and the great trade collapse［J］. American Economic Review, 2011（101）: 298-302.

[4] Allen, F. The Market for Information and the origin of financial intermediaries［J］. Journal of Financial Intermediation, 1990（1）: 3-30.

[5] Angelo Secchi. Federico tamagni and chiara tomas.Financial constraints and firm exports: Accounting for heterogeneity, self-selection, and endogeneity［J］.Lem Papers, 2014（25）: 813-827.

[6] Antoine Bouët, Anne-Gaël Vaubourg. Financial constraints and international trade with endogenous mode of Competition［J］. Journal of Banking & Finance, 2016（68）: 179-194.

[7] Askenazy, P., Aida Caldera, Guillaume Gaulier and Delphine Irac. Financial constraints and foreign market entries or exits: Firm-level evidencerom france［R］. Banque de France Working Paper, 2011.

[8] Baldwin, J. R., Yan, B.Global value chains and the productivity of canadian manufacturing firms［Z］.Statistics Canada, Analytical Studies Branch, 2014.

[9] Beck T. Financial structure and economic development: Firm, Industry and country evidence［D］.World Bank Publications, 2000.

[10] Beck T., A. Demirgu-Kunt., R. Levine.Financialinstitutions and markets across countries and over time: The updated financial development and structure database［J］.World Bank Economic Review, 2010, 24（1）: 77-92.

[11] Beck Thorsten and Ross Levine.Stock markets, banks, and growth: Panel evidence［J］. Journal of Banking & Finance, 2004, 28（3）: 423-442.

参考文献

[12] Beck, T., H. Degryse C. Kneer.Is more financebetter? Disentangling intermediation and size effects of financial systems [J] .Journal of Financial Stability 2014 (10): 50-64.

[13] Beck, T. Financial structure and economic development: Firm, industry, and country evidence [R] .World Bank Publications, 2000.

[14] Bernard, A., Stabilito, A., Yoo, J.D.Access to fiance and exporting behavior in transition countries [R]. Kiel Advanced Studies Working Paper, 2010.

[15] Biais, B., Gollier, C.Trade credit and credit rationing [J]. The Review of Financial Studies, 1997, 10 (4): 903-937.

[16] Bilir, L. K., D. Chor and K Manova. Host Country Financial Development and MNC Activity [R] .NBER Working Paper, 2014.

[17] Brandt, L., Li H.Bank Discrimination in transition economics: Ideology, information or incentives? [J]. Journal of Comparative Economics,2003,31 (3): 387-413.

[18] Bridges, S., Guariglia, A. Financial constraints, global engagement, and firm survival in the UK: Evidence from micro data [J] .Scottish Journal of Political Economy, 2014, 55 (4): 444-464.

[19] Brown, J. R., Fazzari, S. M. and Peterson, B. C. Fin ancing innovation and growth: Cash flow, external equity and the 1990s R&D boom [J]. Journal of Finance, 2009, 6 (4): 151-185.

[20] Buch, C. M, I. Kesternich, Lipponer and M. Schnitzer.Exports versus FDI revisited: Does finance matter? [R]. 2009.

[21] C. Fritz Foley, Kalina Manova. International trade, Multinational activity, and corporate finance [J] .Annual Review of Economics, 2015 (7): 119-146.

[22] Campa, J. M., J. M. Shaver. Exporting and capital investment: On the strategic behavior of exporters [D] .IESE Business School, IESE Research Papers, 2002.

[23] Chor, D., K. Manova .Off the click and back: Credit conditions and international trade during the global financial crisis [J] .Journal of International Economics, 2012 (87): 117-133.

[24] Ciha, Martin, et al. Financial development in 205 economies1960 to 2010 [J]. National Bureau of Economic Research, 2013 (1): 7-14.

[25] Cihak, Martin, et al. Financial development in 205 economies 1960 to 2010 [J]. National Bureau of Economic Research, 2013 (1): 7-14.

[26] Cohen W. M., Klepper S. Firm size and the nature of innovation within Industries:

The case of process and product R&D [J]. Review of Economics & Statistics, 1996 (78): 232-243.

[27] Cull R., L. Xu.Who gets credit? The behavior of bureaucrats and state banks in allocating credit to chinese state-owned enterprises [J]. Journal of Development Economics, 2003, 71 (2): 533-559.

[28] Cull, R., L. C. Xu and T. Zhu. Formal finance and trade credit during Chinas transition [D].Working Paper, World Bank and China Europe International Business School, 2007.

[29] Daniel Paravisini, Veronica Rappoport, Philipp Schnab.Specialization in bank lending: Evidence from exporting firms [R]. NBER Working Paper, 2015.

[30] Demirgti-Kunt, A., Feyen, E. and Levine, R. The evolving importance of banks and securities markets [J].World Bank Economic Review, 2013, 27 (3): 476-490.

[31] Demirguc-Kunt A., Feyen, E. and Levine, R. Optimal financial structures and development: The evolving importance of banks and markets [R]. World Bank, 2011.

[32] Demirguc-Kunt, A., E. Feyen and R. Levine. Optimal financial structures and development: The evolving importance of banks and markets [R].Washington, DC: World Bank, 2011.

[33] Demirgü-Kunt A., Maksimovic V. Funding growth in bank-based and market-based financial systems: Evidence from firm-level data [J]. Journal of Financial Economics, 2002, 65 (3): 337-363.

[34] Diamond D. W. Financial intermediation and delegated monitoring [J]. The Review of Economic Studies, 1984, 51 (3): 393-414.

[35] Dixit A. K, Stiglitz J. E. Monopolistic competition and optimum product diversity [J]. The American Economic Review, 1977 (1): 297-308.

[36] Domar E. D. Capital expansion, rate of growth, and employment [J]. Econometrica, Journal of the Econometric Society, 1946 (1): 137-147.

[37] Fally, T. On the Fragmentation of Production in the US [J].University of Colorado, Mimeo, 2012 (1): 7-14.

[38] Feenstra, Z. Li, M. Yu.Exports and credit constraints under incomplete information: Theory and evidence from China [J].Review of Economics and Statistics, 2014, 96 (4): 729-744.

[39] Goldsmith, R.W. Financial structure and development [M].New Haven: Yale

University Press, 1969.

[40] Greenaway, D., A. Guariglia and R. Kneller. Financial factors and exporting decisions [J]. Journal of International Economics, 2007, 73 (2): 377-395.

[41] Greenwood, J., Sanchez J. M. and Wang C. Financing Development: The Role of Information Costs (Revised August 2009) [J]. Social Science Electronic Publishing, 2009, 100 (4): 1875-1891.

[42] Grossman, G. M., Helpman E. Quality ladders in the theory of growth [J]. The Review of Economic Studies, 1991, 58 (1): 43-61.

[43] Guariglia, A., S. Mateut. Inventory investment, Global engagement and financial constraints in the UK: Evidence from micro data [J]. Journal of Macroeconomics, 2010, 32 (1): 239-250.

[44] Gurley, J. G., Shaw E. S. Financial structure and economic development [J]. Economic Development and Cultural Change, 1967, 15 (3): 257-268.

[45] Guzman, G. Bank structure, capital accumulationand growth: A simple macroeconomic model [J]. Economic Theory, 2000, 16 (2): 421-455.

[46] Hall, B. H., Lerner, J. The financing of R&D and innovation [J]. Handbook of the Economics of Innovation, Elsevier, North Holland, 2010 (1): 7-14.

[47] Harrison, E., M.S. McMillan. Does direct foreign investment affect domestic credit constraints? [J] .Journal of International Economics, 2003, 61 (1): 73-100.

[48] Harrod, R. F. An essay in dynamic theory [J]. The Economic Journal, 1939 (1): 14-33.

[49] Hausmann R.What you export matters [J] .Journal of Economic Growth, 2005 (12): 1-25.

[50] Hellmann, T., Stiglitz, J. Credit and equity rationing in markets with adverse selection [J]. European Economic Review, 2000, 44 (2): 281-304.

[51] Hummels, D., Ishii, J. and Yi, K. M. The nature and growth of vertical specialization in world trade [J]. Journal of International Economics, 2001, 54 (1): 75-96.

[52] Hummels, David, Jun Ishii and Kei-Mu Yi. The nature and growth of vertical specialization in world trade [J] .Journal of International Economics, 2001 (54): 75-96.

[53] Ito.H, Terada-Hagiwara. Effects of financial market imperfections on indian firmsexporting behavior [J]. Social Science Electronic Publishing, 2011, 27 (3): 697-711.

[54] Johnson, Robert, Guillermo Noguera. counting for intermediates: Production sharing and trade in value added[J]. Journal of International Economics, 2012(86): 224‐236.

[55] Ju, J. and S.-J. Wei.When is quality of financial system a source of comparative advantage? [J]. Journal of International Economics, 2011, 84(2): 178–187.

[56] Juan Carluccio, Thibault Fally.Global sourcing under imperfect capital markets[J]. The Review Economics and Statistics, 2012, 94(3): 740–763.

[57] Justin Y. Lin, Xifang Sun, Harry X. Wu .Banking structure and industrial growth: Evidence from China[J]. Journal of Banking & Finance, Accepted, 2015(1): 8–9.

[58] Kalina Manova.Credit constraint, Heterogeneous firms and international trade[J]. The Review of Economic Studies, 2013(80): 711–744.

[59] Kaminsky, G. Currency and banking crises: The early warnings of Distress[R]. IMF Working Paper, 1999.

[60] King, R. G., Levine, R. Finance, entrepreneurship and growth: Theory and evidence[J]. Journal of Monetary Economics, 1993, 32(3): 513–542.

[61] Koopman, R. B., Wang, Z. and Wei, S J. Tracing value-added and double counting in gross exports[J]. The American Economic Review, 2014, 104(2): 459–494.

[62] Koopman, R. B., Wang, Z. and Wei, S. J. Estimating domestic content in exports when processing trade is pervasive[J]. Journal of Development Economics, 2012, 99(1): 178–189.

[63] Koopmans, T. C. On the concept of optimal economic growth[J] .Journal of Development Economics, 1965(1): 7–14.

[64] La Porta, R., F. Lopez-de-Silanes & A. Shleifer. Legal determinants of external finance[J]. Journal of Finance, 1997, 52(3): 1131–150.

[65] Leontief, W. Quantitative input and output relations in the economic system of the united states[J].Review of Economics and Statistics, 1936(18): 105‐125.

[66] Levine, R. Stock markets, growth, and tax policy[J]. The Journal of Finance, 1991, 46(4): 1445–1465.

[67] Levine, R. Bank—based or Market—based financial systems: Which is better? [J].Journal of Financial Intermediation, 2002(11): 398–428.

[68] Li Z. J., Yu M. J. Exports, Productivity, and credit constraints: A firm-level empirical investigation of China[R].Working Paper, 2009.

[69] Lin, C., Y. Ma and Y. Xuan. Ownership structure and financial constraints:

Evidence from a structural estimation [J]. Journal of Financial Economics, 2013 (102): 416–431.

[70] Lucas, R. E. On the mechanics of economic development [J]. Journal of Monetary Economics, 1988, 22 (1): 3–42.

[71] Macchiavello, R. Financial development and vertical integration: Theory and evidence [J]. Journal of the European Economic Association, 2012, 10 (2): 255–289.

[72] Mankiw, N. G., Romer D, Weil D N. A contribution to the empirics of economic growth [R]. National Bureau of Economic Research, 1990.

[73] Manole, V., Spatareanu M. Exporting, capital investment and financial Constraints [D]. LICOS Discussion Paper Series, Discussion Paper, 2009, No.252.

[74] Manova, K. Credit Constrints. Heterogeneous firms, and international trade [J]. Review of Economic Studies, 2012, 80(2): 711–744.

[75] Manova, K., Yu, Z. Firms and credit constraints along the global value Chain: Processing trade in China [R]. NBER Working Paper, 2012.

[76] Manova, K. Credit constraints, equity market liberalizations and international trade [J]. Journal of International Economics, 2008, 76 (1): 33–47.

[77] Manova, K. Credit Constrints. Heterogeneous firms, and international trade [J]. Review of Economic Studies, 2012, 80(2): 711–744.

[78] Manova, K. Global value chains and multinational activity with financial frictions [J]. The Age of Global Value Chains: Maps and Policy Issues. CEPR E-book, (forthcoming), 2015 (1): 7–14.

[79] Manova. Global value chains and multinational activity with financial frictions [J]. The Age of Global Value Chains: Maps and Policy Issues. CEPR E-book, (forthcoming), 2009 (1): 7–14.

[80] Marc, J. Melitz. The impact of trade on intra-industry reallocations and aggregate industry productivity [J]. Economitrica, 2003, 71 (6): 1695–1725.

[81] Maria Bas, Antoine Berthou. The decision to import capital goods in india: Firms financial factors matter [J]. The World Bank Economic Review, 2012, 26 (3): 486–513.

[82] McKinnon, R. Financial growth and macroeconomic stability in China, 1978–1992: Implications for russia and other transitional economies [J]. Journal of Comparative Economics, 1994, 18 (3): 438–468.

[83] Merton Robert C., Zvi Bodie. The design of financial systems: Towards a synthesis

of function and structure [J]. National Bureau of Economic Research, 2004 (1): 7–14.

[84] Merton, R. A functional perspective of financial intermediation [J]. Financial Management, 1995, 24 (2): 23–41.

[85] Merton, R. A functional perspective of financial intermediation [J]. Financial Management, 1995, 24 (2): 23–41.

[86] Michalopoulos, S., Laeven L. and Levine R. Financial innovation and endogenous growth [R]. National Bureau of Economic Research, 2009.

[87] Michalopoulos, S. Laeven, L. and Levine, R. Financial innovation and endogenous growth [R]. NBER Working Paper, 2009.

[88] Michel Bernini, Sarah Guillou and Flora Bellone. Firms leverage and export quality evidence from france [J]. Journal of Banking & Finance, 2015, 59 (6): 280–296.

[89] Michie, R. C. The London and New York stock exchanges, 1850–1914 [J]. The Journal of Economic History, 1986, 46 (1): 171–187.

[90] Miller, R. E., Temurshoev U. Output upstreamness and input downstreamness of industries/countries in world production [J]. International Regional Science Review, 2015, 5 (11): 7–14.

[91] Minetti, R., Zhu, S. C. Credit constraints and firm export: Microeconomic evidencefrom italy [J]. Journal of International Economics, 2011, 83 (2): 109–125.

[92] Mirabelle Muûls. Exporters and credit constraints. A firm-level approach [R]. National Bank of Belguim Working Paper, 2008.

[93] Modigliani, F., Miller, M. H. The cost of capital, corporation finance and the theory of investment [J]. The American Economic Review, 1958, 48 (3): 261–297.

[94] Muradov, K. Counting borders in global value chains [R]. Paper presented at the 24rd International Input-Output Conference, Mexico City, 2016.

[95] Myers, S. C. The capital strcuture puzzle [J]. Journal of Finance, 1984 (39): 575–592.

[96] Myers, S. C., Majluf, N. S. Corporate financing and investment decisions when firms have information that investors do not have [J]. Journal of Financial Economics, 1984, 13 (2): 187–221.

[97] Nucci, F., Pozzolo, A. F. and Schivardi, F. Is firms productivity related to

itsfinancial structure？ evidence from microeconomic data [J]. Rivista di Politica Economica, 2005, 95 (1): 269-290.

[98] Petersem, M., Rajan R. Trade credit: Theories and evidence [J].The Review of Financial Studies, 1998, 10 (3): 661-691.

[99] Pol Antràs, Davin Chor. Organizing the global value chain [J].Econometrica, 2013, 81 (6): 2127-2204.

[100] Pol Antràs, Mihir A. Desai and C.Fritz Foley. Multinational Firms, FDI flows, and imperfect capital markets [J].Quarterly Journal of Economics, 2009, 124 (3): 1171-1219.

[101] Rajan, R. G. Insiders and outsiders: The choice between informed and arms-length debt [J]. The Journal of Finance, 1992, 47 (4): 1367-1400.

[102] Rajan, R. and L. Zingales. Financial dependence and growth [J]. American Economic Review, 1998, 88 (3): 559-586.

[103] Ramsey, F. P. A mathematical theory of saving [J]. The Economic Journal, 1928 (1): 543-559.

[104] Raoul Minetti, Susan Chun Zhu.Credit constraints and firm export: Microeconomic evidence from Italy [J].Journal of International Economics, 2011 (83): 109-125.

[105] Raymond, G. Financial structure and development [M]. New Haven: Yale University Press, 1969.

[106] Robert G. King and Ross Levine. Finance and growth: Schumpeter might right [J]. Journal of Economics, 2005 (108): 717-737.

[107] Robert, G. King and Ross Levine. Finance and growth: Schumpeter might right [J]. Journal of Economics, 2005 (108): 717-737.

[108] Rocco Macchiavello. Financial development and verticalintegration: Theory and evidence [J]. Journal of the European Economic Association, 2012, 10 (2): 255-289.

[109] Romer, P. Endogenous technological change [R]. National Bureau of Economic Research, 1989.

[110] Segerstrom, P. S., Anant, T.C.A. and Dinopoulos E. A schumpeterian model of the product life cycle [J]. The American Economic Review, 1990 (1): 1077-1091.

[111] Sethi, P., B. Kumar. Financial structure gap and economic development in India [J]. Journal of Business Economics and Management, 2014, 15 (4): 776-794.

[112] Shleifer, A., Summers L. H. Breach of trust in hostile takeovers [A] //Corporate takeovers: Causes and consequences [M]. University of Chicago Press, 1988.

[113] Shleifer, A., Vishny, R. W. Large shareholders and corporate control [J]. The Journal of Political Economy, 1986 (1): 461-488.

[114] Solow, R. M.A contribution to the theory of economic growth [J]. The Quarterly Journal of Economics, 1956 (1): 65-94.

[115] Steven, M. Fazzari, R. Glenn Hubbard, Bruce C. Petersen. Financing constraints and corporate investment [J]. Brookings Papers on Economic Activity, 1988 (1): 141-149.

[116] Stiglitz, J. E. Credit markets and the control of capital [J]. Journal of Money, Credit and Banking, 1985, 17 (2): 133-152.

[117] Subash Sasidharana, P. J. Jijo Lukose and Surenderrao Komerac. Financing constraints and investments in R&D: Evidence from Indian manufacturing firms [J]. The Quarterly Review of Economics and Finance, 2015 (55): 28-39.

[118] Svaleryd, H., J. Vlachos.Financial markets, The pattern of industrial specialization and comparative advantage: Evidence from oecd countries [J]. European Economic Review, 2005, 49 (1): 113-144.

[119] Swan, T. Economic growth and capital accumulation [J]. The Economic Journal, 1956 (1): 7-14.

[120] Temurshoev, A. Villanueva, G. J. de Vries. The world input-output database (WIOD): Contents, Sources and methods [R]. WIOD Background Document, 2012.

[121] Ueda, M. Banks versus venture capital: Project evaluation, screening, and expropriation [J]. The Journal of Finance, 2004, 59 (2): 601-621.

[122] Ujunwa, A., Salami, O. P., Nwakoby, L., Llmar, A. H. Financial structure and economic growth in negeria: Theory and evidence [J]. International Journal of Economics and Finance, 2012, 4 (4): 227-238.

[123] Wang, Z., Wei, S. J. and Zhu K. Quantifying international production sharing at the bilateral and sector level [D]. NBER Working Paper Series, 2013.

[124] Wang, Z., Wei, S. J. What Accounts for the rising sophistication of Chinas exports? Chinas growing role in world trade [M]. Chicago: University of Chicago Press, 2010.

[125] Wang, Zhi, Wei, Shang-Jin, Yu Xingding and Zhu Kunfu. Characterizing global Value Chains [R]. Working Paper September, 2016.

[126] Weinstein, D. E., Yafeh Y. On the costs of a bank-centered financial system: Evidence from the changing main bank relations in Japan [J]. The Journal of Finance, 1998, 53(2): 635-672.

[127] Wenger, E., Kaserer C. The German system of corporate governance-A model which should not be imitated [R]. 1997.

[128] Werwatz, A., Zimmermann V. The determinants of debt and (Private-) equity financing in young innovative SMEs: Evidence from germany [R]. Center for Financial Studies Working Paper, 2004.

[129] Yeh, C. C., Huang, H. C. R., Lin, P. C. Financil structure on growth and volatility [J]. Economic Modelling, 2013(35): 391-400.

[130] 包群, 邵敏. 外商投资与东道国工资差异: 基于我国制造业行业的经验研究 [J]. 管理世界, 2008(5): 46-54.

[131] 包群, 阳佳余. 金融发展影响了中国制造业制成品出口的比较优势吗？[J]. 世界经济, 2008(3): 21-33.

[132] 陈斌开, 林毅夫. 金融抑制、产业结构与收入分配 [J]. 世界经济, 2012(1): 3-23.

[133] 陈创练, 庄泽梅, 林玉婷. 金融发展对制造业行业资本配置效率的影响 [J]. 中国制造业经济, 2016(11): 22-38.

[134] 陈立敏, 谭力文. 评价中国制造业国际竞争力的实证方法研究兼与波特方法与指标比较 [J]. 中国工业经济, 2004(5): 30-37.

[135] 陈晓华, 黄先海, 刘慧. 中国出口技术结构演进的机理与实证研究 [J]. 管理世界, 2011(3): 44-57.

[136] 陈勇兵, 李伟, 蒋灵多. 中国出口产品的相对质量在提高吗？——来自欧盟HS-6位数进口产品的证据 [J]. 世界经济文汇, 2012(4): 15-30.

[137] 戴翔, 郑岚. 制度质量如何影响中国攀升全球价值链 [J]. 国际贸易问题, 2015(12): 51-63.

[138] 戴翔. 中国制造业国际竞争力——基于贸易附加值的测算 [J]. 中国工业经济, 2015(1): 78-88.

[139] 邓建平, 曾勇. 金融关联能否缓解民营企业的融资约束 [J]. 金融研究, 2011(8): 78-92.

[140] 邓敏, 蓝发钦. 金融开放条件的成熟度评估: 基于综合效益的门槛模型分析 [J]. 经济研究, 2013(12): 120-133.

[141] 段一群, 李东, 李廉水. 中国装备制造业的金融支持效应分析 [J]. 科学学研究, 2009, 27(3): 388-392.

[142]樊海潮,李瑶,郭光远.信贷约束对生产率与出口价格关系的影响[J].世界经济,2015(12):79-107.

[143]高彦彦,刘志彪,郑江淮.技术能力、价值链位置与企业竞争力——来自苏州制造业的实证研究[J].财贸经济,2009(11):104-111.

[144]葛顺奇,罗伟.中国制造业企业对外直接投资和母公司竞争优势[J].管理世界,2013(6):28-42.

[145]龚强,张一林,林毅夫.产业结构、风险特性与最优金融结构[J].经济研究,2014(4):4-16.

[146]韩剑,王静.中国本土企业为何舍近求远:基于金融信贷约束的解释[J].世界经济,2012(1):98-113.

[147]洪银兴.论创新驱动经济发展战略[J].经济学家,2013(1):5-11.

[148]胡昭玲,张玉.制度质量改进能否提升价值链分工地位?[J].世界经济研究,2015(8):19-26.

[149]胡昭玲.产品内国际分工对中国制造业生产率的影响分析[J].世界经济研究,2007(6):38-45.

[150]蒋三庚,宋毅成.金融的空间分布与经济增长[J].经济学动态,2014(8):97-108.

[151]金碚,李鹏飞,廖建辉.中国产业国际竞争力现状及演变趋势——基于出口商品的分析[J].中国工业经济,2013(5):5-17.

[152]金京,戴翔,张二震.全球要素分工背景下的中国产业转型升级[J].中国工业经济,2013(11):57-69.

[153]鞠晓生,卢荻,虞义华.融资约束、营运资本管理与企业创新可持续性[J].经济研究,2013(1):4-16.

[154]李健,范祚军,谢巧燕.差异性金融结构"互嵌"式"耦合"效应——基于泛北部湾区域金融合作的实证[J].经济研究,2012(12):69-82.

[155]李林,丁艺,刘志华.金融集聚对区域经济增长溢出作用的空间计量分析[J].金融研究,2011(5):113-123.

[156]李强,郑江淮.基于产品内分工的我国制造业价值链攀升:理论假设与实证分析[J].财贸经济,2013(9):95-102.

[157]李青原,李江冰,江春,Kevin X. D Huang.金融发展与地区实体经济资本配置效率——来自升级制造业行业数据的证据[J].经济学(季刊),2013,12(1):527-548.

[158]李青原,赵奇伟,李江冰,江春.外商直接投资、金融发展与地区资本配置效率[J].金融研究,2010(3):80-97.

[159] 李廷凯, 韩廷春. 金融生态演进作用于实体经济增长的机制分析: 透过资本配置效率的视角 [J]. 中国制造业经济, 2011 (2): 26-35.

[160] 李巍. 资本账户开放、金融发展和经济金融不稳定的国际经验分析 [J]. 世界经济, 2008 (3): 34-43.

[161] 李志远, 于森杰. 生产率、信贷约束与企业出口: 基于中国企业层面的分析 [J]. 经济研究, 2013 (6): 85-99.

[162] 林毅夫, 孙希芳, 姜烨. 经济发展中的最优金融结构理论初探 [J]. 经济研究, 2009 (8): 4-17.

[163] 林毅夫, 章奇, 刘明兴. 金融结构与经济增长 [J]. 世界经济, 2003 (1): 3-21.

[164] 林志帆, 龙晓旋. 金融结构与发展中国家的技术进步——基于新结构经济学视角的实证研究 [J]. 经济学动态, 2015 (12): 57-68.

[165] 刘伟, 黄桂田. 中国银行业改革的侧重点: 产权结构还是市场结构 [J]. 经济研究, 2002 (8): 3-11.

[166] 刘伟, 王汝芳, 中国资本市场效率实证分析——直接融资与间接融资效率比较 [J]. 金融研究, 2016 (1): 64-73.

[167] 刘小玄和周晓艳. 金融资源与实体经济之间配置关系的检验——兼论经济结构失衡的原因 [J]. 金融研究, 2011 (2): 57-70.

[168] 刘志彪, 张杰. 全球代工体系下发展中国家俘获型网络的形成、突破与对策——基于 GVC 与 NVC 的比较视角 [J], 中国制造业经济, 2007 (5): 39-47.

[169] 刘志彪, 郑江淮. 价值链上的"馅饼"与"陷阱" [A] // 价值链上的中国: 长三角选择性开放新战略 [M]. 北京: 中国人民大学出版社, 2012.

[170] 卢峰, 姚洋. 金融压抑下的法制、金融发展和经济增长 [J]. 中国社会科学, 2004 (1): 42-55.

[171] 陆铭, 陈钊. 分割市场的经济增长: 为什么经济开放可能加剧地方保护 [J]. 经济研究, 2009 (3): 42 52

[172] 吕朝凤, 朱丹丹. 中国垂直一体化生产模式的决定因素 [J]. 中国工业经济, 2016 (3): 68-82.

[173] 吕越, 罗伟, 刘斌. 异质性企业与全球价值链嵌入: 基于效率和融资的视角 [J]. 世界经济, 2015 (8): 29-55.

[174] 吕越, 盛斌. 融资约束是制造业企业出口和 OFDI 的原因吗?——来自中国微观层面的经验研究 [J]. 世界经济研究, 2015 (9): 13-36.

[175] 裴长洪, 彭磊, 郑文. 转变外贸发展方式的经验与理分析——中国应对国际

金融危机冲击的一种总结［J］.中国社会科学，2011（1）：77-87.

［176］彭俞超.金融功能管理视角下的金融功能结构与经济增长——来自1989-2011年的国际经验［J］.金融研究，2015（1）：32-49.

［177］齐俊妍，王永进，施炳展，盛丹.金融发展与出口技术复杂度［J］.世界经济，2011（7）：91-118.

［178］齐俊妍，王永进，施炳展，盛丹.金融发展与出口技术复杂度［J］.世界经济，2011，（7）：91-118.

［179］齐兰，王业斌.国有银行垄断的影响效应分析——基于制造业技术创新视角［J］.中国工业经济，2013（7）：69-80.

［180］申明浩，杨永聪.基于全球价值链的产业升级与金融支持问题研究——以我国第二产业为例［J］.国际贸易问题，2012（7）：3-11.

［181］沈坤荣，孙文杰.投资效率、资本形成与宏观经济波动——基于金融功能发展视角的实证分析［J］.中国社会科学，2004（6）：52-63.

［182］盛丹，包群，王永进.基础设施对中国企业出口行为的影响："集约边际"还是"扩展边际"［J］.世界经济，2011（1）：17-36.

［183］盛丹，王永进."企业间关系"是否会缓解企业的融资约束［J］.世界经济，2014（10）：104-122.

［184］盛丹，王永进.地方政府周期性财政收支、融资依赖与地区出口结构［J］.金融研究，2010（11）：1-18.

［185］盛丹，王永进.基础设施、融资依赖与地区出口比较优势［J］.金融研究，2012（5）：15-29.

［186］苏庆义，高凌云.全球价值链分工位置及其演进规律［J］.统计研究，2015，32（12）：38-45.

［187］苏庆义.中国国际分工地位的再评估——基于出口技术复杂度与国内增加值双重视角的分析［J］.财经研究，2016，42（6）：40-51.

［188］苏庆义.中国省级出口的增加值分解及其应用［J］.经济研究，2016（1）：84-98.

［189］孙杰.发达国家和发展中国家的金融结构、资本结构和经济增长［J］.金融研究，2002（10）：14-24.

［190］孙杰.发达国家和发展中国家的金融结构、资本结构和经济增长［J］.金融研究，2002（10）：14-24.

［191］孙俊，于津平.资本账户开放路径与经济波动——基于动态随机一般均衡模型的福利分析［J］.金融研究，2014（5）：48-64.

［192］谈儒勇.中国金融发展和经济增长关系的实证研究［J］.经济研究，1999

（10）：53-61.

[193] 唐海燕，张会清. 产品内国际分工与发展中国家的价值链提升 [J]. 经济研究，2009（9）：81-93.

[194] 陶锋. 吸收能力、价值链类型与创新绩效——基于国际代工联盟知识溢出的视角 [J]. 中国制造业经济，2011（1）：140-150.

[195] 王岚，李宏艳. 中国制造业融入全球价值链路径研究——嵌入位置和增值能力的视角 [J]. 中国工业经济，2015（2）：76-88.

[196] 王文涛，付剑峰，朱义. 企业创新，价值链扩张与制造业盈利能力——以中国医药制造企业为例 [J]. 中国工业经济，2012（4）：50-62.

[197] 王玉燕，林汉川，吕臣. 全球价值链嵌入的技术进步效应：来自中国制造业面板数据的经验研究 [J]. 中国制造业经济，2014（9）：65-77.

[198] 魏守华，吴贵生. 区域 R&D 经费空间分布及其变动特征研究 [J]. 研究与发展管理，2008，20（1）：72-77.

[199] 吴晓灵. 稳步发展企业债券市场，全面优化金融资产结构 [J]. 金融研究，2005（3）：1-6.

[200] 谢建国，周露昭. 进口贸易、吸收能力与国际 R&D 技术溢出：中国省区面板数据的研究 [J]. 世界经济，2009（9）：68-81.

[201] 许璐，郑江淮，王高凤. 出口企业融资约束问题：国外研究述评与展望 [J]. 华东经济管理，2016（11）：163-168.

[202] 许璐. 金融结构市场化导向与出口技术复杂度——基于跨国面板数据的实证分析 [J]. 经济问题探索，2017（2）：136-143.

[203] 鄢莉莉，王一鸣. 金融发展、金融市场冲击与经济波动——基于动态随机一般均衡模型的分析 [J]. 金融研究，2012（12）：82-95.

[204] 阳佳余. 融资约束与企业出口行为：基于制造业企业数据的经验研究 [J]. 经济学（季刊），2012，11（3）：1503-1524.

[205] 杨坤，曹晖，孙宁华. 非正规金融、利率双轨制与信贷政策效果——基于新凯恩斯动态随机一般均衡模型的分析 [J]. 管理世界，2015（5）：41-51.

[206] 杨龙，胡晓珍. 金融发展规模，效率改善与经济增长 [J]. 经济科学，2011（1）：38-48.

[207] 杨汝岱. 中国制造业制成品出口增长的影响因素研究：基于1994-2005年分行业面板数据的经验分析 [J]. 世界经济，2008（8）：32-41.

[208] 姚博，魏玮. 参与生产分割对中国制造业价值链及收入的影响研究 [J]. 中国工业经济，2012（10）：65-76.

[209] 叶辅靖. 全能银行比较研究：兼论混业与分业经营 [M]. 北京：中国金融

出版社，2001.
[210]易信，刘凤良.金融发展、技术创新与产业结构转型[J].管理世界，2015（10）：24-90.
[211]尹伟华.中日制造业参与全球价值链分工模式及地位分析——基于世界投入产出表[J].经济理论与经济管理，2016，36（5）：100-112.
[212]应展宇.中美金融市场结构比较：基于功能和演进的多维考察[J].国际金融研究，2010（9）：87-96.
[213]余永泽，宣烨，沈扬扬.金融集聚对制造业效率提升的空间外溢效应[J].世界经济，2013（2）：93-116.
[214]余泳泽，刘大勇.我国区域创新效率的空间外溢效应与价值链外溢效应——创新价值链视角下的多维空间面板模型研究[J].管理世界，2013（7）：6-20.
[215]张成思，刘贯春.经济增长过程中金融结构的边际效应演化分析[J].经济研究，2015（12）：84-99.
[216]张杰，芦哲，郑文平，陈志远.融资约束、渠道与企业R&D投入[J].世界经济，2012（10）：66-90.
[217]张杰，杨连星，新夫.房地产阻碍了中国创新吗？——基于金融体系贷款期限结构的解释[J].管理世界，2016（5）：64-80.
[218]张军，金煜.中国的金融深化和生产率关系的再检验[J].经济研究，2005（11）：34-45.
[219]张军，章元.对中国资本存量K的再估计[J].经济研究，2003（7）：35-43.
[220]张军.资本形成，工业化与经济增长：中国的转轨特征[J].经济研究，2002（6）：3-13.
[221]张少军，刘志彪.国内价值链是否对接了全球价值链——基于联立方程模型的经验分析[J].国际贸易问题，2013（2）：14-27.
[222]张小蒂，孙景蔚. 基于垂直专业化分工的中国产业国际竞争力分析[J].世界经济，2006（5）：12-21.
[223]张宗庆，郑江淮.技术无限供给条件下企业创新行为——基于中国制造业企业创新调查的实证分析[J].管理世界，2013（1）：115-132.
[224]赵勇，雷达.金融发展与经济增长：生产率促进抑或资本形成[J].世界经济，2010（2）：37-50.
[225]郑江淮，高玉泽.中国金融发展与银行绩效的决定因素[J].经济理论与经济管理，2000（6）：19-24.

[226]周彩红.产业价值链提升路径的理论与实证研究——以长三角制造业为例[J].中国软科学,2009(7):163-171.

[227]周升起,兰珍先,付华.中国制造业在全球价值链国际分工地位再考察——基于Koopman等的GVC地位指数[J].国际贸易问题,2014(2):3-12.

[228]祝树金,戢璇,傅晓岚.出口品技术水平的决定性因素:来自跨国面板数据的证据[J].世界经济,2010(4):28-46.

[229]左志刚.金融结构与国家创新能力提升:影响机理与经验证据[J].财经研究,2012(6):48-58.

附 录

A.1 第五章模型推导与求解

$$\frac{\partial \tau}{\partial \beta} = \frac{1}{(1-\beta+\mu\delta)^2} \times \frac{(1-b)(1-\delta)\delta\gamma}{1+r} \left(\frac{L}{\lambda a} + \delta\rho\right) > 0$$

$$\frac{\partial \tau'}{\partial \beta} = \frac{1}{(1-\beta+\mu\delta)^2} \times \left\{\frac{(1-b)(1-\delta)\delta\gamma}{1+r}\left(\frac{L}{\lambda a(\beta)} + \rho\right) - \left[1-\beta+\frac{(b-\beta)\gamma}{1+r}\delta\right](1-\beta)(1-\delta) \times \frac{a'(\beta)}{a(\beta)} \times \frac{L}{\lambda a(\beta)}\right\}$$

$$\frac{\partial \tau'}{\partial \beta} = 0$$

$$\frac{a'(\beta)}{a^2(\beta)} = \frac{\dfrac{(1-b)(1-\delta)\delta\gamma}{1+r}\left(\dfrac{L}{\lambda a(\beta)} + \rho\right) \times \dfrac{\lambda}{L}}{\left\{\left[1-\beta+\dfrac{(b-\beta)\gamma}{1+r}\delta\right](1-\beta)(1-\delta)\right\}}$$

$$= \frac{\dfrac{(1-b)\delta\gamma}{1+r}\left(\dfrac{L}{\lambda a(\beta)} + \rho\right) \times \dfrac{\lambda}{L}}{\left\{\left[1-\beta+\dfrac{(b-\beta)\gamma}{1+r}\delta\right](1-\beta)\right\}}$$

$$\frac{\partial^2 \tau'}{\partial \beta^2} = \frac{1}{1-\beta+\mu\delta} \times \left[\frac{2(1-\delta)La'(\beta)}{\lambda a^2(\beta)} + \frac{(1-\beta)(1-\delta)La''(\beta)}{\lambda a^2(\beta)}\right]$$
$$+ \frac{1}{(1-\beta+\mu\delta)^2} \times \left\{2\left(1+\frac{\gamma\delta}{1+r}\right) \times \left[\left(1+\frac{\gamma}{1+r}\right)\delta\rho\right.\right.$$
$$\left.\left. - \frac{(1-\delta)L}{\lambda a(\beta)} - \frac{(1-\beta)(1-\delta)La'(\beta)}{\lambda a^2(\beta)}\right]\right\}$$
$$- \frac{1}{(1-\beta+\mu\delta)^3}\left\{2\left(1+\frac{\gamma\delta}{1+r}\right)^2\left[(1-\beta+\mu)\delta\rho\right.\right.$$
$$\left.\left. - \frac{(1-\beta)(1-\delta)L}{\lambda a(\beta)}\right]\right\} < 0$$

在 $\beta \in (0, b)$ 中的某一点成立,满足二阶导数小于0的条件。由此得出以下条件:

$$\frac{\partial \iota'}{\partial \beta} = 0$$

附表　基于贸易增加值的全球价值链分工地位

国家/地区	1995 年	2000 年	2005 年	2008 年	2009 年	2010 年	2011 年
澳大利亚	0.218930464	0.152418	0.180441	0.15685	0.173442	0.160136	0.144213
奥地利	0.050113762	0.010773	0.002406	-0.00932	0.027334	0.007734	-0.0058
比利时	-0.024860806	-0.05513	-0.0297	-0.08847	-0.03221	-0.02256	-0.06148
加拿大	0.029466551	-0.00287	0.037704	0.02769	0.041101	0.025864	0.022746
智利	0.165309996	0.04961	0.080053	0.001453	0.067644	0.059918	0.038909
捷克	-0.012151854	-0.11194	-0.14771	-0.13011	-0.11485	-0.15777	-0.16234
丹麦	0.052255126	-0.00059	-0.01101	-0.06718	-0.0227	-0.02351	-0.04392
爱沙尼亚	-0.093010534	-0.17557	-0.16308	-0.06287	-0.00884	-0.05519	-0.07428
芬兰	0.063125748	-0.01499	-0.03455	-0.04706	-0.00304	-0.01692	-0.04512
法国	0.147038275	0.089649	0.090983	0.082531	0.118373	0.09503	0.080827
德国	0.168401577	0.108019	0.088457	0.048977	0.083345	0.055678	0.031947
希腊	0.13500158	-0.01512	0.012885	-0.03927	0.020004	0.014253	-0.0029
匈牙利	-0.007701861	-0.24456	-0.20203	-0.18558	-0.1734	-0.22217	-0.2208
冰岛	0.131356406	0.098792	0.069458	0.059222	0.034035	0.026918	0.003683
爱尔兰	-0.133716558	-0.21949	-0.20678	-0.23248	-0.21232	-0.23354	-0.2391
以色列	0.035036674	0.052991	0.003984	-0.00042	0.038886	0.028439	0.009928

177

续表

国家/地区	1995年	2000年	2005年	2008年	2009年	2010年	2011年
意大利	0.161764596	0.141014	0.121405	0.079931	0.130141	0.084414	0.069122
日本	0.282474422	0.263838	0.217767	0.170198	0.218104	0.192048	0.174033
韩国	0.085755288	-0.01512	-0.03991	-0.13936	-0.0856	-0.10337	-0.12862
拉脱维亚	0.036915818	0.016244	-0.00274	0.015412	0.068355	0.028326	-0.0041
卢森堡	-0.243046834	-0.32706	-0.34094	-0.38191	-0.34656	-0.37028	-0.37381
墨西哥	0.006532093	-0.07599	-0.06008	-0.06794	-0.06825	-0.08017	-0.06069
荷兰	0.060595905	0.073828	0.115441	0.108355	0.120156	0.103911	0.10931
新西兰	0.161463946	0.094703	0.184751	0.14751	0.194153	0.186668	0.183964
挪威	0.026534571	0.030898	0.039778	0.046442	0.05995	0.05333	0.054187
波兰	0.174246059	0.069955	0.036599	-0.001	0.034674	-0.00756	-0.02012
葡萄牙	0.030459461	-0.01237	-0.02973	-0.05421	0.001308	-0.0338	-0.04423
斯洛伐克	-0.03493253	-0.171	-0.22779	-0.19781	-0.15774	-0.18273	-0.18873
斯洛文尼亚	-0.05198121	-0.0962	-0.11467	-0.08945	-0.02954	-0.06979	-0.08814
西班牙	0.12780002	0.032868	0.035895	0.015126	0.067954	0.034034	0.008296
瑞典	0.024282044	-0.00062	-0.01162	-0.03719	0.004611	-0.00654	-0.00546
瑞士	0.115707855	0.06036	-0.00112	0.039647	0.058986	0.049491	0.05121

续表

国家/地区	1995 年	2000 年	2005 年	2008 年	2009 年	2010 年	2011 年
土耳其	0.212027281	0.139495	0.120447	0.079899	0.120325	0.096525	0.061635
英国	0.103788353	0.111942	0.102422	0.073607	0.072622	0.044097	0.023897
美国	0.203445588	0.185701	0.172122	0.147521	0.173121	0.15557	0.14053
阿根廷	0.295206102	0.293084	0.194756	0.18119	0.22622	0.202357	0.193377
巴西	0.273268729	0.257793	0.271591	0.249383	0.276217	0.27279	0.261286
文莱	0.000272847	-0.00414	-0.00896	-0.00693	-0.01104	-0.00159	-0.00411
保加利亚	0.032541941	-0.07843	-0.04179	-0.21427	-0.09223	-0.07616	-0.12131
中国	-0.025684768	-0.05986	-0.05713	0.040633	0.056359	0.036493	0.035107
哥伦比亚	0.173853166	0.175039	0.144263	0.145919	0.157421	0.160251	0.132643
哥斯达黎加	0.069403019	-0.00153	0.005538	-0.02012	0.03514	0.036461	0.028163
克罗地亚	0.063138004	0.059661	0.050302	0.05106	0.089168	0.083744	0.076442
塞浦路斯	-0.019083393	-0.03632	-0.0486	-0.0779	-0.03515	-0.03905	-0.03765
中国香港	0.03853056	0.113857	0.082128	0.066354	0.090993	0.061257	0.057538
印度	0.257042764	0.221258	0.120004	0.050643	0.080534	0.058406	0.030302
印度尼西亚	0.135522192	0.084484	0.088268	0.094199	0.141678	0.136338	0.115771
立陶宛	0.016308321	0.022322	0.093247	0.062267	0.088169	0.069629	0.070513

续表

国家/地区	1995 年	2000 年	2005 年	2008 年	2009 年	2010 年	2011 年
马来西亚	−0.051280451	−0.2338	−0.187	−0.14028	−0.11573	−0.13112	−0.13433
马耳他	−0.300480354	−0.32984	−0.23662	−0.25807	−0.21422	−0.18134	−0.13521
菲律宾	−0.059136973	−0.05066	−0.12736	−0.07608	−0.01912	−0.02196	0.024714
罗马尼亚	0.103543085	0.064249	−0.02725	−0.02254	0.025569	0.054304	0.040702
俄罗斯	0.17492016	0.106112	0.173116	0.162189	0.19037	0.186273	0.168451
沙特阿拉伯	0.062841383	0.052667	0.057686	0.02734	0.031386	0.049543	0.05243
新加坡	−0.166257845	−0.2224	−0.14853	−0.14251	−0.18126	−0.17363	−0.17632
南非	0.207088389	0.180541	0.169594	0.084532	0.16499	0.167847	0.133226
泰国	0.050068482	−0.04047	−0.09315	−0.12079	−0.05963	−0.08834	−0.12334
突尼斯	−0.040292286	−0.01856	−0.05881	−0.12453	−0.07996	−0.09984	−0.12045

致 谢

  阳春三月，当灿若烟霞的两株梅花盛开在文学院楼旁，当北大楼再次从隆冬中逐渐恢复往日的生机，我走进汉口路的校门，信然漫步在南大早春的校园。2011年10月，当时本科大三学生的我，从家乡西安赶到南京参会，这不是我第一次来南京，但却是第一次来到南京大学。作为参会代表，参加全国经济学基地班年度会议，宣讲自己写的幸福经济学的论文，自此与母校南大结下了不解之缘。我被南大安静优美的校园环境、浓厚务实的学术氛围深深吸引，于是下定决心，一定要成为一名南大学生。大学毕业后，如愿以偿来到南京大学产业经济学系读硕士，后来又继续读博士，展开我充满酸甜苦辣的"南大画卷"。博士阶段的点滴，其中的欢笑与泪水，辛苦与迷茫，咬牙坚持与无奈受挫，个中滋味，真的是冷暖自知。面对选题，我用所有的精力与专业知识去认真撰写每一章节。在此，永远忘不了支持我、教导我、陪伴我一路走来的师长、家人与朋友，向你们致以诚挚的谢意。

求学之路

  匆匆那年，白驹过隙，我在南大已经度过了五个年头，从当初青涩幼稚、第一次离家的小姑娘，变成了一个即将"下架"的"老南大人"——博士师姐。如果把女人的青春比作鲜花，我人生中最青春、最美好的年华都献给了我的母校南大。多年前，我带着懵懂与稚嫩走入北园，走进商学院安中楼第一次宣讲自己的论文，未曾想到，远离故乡古城西安，选择来到金陵求学，竟是自己迄今为止做的重大成功决策。南大带给我的，不仅仅是一块C9招牌，无数名师前导的舞台，更是一种思维方式的教育与熏陶。

  求知的欲望，对经济与金融问题的浓厚兴趣，引导18岁的我，踮起脚推开经济学的大门。从此，我就再也没有后悔过，一路走来，读过的书，走过的路，经历的人与事告诉我，一切于我都是最好的安排。像所有的90后独生子女一样，我习惯于被父母大包大揽，外出求学前，生活独立性较差，有严重的依赖心理，抗挫能力也比较差。自从下定决心，离开生活20余年的故乡，只身一人来到王都金陵求学，我就告诉自己，未来的路要靠自己走。逐渐，我接手《产经前沿》杂志，做主编期间，团结众同学，自己排版电子杂志；当我学会周密的策划，在国内开会或国外旅行，与朋友拿着谷歌地图，各种交通工具换乘时，我承认我的确长大、成熟了一些。生活独立性的确立，心智的成熟激励我努力学习，从南园到安中的路上，安中图书馆、学校大图、博士办公室都留下了我青春奋斗的身影。在各种课堂讲座、师门的讨论课上，汲取着经济学的养分。感谢母校南大教会我先真诚质朴做人，再勤勤恳恳做事。"诚朴雄伟，励学敦行"的校训给了我莫大的动力，身为南大人，必须要做到低调务实不张扬，谦虚自信有担当。我想无论我今后去往何处，我是爱南大的，它始终是我不离不弃的家。

感谢恩师

求学至今，唯有感恩。在此，我非常感谢我的硕士与博士导师郑江淮教授。人与人之间可能存在一种微妙的缘分，而你一生中的伯乐也好，贵人也罢，或许也讲究"眼缘"，从本科保研面试第一次见到郑老师开始，我就知道我注定要跟随他，学习做人与做学问。在我眼中，郑老师是一个儒雅谦和、朴实无华、平易近人、治学严谨、超常勤奋刻苦的人，更是我的恩师。由于年龄差距较大，也是我尊敬的一位长辈。已经记不清我们在一起开过多少个小时讨论会，聊过多少QQ聊天记录，吃过多少次饭。从老师的行为与言谈中，我试图总结出他一直向学生传递的信条，就是做事先做人。一个学生的人品与态度，将追随他一生，很有可能成为其日后成事或者败事的决定性因素。老师在加拿大访学期间看到的一段话曾经与我分享："being humble, is not how important you are, but what difference you can make to others' lives."翻译后大意为：谦虚并不是你自己有多重要，而你能对别人做些什么。告诫我，一定要保持谦逊的态度，你才能够听进去别人的意见，学会关心他人。而做人的另一方面，还在于要提高自己的情商，老师一直告诫诸位学生，千万不可以死读书，不去接触现实世界与社会。但凡有企业调研的机会，老师总会动员大家都去参加，感受真实的"制造业""高端服务业"，向企业家学习艰苦奋斗，灵活变通的道理。老师非常热爱学术，以渊博的知识与开阔的视野启迪学生，也总是在观察每位学生的特点，从而在博士选题时，因材施教，把握大方向的同时，根据每位学生的兴趣与长处，定选题，做研究。郑老师是我见过最勤奋的老师之一，自我要求严格，每每自己疲惫不堪之时，看着老师QQ在线头像，一片静谧的蓝天白云。就自问"姑娘，你还有什么理由不努力？"于是，"学术达人""超级大学霸"是我们给老师的美誉，老师可以在半夜12点半与你讨论学术问题，也可以在凌晨5点给你微信发个"全球价值链分工"的最新案例；还可以在深夜11点我出安中楼时，碰见老师骑车回家；我们师门有很多的讨论组与QQ群、微信群，学术讨论可以称得上是"360度无死角"了。

老师虽然努力勤奋做事，却一直告诉各位弟子不要太过于追求功利，行事正直公平，从不因我们是他的学生而有所偏向，总是主动自发谦让各种荣誉奖励给更需要的人。郑老师甘为人梯，本书从选题到开题，谋篇布局，寻求机制到行文方式，各中细节都浸透了老师的心血与付出。可以说，如果没有老师，我可能早就是个"逃兵"，无法坚持下来，更不可能完成十几万字的论文。师恩如海，无以为报，每念于此，心中不禁感怀万千。自从拜于布林学社郑老师门下，承蒙老师关怀与殷切希望，然而资质所固，能力有限，老师给我修改论文，都亲自打印批注，勘误指点，然而见贤思齐，虽拼尽全力，却始终望其项背，每念及此，无不忏悔羞愧。在本书出版之际，谨在此向我的恩师献上最诚挚的谢意！生活中，老师非常关心爱护学生，我们在一起吃过无数顿工作餐、大中餐，老师的口头禅就是：你们要加油吃！虽然是一句朴素的话语，但却凝聚了对学生的爱护。我们师门的每个人在各个层面，无论是在校还是毕业后，团结一致，互帮互助，就能取得各阶段的融会贯通与可能的成功，在此也真诚祝愿老师桃李满天下。

感恩的心

同时，我还要感谢"布林学社"的同门们。在"布林学社"能感受到窒息的拼搏与激烈的争辩，更难忘师兄姐妹们脉脉温情与鼎力相助，我们是一个互助有爱的大家庭，更是群贤荟萃的门第。多年坚持每周讨论是一个观点碰撞思维激扬的平台，更是一个营造浓厚感情的心之归属地。同时，感谢高彦彦、陈英武、李强、刘丹鹭、荆晶、芮红霞、沈春苗、王高凤、杨大威、姜青克、郑玉、晁先锋、宋建、戴一鑫等兄弟姐妹对我学习、生活的无私帮助与支持，与你们讨论、辩论、学习得到了很多启发与研究的灵感，你们的匡扶是我咬牙坚持最终完成论文的不竭动力。

同时，要感谢求学路上所遇各种师长，感谢我在南京大学商学院求学期间遇到的各位善良且耐心的老师们：非常感谢刘志彪老师、魏守华老师，总是在15楼遇到我时，关心我的生活与学习，鼓励我努力完成博士论文。吴福象、高波、王宇、巫强、赵华的选修课，我全部都选修过或者旁听过，在博士学习阶段，更是直接或间接地接受各位老师悉心指导。经济系与国贸系李晓春、黄繁华、谢建国、江静等诸位老师，感谢你们从课堂、讲座等多方面对我的教诲与帮助。

感谢我的家人，我生活在有读书偏好的家庭，父母支持我一路本—硕—博贯通学习，并且这一走就是 9 年时间，他们辛苦的资助让我在自己的一方天地自由翱翔，父母不求我成绩卓越，只求自己的女儿幸福快乐健康。如今，他们已经步入中年，脸上也有了岁月的痕迹。我想我应该在奋斗之余，让他们享受接下来的人生幸福快乐。在此祝愿我的父母、祖父母、90 多岁的外祖父身体健康，今后努力用实际行动让你们平安和顺。在此，还要感谢我的男朋友，我们虽然专业不同，在美国访学期间，仍然非常关心我的学业与生活，犹如"夜空中最亮的星"指引我前进，有幸在多年前与你同窗相识，正是你的爱与包容支持我一路披荆斩棘，丝毫不敢懈怠，努力完成博士学业。

写下这些文字时，正是夜深人静的时刻，午夜时分，独坐在安中楼办公室，点点泪痕不由而生。是对过往的追忆，对辛酸的见证，对坚持的注解。庆幸的是，这 9 年的种种都是值得的。在工作岗位，这些经历都将成为甜蜜而苦涩的回忆。